Gabriele Vocke

Mein Leben mit Pflanzen

Gabriele Vocke

Mein Leben mit Pflanzen

Neueste Tips einer Gartenexpertin

STEDTFELD

Originalausgabe

Umschlagentwurf und -gestaltung: Thomas Steinkämper, Münster
Titelfoto: Jürgen Becker
Rückseitenfoto: Lothar Rusch
Layout: Graphics, Darmstadt
Druck und Bindung: Mohndruck Graphische Betriebe, Gütersloh
Printed in Germany 1992
ISBN 3-927624-08-X

Vorwort

Ob drinnen oder draußen, überall bringen Pflanzen Freude in den Alltag, und es gibt kaum jemanden, der nicht liebgewordene Kindheitserinnerungen mit duftenden Blumen und blühenden Gärten in Verbindung bringen könnte. Daher verwundert es nicht, daß die Beschäftigung mit Pflanzen oder die Pflege eines Gartens für viele Menschen zu den beliebtesten Freizeitvergnügen zählt.

Diesem Umstand will das ZDF mit der Sendereihe GRÜN & BUNT Rechnung tragen. In zwölf Sendungen werden jahreszeitlich aktuelle Themen aus dem Bereich der Zimmerpflanzen, des Balkons und des Gartens behandelt. Alle zwölf Sendungen haben Eingang in das vorliegende Begleitbuch gefunden. Zusammen mit einer Vielzahl anderer Beiträge gibt es einen Einblick in die faszinierende Welt der Pflanzen und des Gartens, und wohl jeder Freizeitgärtner wird hier einige Anregungen finden.

Wir wünschen dem Begleitbuch eine gute Aufnahme und hoffen, daß es wie die Sendereihe selbst dazu beiträgt, das Umfeld möglichst vieler Menschen GRÜN & BUNT zu gestalten.

ZDF Redaktion Gesundheit und Natur

Vorwort der Autorin

Mit praktischen und originellen Ratschlägen soll dieses Pflanzen-Ratgeberbuch dazu beitragen, dem Gartenfreund und Zimmergärtner erprobte und sachkundige Informationen zu vermitteln. Wer sich mit dem Thema „Garten und Pflanze" näher beschäftigt, wird beim Schreiben schnell feststellen, wie umfangreich dieses Gebiet ist. Auch ich habe beim Schreiben dieses Buches die Erfahrung gemacht, daß es bei Spezialthemen empfehlenswert ist, einen Fachmann zur Seite zu haben. So möchte ich an dieser Stelle besonders Herrn Dipl.-Ing. Frank Diederich danken. Als Gartenarchitekt hat er nützliche Hinweise zu dem Thema „Modernisierung und Neuanlage von Vorgärten" gegeben. Danken möchte ich auch Herrn Herrmann Hiestermann, ebenfalls Garten- und Landschaftsarchitekt, der mir zu den Themen „Problematische Hanglagen" und „Der 'schnelle Garten' für Berufstätige" wertvolle Anregungen aus seinem großen Erfahrungsschatz zukommen ließ. Ursula und Ernst Wolf erforschen seit 27 Jahren das Leben der Igel. Sie zählen zu den besten Igelkennern Europas und waren so freundlich, mit ihrem fundierten Wissen die Funktion und Pflege der Igel zu erläutern. Zum Thema Pflanzenschutz beriet mich Hans-Günter Sander vom Institut Für Angewandte Botanik in Hamburg. Ich danke allen für ihre freundliche Mithilfe.

Gabriele Vocke

Inhalt

DER BODEN

Wenn nach dem Bau eines neuen Hauses der künftige Garten mit Bauschutt, Zement und Sand überlagert ist, stellt sich die berechtigte Frage, wie daraus je ein Garten werden soll. Sicher, jeder Anfang ist mühsam. - Mit dem Spaten und der Grabegabel ist der durch Baufahrzeuge verdichtete Boden bestimmt nicht aufzulockern. Hier müssen andere Bodenbearbeitungsgeräte zum Einsatz kommen, damit der Boden tiefgründig gelockert wird und ein schöner Garten entstehen kann. Ist es vor Baubeginn versäumt worden, den wertvollen Mutterboden ordnungsgemäß zu lagern und zu sichern, dann besteht die Gefahr, daß er nun unter dem Bauaushub begraben liegt oder sogar größtenteils abgefahren wurde. Dann ist guter Rat im wahrsten Sinne des Wortes „teuer".

Merk-Ecke

Eine Gartenanlage ohne Mutterboden ist nicht möglich. Mutterboden muß also wieder beschafft werden, und das kann recht kostspielig sein.

Aber was ist denn eigentlich guter Gartenboden? Eine Bodenanalyse ist nicht nur für den jungfräulichen Boden in Neubaugebieten empfehlenswert, sondern für jeden Garten. Die Grundlage für erfolgreiches Wachstum ist der Boden mit seinen organischen Substanzen, seinem vielfältigen Tierleben. Eine Handvoll Gartenerde steckt voller Leben, sie enthält Insekten und Milben, Gliederwürmer, Springschwänze, Fadenwürmer, Protozoen, Algen, Pilze und Bakterien. Guter Gartenboden ist also ein lebendiger Organismus mit einem regen Bodenleben, das aus vielen Kleinlebewesen besteht. Sie zerkleinern abgestorbene Pflanzenteile und verarbeiten sie zu wertvollem Humus.

Merk-Ecke

Auf verdichteten Böden sollten Lupinen angebaut werden, falls eine mechanische Lockerung durch Maschinen nicht möglich ist: denn die Wurzeln dieser Leguminosenart gehen besonders tief und „schließen" dadurch den Unterboden auf. Sie drängen sich auch in festen Boden und hinterlassen nach ihrem Absterben Hohlräume, durch die Wasser und Nährstoffe fließen. Aber nicht nur die tiefe, sondern auch die starke Durchwurzelung lockert den Boden auf.

Bodenanalyse leicht gemacht

Fingerprobe: Mit der einfachen Fingerprobe können Sie bereits feststellen, welche Bodenart Sie vor sich haben. Schwerer Tonboden läßt sich im feuchten Zustand leicht zwischen den Fingern zu Kügelchen formen, die nach dem Austrocknen hart werden. Tonboden besitzt eine so feine Körnung, daß Sie ihn beim Zerreiben in trockenem Zustand wie Mehl zwischen den Fingern spüren. Problematisch bei Tonböden ist deren hohe Wasserspeicherkapazität, d.h. diese Bodenart trocknet nur langsam aus.
Mittelschwerer Lehmboden hingegen weist eine etwas gröbere

Ton

Lehm

Sand

Körnung auf. Bleiben wir beim Formen der Kugeln, so sind diese vergleichsweise nicht so fest, sie trocknen auch schneller als bei Tonboden.
Leichter Sandboden hat eine grobe, deutlich spürbare Kornstruktur, läßt sich nicht formen und trocknet schnell aus.
Zwischen den drei genannten Bodenarten gibt es viele Übergangsformen, wie z.B. sandiger Lehm oder toniger Lehm.

Schwemmprobe: Zur weiteren Bestimmung einer Bodenprobe werden einige Löffel Gartenerde in einem verschlossenen Glas mit etwas destilliertem Wasser geschüttelt. Leitungswasser ist ungeeignet, da es das Ergebnis ungenau macht.
Sandige Böden sinken rasch ab, und das Wasser bleibt überwiegend klar.
Schwere ton- und lehmhaltige Böden setzen sich nur langsam ab, das Wasser wird trübe.
Das Wichtigste ist der Humusanteil, denn er entscheidet die Fruchtbarkeit des Bodens. Einen humusreichen Boden erkennen Sie an den leichten Humusteilchen, die an der Wasseroberfläche schwimmen.

Merk-Ecke

Der Humusanteil ist entscheidend für die Fruchtbarkeit des Bodens. Ein guter Boden hat mindestens 2%, ein sehr guter Gartenboden 6% Humusanteil.

Entnahme von Bodenproben: Dazu verteilt man über die entsprechende Fläche gleichmäßig zehn Entnahmestellen. Dort wird jeweils eine kleine

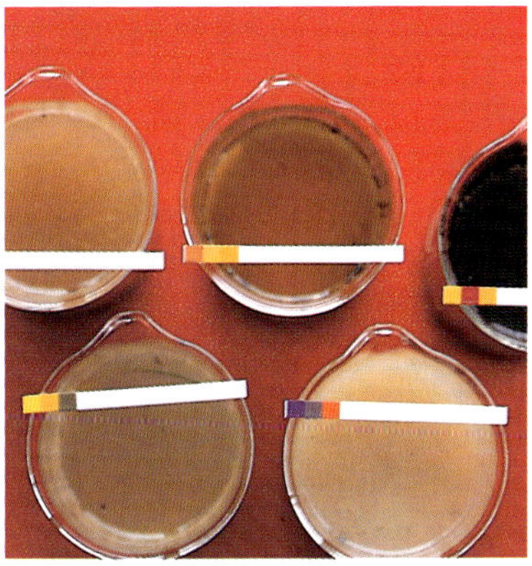

Grube 25 bis 30 cm tief ausgehoben, so daß an einer Seite ein glatter Abstrich gezogen werden kann. Mit dem Löffel fährt man an der Wand von unten nach oben, so daß von jeder Tiefe ein paar Erdkrümel abgestreift werden. Das wiederholt man an allen Stellen, so daß eine Mischung entsteht, die den mittleren Zustand des Bodens zeigt. Die Erde wird gründlich durchgemischt, bevor sie in die Probendose gefüllt und eingeschickt wird.
Die im Anhang angegebenen Untersuchungsanstalten ermitteln üblicherweise den Gehalt an Kalium, Phosphor und Magnesium, darüber hinaus wird der pH-Wert geprüft.
Bodenuntersuchungen sind im Hinblick auf eine gezielte Ernährung der Pflanzen für jeden Garten empfehlenswert. Eine umweltbelastende Überdüngung ist so zu vermeiden.

pH-Wert selbst ermitteln: Bodenprobe in ein Reagenzglas oder ein hohes Gefäß füllen, destilliertes Wasser hinzufügen, leicht schütteln und mit Indikatorpapier oder -stäbchen (beides ist im Handel erhältlich) nach Gebrauchsanweisung überprüfen. Das Teststäbchen wird mit der Farbskala, die jeder Packung beiliegt, verglichen. Dabei spielt der Begriff pH-Wert eine wichtige Rolle.
Der pH-Wert sagt Ihnen, ob Ihr Boden sauer, neutral oder basisch ist. Die pH-Wert-Skala reicht dabei von 1 = reine Säure bis 14 = reine Lauge. Während der Wert 7 für den Neutralpunkt steht, zeigen alle Werte unter 7 eine saure Reaktion und alle Werte über 7 eine basische Reaktion an.
Abgesehen von sehr sandigem Boden, liegt der optimale pH-Wert eines Gartenbodens im schwachsauren bis neutralen Bereich zwischen den Werten 6 und 7. Bei zu saurem Boden können Sie den pH-Wert durch eine Kalkdüngung erhöhen. Bei zu kalkreichen Böden sollten Sie Torfmull oder Rindenhumus unterarbeiten. Auch die Natur selbst gibt uns wertvolle Hinweise zur Ermittlung der Bodenqualität und des pH-Wertes.

Zeigerpflanzen: Wie gut oder schlecht der Boden ist, deuten die sogenannten Zeigerpflanzen an.
Wegerich (*Plantago media*), Wiesensalbei (*Salvia pratensis*) und Gemeine Wegwarte (*Cichorium intybus*) deuten auf basischen Boden (pH-Wert über 7) hin.
Auf saure Bodenverhältnisse (pH-Wert unter 6) lassen folgende Wildpflanzen schließen:
Sauerampfer (*Rumex acetosella*), Hederich (*Raphanus raphanistrum*), Hundsveilchen (*Viola canina*), Preiselbeere (*Vaccinium vitis-idaea*) sowie viele Moosarten (*Kryptogame*). Oft ist der Boden nicht nur sauer, sondern auch verdichtet.
Brennesseln (*Urtica*) weisen darauf hin, daß der Boden ausreichend mit Stickstoff versorgt ist.

Wegerich

Sauerampfer

Bodenvorbereitung

Mit dem Wissen um die Bodenqualität allein ist es natürlich nicht getan. Auch eine gute Bodenbearbeitung trägt erheblich zum Ernteerfolg bei. Aber wann ist der richtige Zeitpunkt der Bodenpflege gekommen?
Ein alter Gärtnerspruch lautet: „Kannst den Boden du noch kneten, darfst du nie das Land betreten". Dieser weise und auf Erfahrung beruhende Spruch ist unbedingt zu beherzigen. Zu den traditionellen Gartengeräten zählen Spaten, Hacke und Rechen. Diese Klassiker unter den Gartengeräten gehören auch heute noch zur Grundausstattung. Von veralteten Gartenwerkzeugen sollten Sie sich Ihrer Gesundheit zuliebe jedoch trennen. Ein unhandlich-klobiges Gerät erschwert die Gartenarbeit erheblich, auch kann es vermeidbare Schwielen und Blasen zur Folge haben. Die Gartenarbeit wird so zu einer Belastung, statt ein entspannendes, schönes Hobby zu sein. Moderne Gartenwerkzeuge ermöglichen eine konstante, gleichmäßige Arbeitstiefe. Dadurch wird auch der Pflanzenwuchs wesentlich gleichmäßiger.

Was gibt´s Neues?

Die schlagende, anstrengende Hackweise gehört der Vergangenheit an. Heute hackt man den Boden ziehend in aufrechter Haltung, dadurch ist die Gartenarbeit weniger ermüdend. Lassen Sie sich im Fachhandel beraten, und informieren Sie sich vor dem Kauf. Das Angebot ist groß, aber schließlich brauchen Sie ja nicht für jeden Handgriff gleich ein neues Gerät. Achten Sie beim Kauf auf Qualität. Gute Gartengeräte sollten aus kaltgewalztem, hochwertigem Stahl bestehen, der auch bei extremer Belastung formstabil bleibt. Vor Rost geschützt sind galvanisierte Gartenwerkzeuge. Der kritische Punkt ist oft die Verbindungsstelle zwischen Gerät und Stiel. Diese Stelle darf bei großem Kraftaufwand weder brechen noch reißen. Deshalb ist auch der Stahlkern, der das Werkzeug mit dem Stiel verbindet, von entscheidender Bedeutung, er bewirkt Stabilität, Zug- und Drehfestigkeit.

Brennesseln

Rechts: Spaten

Gartengeräte

Zur Grundausrüstung jedes Hobbygärtners gehört der Spaten in solider Ausführung. Wichtig ist, daß Grabeblatt und Dülle aus einem Stück geschmiedet wurden und der Stiel aus Hartholz, wie z. B. Esche oder Buchenholz gefertigt ist. Der handliche Gärtnerspaten hat Profiqualität.

Merk-Ecke

Mittelschwerer bis schwerer Gartenboden sollte schon im Herbst umgegraben werden, um ihn mit Hilfe der sogenannten „Frostgare" bis zum Frühjahr feinkrümelig werden zu lassen. Die Grabegabel kann in jedem Boden eingesetzt werden, da diese selbst in härteste Böden eindringt. Bei sandigem Boden wird erst im zeitigen Frühjahr umgegraben. Zur Schonung der Bodenstruktur kann auch bei Sandböden die Grabegabel eingesetzt werden, sogar wenn Stallmist oder Grünpflanzen untergegraben werden müssen.

Verstellkultivator „multi-star"

Der Rechen ist nach wie vor ein unentbehrliches Gartengerät zum Feinkrümeln, Einebnen und Abziehen der Saatfläche. Auch zum Säubern von Beeten und Kieswegen ist er geeignet. Die seitliche Bügelbefestigung sorgt für gleichmäßige Kraftverteilung. Übrigens gibt es praktische Geräte in vielen Arbeitsbreiten, nämlich von 12 bis 40 cm.

Was gibt´s Neues?

Die traditionelle Hacke ist keineswegs verschwunden, ihre Form wurde lediglich einer kräfteschonenden Arbeitsweise angepaßt. Angeboten werden Hacken mit spitzem Blatt und zwei Zinken mit einer Arbeitsbreite von etwa 7 cm, außerdem Doppelhacken mit breitem Hack- und einem Häufelblatt mit drei Zinken.

Unten links: Bügelrechen
Unten: Doppelhacke

Der Kultivator gehört ebenfalls zur Grundausstattung. Beim Lockern, Lüften und Aufreißen verkrusteter Böden leistet der verstellbare Kultivator hervorragende Arbeit. Durch das Auswechseln der Zinkenpaare ist der Verstellkultivator ebenso zur Bearbeitung von engen wie von breiten Beetreihen einzusetzen. Eine Arbeitsbreite von 3 bis 26 cm ist möglich.
Im Frühjahr kommt der Kultivator zum Einsatz, um die verkrustete Erdoberfläche aufzureißen. Durch die aufgerissene Oberfläche können nun wieder Nährstoffe, Wasser und Luft in die Erde dringen.

Fast ein Alleskönner ist die Gartenfräse „multi-star". Sie sorgt für die optimale Krümelstruktur des Saatbodens. Durch die gelungene Kombination von Sternfräse und Pendelmesser wird selbst schwerer Boden saatgerecht gelockert, gelüftet, gekrümelt und lästige Unkräuter mit dem Pendelmesser entfernt.

Was gibt's Neues?

Der Kombikrümler macht aus zwei Arbeitsgängen einen und bereitet durch seine sechsstrahligen Sternräder, die für eine Feinkrümelung des Bodens sorgen, und durch seine Federstahldrähte, die die Erde wieder ebnen, den Boden optimal für die Aussaat vor. Sein Einsatzbereich ist vielseitig, er kann daher bei der Anlage von Nutzgärten, Zierrabatten und bei Raseneinsaaten eingesetzt werden. Auch für die Rasenerneuerung mit dem Novaplant-System ist der Kombikrümler ideal, denn neben der flachen Einarbeitung von Rasensamen und Rasen-Start-Dünger in die Grasnarbe garantiert er das gleichmäßige Abdecken der Fläche mit Torf oder Erde. Er erleichtert viele Gartenarbeiten.

Kombikrümler „multi-star"

Mein Tip

Einmal den Boden richtig krümeln, erspart 2-3maliges Gießen.

Der Grubber ist vor allem für steinige Böden zu empfehlen. Nach der Aussaat kann man mit ihm zwischen den Rillen arbeiten; er lockert und lüftet den Boden, ohne die Wurzeln zu beschädigen. Ein einfacher Trick hierzu: Falten Sie einen Briefumschlag längsseitig, streuen Sie das Saatgut in die entstandene Rille, nehmen Sie einen gut angespitzten Bleistift zur Hand und lassen Sie Korn für Korn in die Saatrille gleiten.

Rillenzieher

Damit Sie in den nächsten Wochen die Aussaatrillen wiedererkennen, säen Sie zur gleichen Zeit Salat im Wechsel mit den Langsamkeimern Radieschen oder Kresse in die Rillen. Diese Markiersaat ist eine große Hilfe für die Bodenbearbeitung zwischen den Reihen.
Damit Sie jederzeit wissen, was wohin gesät wurde, rate ich Ihnen, durch Etiketten, die mit wasserfestem Filzschreiber beschriftet wurden, die Saatreihen kenntlich zu machen.
Achten Sie beim Kauf auf die Ihrer Körpergröße entsprechende Stiellänge der Geräte. Angeboten werden z. B. „multi-star"-Stiele in verschiedenen Längen von 100-170 cm. So können Sie den passenden auswählen.

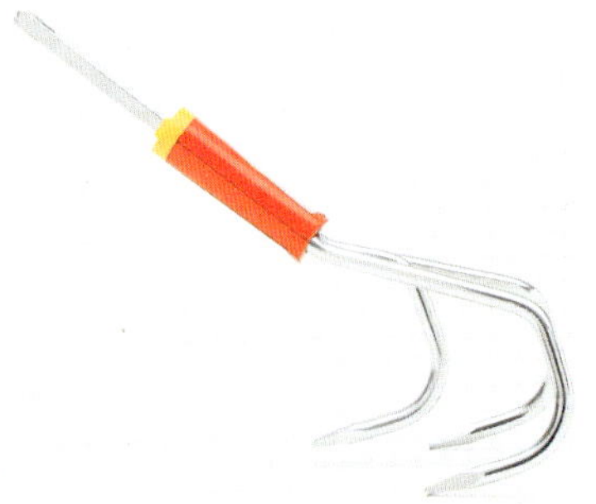

Links: Gartenfräse „multi-star"
Rechts: Grubber „multi-star"

Merk-Ecke

Das A und O für eine gesunde Gartenarbeit sind die hierzu richtig gewählten Gartenwerkzeuge. Der Boden sollte möglichst in aufrechter Haltung bearbeitet werden, wobei der richtige Arbeitswinkel ein weniger ermüdendes Arbeiten bei geringem Kraftaufwand ermöglicht. Erst ein etwas längerer Gerätestiel läßt eine leichte Geräteführung in aufrechter Haltung zu. Ob groß oder klein, Hand- oder Gartengerät, durch einen „multi-star-Gerätestiel" ist ein schneller Wechsel der verschiedenen Geräte möglich. Gebraucht werden ein kurzer Stiel für die Kleingeräte und ein längerer für die Gartengeräte. Alle Stiele sind aus Hartholz und liegen gut in der Hand. Am unteren Ende befindet sich eine Metallhülse mit Blitzverschluß, der so exakt wie ein Autosicherheitsgurt funktioniert. Sobald das Verbindungsstück in die Hülse geschoben wird, macht es klick- und das Gerät ist einsatzbereit. Zum Auswechseln genügt ein Knopfdruck, und schon sitzt am griffigen Stiel das nächste Gerät. Das An- und Auskoppeln ist also kinderleicht.

Aufbewahrung und Pflege: Damit im Werkzeugschuppen alles seine Ordnung hat, sollten die Gartenwerkzeuge an einem trockenen Platz übersichtlich und griffbereit aufbewahrt werden. Bevor die Geräte nach dem letzten Gebrauch eingeräumt werden, sollten Sie diese gründlich säubern, trockenreiben und mit einem säurefreien Öl leicht einfetten.

Längsrillen für die Aussaat

Bodenverbesserung

Für eine nahezu kostenlose Bodenverbesserung eignet sich selbstproduzierter Kompost (s. Kapitel „Der Kompost, des Gärtners Goldesel"). Eine ausreichende Nährstoffversorgung garantiert der Kompost jedoch nicht. Für den Gemüsegarten empfehle ich Ihnen, einen mineralisch-organischen Gemüsespezialdünger zu verwenden, der sich durch eine Sofort- und Langzeitwirkung auszeichnet. Beachten Sie die Inhaltsstoffe und die genaue Anwendung.

Mulchen: Mulchen heißt wörtlich Abdecken mit organischen Stoffen. Mulchen ist eine Methode, die der Natur abgeschaut wurde; so ist z. B. im Wald die Erde meist bedeckt. Organische Abfallstoffe, die dem Boden aufliegen, sind Voraussetzung für das aktive Leben von Mikroorganismen, welche wiederum die Bodenfruchtbarkeit beeinflussen. Eine Bedeckung des Bodens durch Mulchen bietet folgende Vorteile:

- übermäßige Wärme und Kälte wird vermieden,
- eine gleichmäßige Feuchtigkeit bleibt erhalten,
- die Lebensbedingungen von Mikroorganismen werden gefördert,
- Natürliche Anreicherung des Bodens mit Nährstoffen.

Als weitere positive Folge des Mulchens stellt sich ein lockerer, leicht zu bearbeitender Boden ein. Darüber hinaus wird durch die Mulchschicht eine Unkrautentwicklung unterbunden.

In früheren Jahren wurde vorwiegend Torf zum Mulchen verwendet. Heute sind wir gezwungen, auf Alternativprodukte auszuweichen, um Lebensraum für Pflanzen und Tiere im Moor zu erhalten. Alternativen sind: Rasenschnitt, grober Kompost, Laubmaterial, Rindenmulch und Rindenhumus. Als Mulchmaterial sind alle unkrautsamenfreien organischen Abfälle brauchbar, wie Rasenschnitt, Laub, Gemüsereste, Kartoffelkraut und vieles mehr.

Beim Hacken wird der Boden quasi mit sich selbst bedeckt, um einer übermäßigen Verdunstung des Kapillarwassers entgegenzuwirken.

„multi-star"-Gerätestiel

Gemulchte Fläche

Kulturen, die besonders auf Mulch ansprechen, sind Himbeeren, Schwarze Johannisbeeren und Erdbeeren; bei den Gemüsearten sind Tomaten, Bohnen und Kohl zu nennen. Zeitgemäß ist auch das Mulchen durch den Anbau einjähriger Gründüngpflanzen, wie z. B. Lupine, Gelbsenf, Ackerbohne, Winterraps, Phacelia oder einjähriges Kleegras. Gründüngepflanzen dienen der Gesundung des Bodens, denn sie

- beschatten,
- regulieren den Wasserhaushalt,
- aktivieren das Bodenleben,
- lockern den Untergrund,
- unterdrücken das Unkraut,
- sorgen für Humusnachschub.

Diese Pflanzen sind nicht für die Ernte gedacht; sie werden in den Boden eingearbeitet oder bleiben flächendeckend darauf liegen.
Im Oktober/November wird die Gründüngung abgemäht und leicht in den Boden eingearbeitet. Nach dem Schneiden bleiben die Wurzeln zur Humusbildung im Boden. Damit düngt sich die Natur selbst; denn Pflanzen gedeihen, vergehen und verrotten. Sie zerfallen in ihre Bestandteile und werden so wieder zur Nahrung der nachwachsenden Pflanzen.
Bei Gartenbeeten, die schon im zeitigen Frühjahr bestellt werden sollen - z. B. mit Salaten und Spinat - oder auf deren Fläche ein Frühbeet aufgestellt wird, muß von der Gründüngung abgeraten werden; denn die Stickstoffanreicherung des Bodens steigert den Nitritgehalt der jungen Gemüsepflanzen.

Rindenmulch und Rindenhumus - Alternativen zum Torf

Rindenhumus sollte alternativ zum Torf zur Bodenverbesserung verwendet werden. Rindenhumus ist zerkleinerte Baumrinde, die durch Heißvergärung und Zusatz von stickstoffhaltigem Düngemittel zum Bodenverbesserer wird. Dieses Substrat ist nicht nur billiger als Torf, sondern durch die bessere Wasserspeicherfähigkeit sogar wirkungsvoller, vor allem bei Sandböden. Wegen der langsameren Zersetzung des Humusanteils wird hier auch von Dauerhumus gesprochen. Während Torf weitgehend eine tote Substanz darstellt, besitzt Rindenhumus 20% mehr humusbildende Stoffe; bodenlockernd sind beide Substrate. Nachteilige Auswirkungen des Mulchens sind: Mäusefraß an Baumrinde, Luftabschluß des Bodens, wenn sich die Bodenbedeckung verdichtet.

Merk-Ecke

Schwindende Torfvorräte und die Notwendigkeit, Moorgebiete als ökologische Nischen zu erhalten, zwingen zu alternativen Lösungen. Abgesehen davon wird Torf als Bodenverbesserungsmittel oft überschätzt, denn er nimmt bei längerer Trockenheit schlecht Wasser auf und bietet in Sandböden eine nur ungenügende Pufferung.

Grundvoraussetzung für den Mulcherfolg ist, daß Rindenmulch auf eine gelockerte, unkrautfreie Fläche bodendeckend in einer Schütthöhe von mindestens 3, besser 5 cm aufgebracht wird. Wer seinen Gartenboden nicht nackt und bloß der Witterung aussetzt, schützt ihn und erspart sich selbst auch viel Arbeit.
Vorteile der Bodenbedeckung sind: Unter der Mulchschicht entsteht ein feuchtes Kleinklima, durch das Temperaturschwankungen ausgeglichen werden.

Rindenmulch

Abgedeckte Flächen brauchen nicht gehackt zu werden. Der Boden bleibt locker, die Feuchtigkeit wird besser gehalten. Gießen ist daher seltener notwendig. Mulchen hemmt das Aufkommen von Unkräutern, die Mulchschicht kann fast überall ganzjährig aufgebracht und muß alle 2 bis 3 Jahre ergänzt werden.
Während dieser Zeit zersetzen Kleinlebewesen, Mikroben genannt, das Mulchmaterial allmählich, wobei Kohlendioxyd freigesetzt wird. Aus diesem CO_2 bilden die Pflanzen mit Hilfe der Sonneneinwirkung Traubenzucker, also wichtige Pflanzennährstoffe. So werden durch das Mulchen, langfristig gesehen, den Pflanzen auch Nährstoffe zugeführt.
Wer seinen Garten genießen will, dem rate ich, das Mulchen zu lernen.

Der Kompost, des Gärtners Goldesel

Der Komposthaufen darf in keinem Garten fehlen, denn er trägt entscheidend zur Dauerfruchtbarkeit des Bodens bei.

Was gibt´s Neues?

Küchen und Gartenabfälle können innerhalb von 8 Wochen in fruchtbaren Boden umgewandelt werden. Möglich ist dieser schnelle Zersetzungsprozeß nur mit Hilfe ausgewogener Kräutersäfte. Die dazu erforderlichen Kräuter können Sie selbst sammeln oder in Pulverform aus dem Klostergarten der Benediktiner Schwestern in Fulda beziehen.

Dazu gehören gemeiner Löwenzahn, wilde Kamille, gemeiner Baldrian, wilde Schafgarbe und Brennessel.
Diese Kräuter müssen zur Blütezeit von Juni bis August gesammelt, getrocknet und zu feinem Pulver mit dem Mörser zerrieben werden. Aktiviert werden die 5 Kräuter durch Zugabe von Eichenrinde, Milchzucker und Honig.

Ob der Kompost gelingt oder aber schlecht riecht, ist eine Frage der richtigen Zusammenstellung. Grundbedingung ist ein gewachsener, aufgelockerter Boden, damit Bodenbakterien und Würmer sich bald einfinden. Außerdem sollte der Kompost einen halbschattigen Platz im Garten bekommen, ein spezielles Kompostgestell ist nicht erforderlich. Er kann auch einer Grundfläche von 2 m^2 pyramidenförmig etwa 1 m hoch aufgebaut werden. Die ausgewogene Mischung organischer Gartenabfälle, also Verblühtes, Blumensträuße, Gemüseabfälle, alle grünen Gartenabfälle, Rasenschnitt, Pappe, zerrissene Eierkartons, Teebeutel, Kaffeesatz, Eier- und Bananenschalen, bestimmt die Qualität des Kompostes.

Rasenschnitt darf auf den Kompost, aber nicht zuviel!

Merk-Ecke

Als Faustregel gilt für den Kompostaufbau, daß Feuchtes mit trockenem Material anteilmäßig vermischt wird, Frisches mit Abgelagertem, Stickstoffarmes wie Stroh, Baumschnitt, Sägemehl und Pappe mit Stickstoffreichem wie frischen, grünen Gartenabfällen.

Wichtig ist, daß nach jeder Kompostfüllung von ca. 3 kg (= 10 cm Höhe) eine Zwischenlage aus fein zerstäubtem Korallenkalk und Urgesteinsmehl und gegebenenfalls noch Hornspäne sowie Knochenmehl kommt.

Aus der Küche gehören auf den Kompost:
Kaffeesatz, Kartoffel, Apfel- und Bananenschalen, Teeblätter und Teesatz, Alkoholreste (z. B. Bier), verwelkte Blumensträuße, Eierschalen und zerkleinerte Eierkartons.

Nicht auf den Kompost gehören:
Gekochte, fetthaltige Speisereste, gespritzte Zitrusfrüchte, faules Obst und schimmelige Brotreste, Knochen, Blechdosen oder Folien, Staubbeutel vom Staubsauger - weil sie radioaktive Anteile besitzen -, farbig bedruckte Zeitschriften, Nadelgehölze.
Der Kompost soll so schnell wie möglich aufgebaut werden. Die Beschickung sollte nie länger als 8 Tage unterbrochen werden. Die Schichthöhe ist waagerecht zu halten und alle 10 cm mit Erde leicht abzudecken.
Grundvoraussetzung ist auch eine gute Luftzirkulation. Kompost, der ausschließlich mit Rasenschnitt aufgebaut wird, muß übel riechen. Zwischen den Rasenschnitt müssen im Verhältnis 3:1 Gartenerde, Kalk und Steinmehl und, soweit vorhanden, organische Küchenabfälle sowie Baumschnitt gemischt werden.

Merk-Ecke

Je kleiner das Material, desto rascher der Zerfall. Dicke Stengel oder lange Zweige sollten Sie mit dem Spaten zerkleinern. Bei größeren Mengen lohnt sich der Einsatz eines Gartenhäckslers.

Zur schnellen Verrottung gehört auch, daß der Kompost nach jeder Füllschicht mit alten Jute- oder Strohmatten abgedeckt wird. Diese werden möglichst mit einem Ziegelstein beschwert.

Merk-Ecke

Der Komposthaufen darf weder austrocknen noch vernässen, sonst werden wichtige Nährstoffe ausgewaschen.

Bevor der Komposthaufen geschlossen wird, wird er mit der zuvor genannten, ausgewogenen Kräuterzusammensetzung geimpft.

Was gibt´s Neues?

„Humofix“ können Sie aus dem Klostergarten der Benediktiner Schwestern in Fulda beziehen. Dieses überraschend schnell wirkende Kompostpulver, aus Kräutern, Rinde und Honig hergestellt, aktiviert den Kompost in nur wenigen Wochen zu fruchtbarer Humuserde.
Das Pulver wird nach Möglichkeit in Regenwasser aufgelöst, 24 Stunden stehen gelassen und dann im Abstand von 20 cm in vorher bis zu 30 cm tief gebohrte Löcher in den Kompost eßlöffelweise eingefüllt.

Wenn der Kompost 1 m hoch ist, wird er ringsherum - soweit wie möglich - mit einer Erdschicht bedeckt. Schon innerhalb von 24 Stunden sollte im Kompost eine Wärme zwischen 50 und 60 °C herrschen. Die hohe Anfangstemperatur bewirkt das Abtöten von Unkrautsamen und Bakterien. Nach einigen Tagen beginnt die Temperatur zu sinken. Jetzt können winzige Bodenbearbeiter Einzug halten. Kompostfresser sind die Schimmelpilze und Bakterien, die eine Vorstufe des Humus hinterlassen. Asseln und Tausendfüßler sind ebenfalls erwünschte Mitarbeiter. (Siehe auch „Reifetest“ im Kapitel Küchenkräuter.)

Das Solarhügelbeet

Saubere Gartengestaltung, leichtere Bearbeitung, besseres Wachstum (weil der Sonne zugeneigt), absoluter Wühlmausschutz (verzinkte Stahlgitter-Einlage), hochwirksamer Schneckenschutz durch spezielle Randabkantungen - das sind die Vorzüge des patentierten „Normalstahl" - Solarbeetes aus stabilem, vollverzinktem und einbrennlackiertem Profilstahlblech.

Das Solarhügelbeet garantiert üppiges Wachstum.

Anstelle teurer Substrate werden auf den Grund des Beetes unzerkleinerte Äste bis 3 cm Dicke und ca. 1/2 m Länge und - wenn vorhanden - Grasschnitt, Stroh, Laub, Garten-und Küchenabfälle gelegt. Diese Grundfüllung hält das Beet luftig und sorgt für ein ideales Klima zur Vermehrung der wertvollen Bodenbakterien. Der langanhaltende Verrottungsprozeß hält die Wurzeln der Pflanzen warm und trocken und liefert zugleich die notwendigen Nährstoffe für viele erfolgreiche Gartenjahre.

Den Winter verkürzen: Unter der Solarhaube können Sie schon Anfang Februar mit der Aussaat beginnen, denn ein Solarbeet mit seiner patentierten Solarhaube ist mehr als eine herkömmliche Frühbeet-Abdeckung. Sie ist wie ein kleines Gewächshaus und kann auch unabhängig vom Solarbeet als Wanderhaube verwendet werden. Alle Flächen der Haube sind sonnengerecht schräg. Der Baldachin aus transparenten Doppelstegplatten wirkt lichtbrechend und wärmespeichernd, die glasklaren Stirnseiten wie schräge Sichtfenster. Durch die bewährte Schrägung wachsen Ihre Pflanzen üppiger und werden schöner und größer. Der sturmsichere Lüftungs-Verschluß ist bis zu 24 cm stufenlos höhenverstellbar. Zur Bearbeitung des Beetes kann man die Haube mit einem Federstab auf ca. 80 cm Höhe sicher arretieren, in senkrechter Stellung läßt sie sich ganz abnehmen.
Die Solarbeete sind als leicht zu transportierende Bausätze erhältlich. Lieferbar sind zwei Größen: 150 x 60 cm mit ungeteilter und 200 x 100 cm mit geteilter Haube.

Problematische Grundstücke

Hanglagen stellen immer eine große Herausforderung an den Planer dar. Je stärker das Gefälle, um so schwieriger und kostenintensiver gestaltet sich eine optimale Lösung für den Garten-bereich. Oft bereiten technische Probleme wie die störungsfreie Ableitung von anfallendem Oberflächenwasser, die Hangsicherung und die Erschließungsmaßnahmen für die Wege Kopf-zerbrechen. Wenn es sich um ein relativ kleines Grundstück handelt, muß eine Möglichkeit der terrassenförmigen Gliederung gefunden werden. Bei der Planung kommt es darauf an, unter dem Angebot der Stützelemente das richtige Material zu wählen. Hervorragende Stützelemente sind Palisaden, Holz- oder Betonschwellen, Natursteinmauerwerk, Mauerscheiben mit Kieselvorsatz, Karlsruher Gartenstein und Löffelsteine. Mit ihrer Hilfe können Böschungen abgefangen und Terrassen erstellt werden. Je nach Art der Bodenschichten kann eine zusätzlich Hangsicherung durch den Einbau von Faschinen erforderlich sein. Faschinen werden aus elastischen Reisern beliebiger Hölzer geflochten und mit einem Anteil von austriebsfähigen Weidenruten hergestellt. Sie werden mit Draht zu einem festen Bündel in verschiedenen Längen zusammengestellt. Palisaden aus Holz oder Beton bietet der Fachhandel in vielen Längen und Stärken an. Die im Kesseldruckverfahren imprägnierten Holzpalisaden können eine hohe Lebensdauer erreichen, die allerdings von den Bodenverhältnissenund einem fachgerechten Einbau abhängig ist.

Palisaden

Mein Tip

Um die Haltbarkeit zu verlängern, sollte der Sockel, auf dem die Palisaden aufgestellt werden, aus einer 10 cm starken Sand- oder Kiesschicht bestehen. Fäulnis kann vorgebeugt werden, indem eine wurzelfeste Folie oder Bitumenpappe vor der Bodenhinterfüllung angebracht wird. Bevor die Isolierung erfolgt, muß jedoch auf jeden Fall, sozusagen als Schutzmaßnahme, eine Stabilisierung durch Draht vorgenommen werden.

Merk-Ecke

Die Palisaden müssen bis zu 1/3 ihrer Länge in den Boden eingelassen werden.

Neben den natürlichen Holzpalisaden können auch Betonpalisaden verwendet werden. Da diese in ihrer ganzen Länge mit einer Hohlkehle versehen sind, geben sie sich gegenseitig Halt. Übrigens, Holzpalisaden dürfen nie zusammen mit Betonpalisaden einbetoniert werden, weil das Betonieren ihre Haltbarkeit erheblich verkürzt.

Eine andere Art, Stützwände herzustellen, ist der waagerechte Einbau von Rund- oder Halbrundhölzern. Diese können zwischen Stützen aus Holz oder I-Stahlträgern aufgeschichtet werden. Der Abstand der Stützen zueinander darf nicht mehr als 1,80 m, die Einbautiefe muß 1/3 ihrer Länge betragen. Die I-Stahlträger-Stützen müssen in einen Betonschuh gesetzt werden.

Mauern aus Natur-, Beton- oder Ziegelsteinen brauchen ein frostfreies Fundament, sofern sie mit Mörtel aufgesetzt werden. Dieses ist bei einer Tiefe von mindestens 80 cm garantiert. Auch hier ist eine Hinterfüllung mit Kies anzuraten. Mitunter ist noch eine Drainage erforderlich, die hinter dem Fundament und dem Mauerfuß verläuft. Betonschwellen können auch ohne Fundament aufgesetzt werden, vorausgesetzt, der Untergrund besteht aus drainagefähigem Material. Gemeint ist eine 15 - 20 cm starke Schicht aus Kies, Hochofenschlacke oder Schotter. Ähnlich können Karlsruher Gartensteine, Mauerscheiben und Löffelsteine eingearbeitet werden. Die Einbuchtungen bei Löffelsteinen sind als Pflanzfläche gedacht. Je nach Pflanzenart können diese Steine in wenigen Jahren so überwachsen sein, daß der Beton nicht mehr sichtbar ist.

Bei größeren Hanggärten kann das natürliche Böschungsprofil erhalten bleiben. Hierfür bieten sich Stauden an, die zum Verwildern neigen, wie z. B. Heide und Gehölze mit kriechenden Wuchseigenschaften. Letztere geben der Böschung einen sicheren Halt gegen Erosionen. Alle Pflanzen mit tiefen und ausläufertreibenden Wurzeln bewirken eine zusätzliche Festigkeit der Böschung.

Böschungen im Garten werden mit Steinen gestützt. Dabei dürfen die Steine niemals locker und flach über den Abhang verteilt werden, sondern müssen ihrer sichtbaren Linienführung entsprechend, waagerecht so tief in den Hang eingegraben werden, daß der noch sichtbare Teil wie „natürlich gewachsen" aussieht. Richtig gewählt, können die Pflanzen vom zeitigen Frühjahr bis in den späten Herbst eine besondere Zierde sein. Hierbei brauchen Sie sich nicht auf die wenigen Steingartenpflanzen der

Rundlinge

kargen Bergflora beschränken. Zwischen den Steinen, teils sengender Sonne, teils tiefem Steinschatten ausgesetzt, bewähren sich vor allem ausdauernde, winterharte Zwiebelgewächse. Die kleineren Arten stimmen in Größe, Blütenform und Blattwerk fast mit der Bergflora überein, wie Lauch (*Allium moly*, *Allium neapolitanum* u. a.), Anemonen, Schneestolz, Krokus, Cyclamen, Winterling, Hundszahn, Kaiserkrone, Zwergiris (*Iris reticulata*), Blaulilien (*Ixiolirion*), Märzbecher, Traubenhyazinthen, botanische Puschkinien, Ranunkeln und Blaustern. Die meisten gedeihen in steinig- oder sandig-humosen Böden.

Zyklopen

Pflanzenwahl für jeden Boden

Der pH-Wert des Bodens läßt sich von 6,0 auf 7,0 anheben, wenn Sie auf einer Fläche von 10 m² etwa 3 kg kohlensauren Kalk ausstreuen (Düngekalk). Im Boden sorgt der Kalk dafür, daß die Nährstoffe pflanzenverfügbar, d. h. in löslicher Form den Pflanzenwurzeln zugeführt werden.

Merk-Ecke

Eine alte Bauernregel besagt: „Kalk macht die Väter reich, aber die Söhne arm." Mit anderen Worten: Eine Überdosis an Kalk führt dazu, daß aus dem Boden das Letzte herausgeholt wird für die kommende Wachstumsperiode. Im Folgejahr ist der Boden dann restlos erschöpft und ausgelaugt.

pH-Bereich für verschiedene Pflanzen: Der pH-Bereich, mit dem die meisten Gemüsearten zurechtkommen, liegt zwischen 6,0 + 7,0.

Gemüse:	
Blumenkohl	6,5 - 7,5
Kohlrabi	5,5 - 7,0
Rosenkohl	6,0 - 7,0
Grünkohl	5,5 - 7,0
Weißkohl	6,0 - 7,5
Rotkohl	6,5 - 7,5
Tomaten	5,5 - 7,0
Erbsen	6,0 - 7,0
Puffbohnen	6,0 - 8,0
Salate:	
Feldsalat	5,6 - 7,0
Kopfsalat	5,5 - 7,7
Endivie	6,0 - 7,0
Gehölze:	
Liguster	6,0 - 8,0
Deutzien	6,0 - 8,0
Forsythien	6,0 - 7,5
Rosen	6,0 - 6,5
Spierstrauch	6,0 - 8,0
Zwiebelblumen:	
Tulpen	6,0 - 8,0
Anemonen	6,0 - 8,0
Narzissen	6,0 - 7,5
Dahlien	6,0 - 8,0
Maiglöckchen	5,0 - 7,0
Stauden:	
Mohn	6,0 - 8,0
Veilchen	6,0 - 8,0
Astern	6,0 - 7,5
Phlox	6,0 - 8,0
Nelken	6,5 - 8,0
Rittersporn	6,0 - 7,5
Moorbeetpflanzen:	
Erika	3,8 - 5,0
Rhododendron	4,0 - 5,5
Obstbäume:	
Aprikose	6,0 - 7,0
Kirsche, süß	6,0 - 7,5
Apfel	5,5 - 7,0
Birne	6,0 - 7,0
Beerensträucher:	
Brombeere	6,0 - 7,5
Johannisbeere	5,5 - 7,5

Weißkohl

DER VORGARTEN

Das schmale Stück Gartenfläche, das sich vor unseren Häusern befindet, bezeichnen wir im Gegensatz zum eigentlichen Wohngarten als Vorgarten.
Seinen traditionellen Ursprung hat dieser Gartenteil in der Zeit der prächtigen Stadtvillen. Er war Repräsentationsraum und sollte die Wirkung der Architektur unterstützen. Zudem hielt er die lärmende Straße auf angemessene Distanz zum Haus. Gehen wir heute durch die Straßen der Stadt oder durch Neubausiedlungen, so treffen wir noch auf viele Gestaltungsrelikte aus jener Zeit. Die kurzgeschorene Rasenfläche, als repräsentatives Grün, wirkt in den oft winzigen Vorgärten wie eine Verlegenheitslösung. Zudem führt der Anspruch an möglichst pflegeleichtes Grün zu steril anmutenden Koniferenanhäufungen. Die Unsicherheit in der Gestaltung wird dabei deutlich. Häufig wird nur ständig reproduziert, was an unbefriedigenden Beispielen sowieso schon vorhanden ist.
Können wir es uns leisten, vor dem Hintergrund einer heraufziehenden ökologischen Katastrophe die Vegetation unter rein repräsentativen Aspekten zu betrachten? - Sicherlich nicht. Auch der Bereich vor dem Haus gehört mit seiner Vegetation zum stadtökologischen System. Der Vorgarten sollte deshalb sowohl unter gestalterischen Aspekten, als auch dem Gesichtspunkt der Schaffung eines Biotops diskutiert werden.
Die Ansprüche an das kleine Stück Garten sind heute also etwas komplexer geworden. Wollen wir einen Garten gestalten, so helfen nicht beliebig übernommene Gestaltungsmuster, sondern es ist eine intensive Auseinandersetzung erforderlich. Ist fachlicher Rat notwendig, so sollten Sie sich an den Landschaftsgärtner oder den Gartenarchitekten wenden.

Der Vorgarten und seine Funktionen

Wie viele andere Bereiche übernimmt auch der Vorgarten die Funktion eines Raumes, der sich zur Dokumentation für die Selbstdarstellung eignet. Lebensstil, Naturauffassung und vieles mehr kann aus einem gestalteten Garten ablesbar sein. Aber auch viel schlichtere Funktionen werden von diesem Garten übernommen. Er muß richtig dimensionierte Wege für den Verkehr zwischen Haus, Straße, Garage und evtl. Kellereingang beinhalten. Stellflächen für Fahrräder, Kinderwagen etc. müssen gut plaziert werden. Sitzmöglichkeiten für das Gespräch vor der Haustür kön-nen vorgesehen werden, ebenso wie der Kleinkinderspielbereich. Es ist auch erforderlich, Mülltonne, Postkasten und Beleuchtung funktionell in das Konzept einzubeziehen. Bei Fundamentierungs- und Pflanzarbeiten sind die Trassen der Hausversorgungsleitungen zu beachten, gegebenenfalls müssen Leitungspläne angefordert werden. Außer der Verkehrsfunktion ist der Vorgarten aber auch Pflanzenstandort. Der Untergrund in unseren Städten ist meist nicht gewachsen, sondern künstlich beeinflußt. Verborgene Schichten aus Bauschutt bilden oft Sperrschichten, die dem Pflanzenwachstum schaden. Hier geben Probegrabungen Aufschluß über notwendige Maßnahmen zum Bodenaustausch. Zur besseren Bodenbelüftung und Bewässerung können Ringe aus Drainagerohren für die Großgehölze eingebaut werden.

Eingangsbereich mit schachbrettartig angelegtem Holzweg. Rechts eine gut integrierte Wegbeleuchtung.

Gestaltungsprobleme

Bodenbeläge: Das Thema Wegebefestigung spielt besonders auch im Vorgarten eine große Rolle, da der Weg zu einem wichtigen Gestaltungsmittel wird. Seine Struktur und Form prägen den Charakter des Gesamtbildes erheblich mit. Nach der allgegenwärtigen „Waschbeton-Ära" der 60er und 70er Jahre erlebt heute der traditionelle Natursteinbeschlag eine wohltuende Renaissance. Die Gestaltungsmöglichkeiten sind vielseitig. Granit, Basalt, Porphyr, Gneis, um nur einige gebräuchliche Gesteinsarten zu nennen, bieten viele Kombinationsmöglichkeiten. Naturstein in Platten- oder Pflasterform läßt sich harmonisch mit hartgebrannten Pflasterklinkern verarbeiten. Die Vorzüge des aus der Natur gewonnenen Steins liegen in seiner Unempfindlichkeit und vor allem in seinem individuellen, naturhaften Charme.

Der relativ hohe Preis für den Naturstein führte aber auch zur Entwicklung von Alternativen. Viele Hersteller bieten inzwischen „Kunststeine" an, bei deren Fertigung der Naturstein Pate gestanden hat. Oft handelt es sich dabei um eingefärbte Betonsteine, die teilweise sogar mit Natursteinsplitter-Vorsatz angeboten werden.

Die Verwendung dieser Materialien hat sicherlich ihre Berechtigung, besonders auch unter dem Aspekt der Endlichkeit unserer natürlichen Resourcen. Dennoch fehlt diesen Steinen letztlich die Überzeugungskraft des Gewachsenen, wohingegen sich mit Natursteinen mehr Atmosphäre schaffen läßt.

Bei diesem Holzweg greifen Weg und Bepflanzung harmonisch ineinander.

Kombination aus Stein und Holz.

Merk-Ecke

Bodenbeläge sollten rutschfest und trittsicher sein. Geeignet sind Pflaster- oder Plattenbeläge mit rauher Oberfläche. Ob Kunst- oder Naturstein, ist eine Frage des Geschmacks. Bodenbeläge mit geschliffener Oberfläche können bei Feuchtigkeit glatt werden, ebenso wie in schattigen Bereichen verlegtes Holzpflaster.

Gestaltungstip: Achten Sie bei der Materialwahl auf die Bezüge zu anderen Materialien (Fassade, Mauern, Bodenbeläge). Erst das sinnvolle Ineinandergreifen ergibt ein harmonisches Ganzes.

Verlegen des Bodenbelages: Die ökologische Problematik in unseren Städten verlangt von jedem, der seine Umwelt gestaltet, ob Planer oder Hausbesitzer, umsichtiges Handeln. Der gewachsene Boden ist in unserer künstlichen Stadtlandschaft ein nicht vermehrbares Gut, das zudem noch wichtige ökologische Aufgaben erfüllt. Jede Überbauung oder Versiegelung sollte daher gut überlegt sein. Grundsätzlich ist ein „offener" Belag, also ein Belag mit einem hohen Fugenanteil, der den anfallenden Niederschlag in den Untergrund versickern läßt, vorteilhafter als eine „geschlossene" Decke. Für untergeordnete Flächenbefestigungen, die nur wenig begangen werden, eignen sich sogenannte Rasengittersteine oder auch Rasenpflastersteine. Das Steinmaterial wird mit einer Fugenbreite von ca. 3 - 6 cm verlegt. Die Zwischenräume werden mit einem Sand-Erdgemisch gefüllt und eingesät. Dieses Prinzip kann ebenso mit Natursteinen (Großpflaster oder Flußkieseln) ausgeführt werden. Gepflegt wird dieser Belag ähnlich wie eine Rasenfläche.

Sehr wenig wird im allgemeinen eine „wassergebundene Wegedecke" angelegt. Dabei ist es ein ausgesprochen preiswerter und zudem „ökologischer" Belag. Der Unterbau besteht aus Grobkies in verschiedener Körnung. In der Deckschicht wird Splitt und gebrochener Sand eingearbeitet. Abgestreut werden kann die fertige Fläche mit verschiedenen feinkörnigen Materialien (Splitt, Kies); damit ergeben sich auch interessante farbliche Gestaltungsmöglichkeiten.

Oben: Rasengittersteine kurze Zeit nach dem Verlegen.
Unten: Nach einiger Zeit sind die Steine kaum noch zu erkennen.

Mein Tip

Jeder Bodenbelag ist so gut wie sein Unterbau. Deshalb ausreichend verdichten und nicht am Unterbau sparen. Pflaster und Platten möglichst in Sand verlegen, offene Fugen akzeptieren, evtl. Moos ansiedeln.

Mauern und Treppen

Je nach Stellung und Lage des Baukörpers auf dem Grundstück treffen wir auf unterschiedliche Grundrisse und Höhenverhältnisse. Vorgegebene Höhendifferenzen zwischen Straßenniveau und Hauseingang sind oft auf kurzer Distanz zu überwinden. Richtig wäre es, die wichtigen Verbindungen zwischen Innen- und Außenraum bei der Hauskonzeption zu berücksichtigen. Sehr oft aber stellt sich das Höhenproblem erst bei der Gartengestaltung. Dann liegen meist jedoch schon alle Anschlußhöhen fest, und es gibt nur wenig Spielraum für gute Konzepte. Wird eine Treppenlösung angestrebt, sind verschiedene technische und gestalterische Punkte zu beachten:

- Die Treppe sollte nicht isoliert betrachtet werden, sondern in Form und Material an die Architektur oder den Garten anknüpfen.
- Sichere, setzungsfreie Fundamente anlegen.
- Bequemes Steigungsverhältnis der Stufen wählen.
- Beleuchtung und gegebenenfalls Geländer integrieren.
- Trittsicheres Belagmaterial verwenden.

Für den Bau der Treppe stehen unterschiedliche Material- und Konzeptionsvarianten zur Verfügung. Ob nun massive Blockstufen, gesägte Steinplatten, Klinkerpflaster, Natursteinpflaster oder Holzschwellen eingesetzt werden, muß im konkreten Planungsfall entschieden werden.

Mauern und Zäune

Da der Vorgarten direkt an den öffentlichen oder privaten Straßenraum grenzt, wird man meist bestrebt sein, eine Abgrenzung vorzunehmen. Auch hier gilt es, bei der Material- und Formentscheidung die Bezüge zur Architektur, zum Garten bzw. zum Straßenbild herzustellen. Einfriedungen können sowohl durch entsprechende Pflanzungen erreicht werden als auch durch bauliche Mittel. Man sollte sich darüber im klaren sein, daß Hecken und Sträucher den großen Vorteil haben, daß je nach Pflanzenauswahl der Lebensraum unserer heimischen Tierwelt bereichert wird. Die Artenauswahl sollte daher gut überlegt sein. Besonders im ländlichen Bereich sind landschaftstypische Vegetationsformen, wie z. B. freiwachsende Hecken, anzustreben. Zu den baulichen Einfriedigungen gehört die Mauer. Auch hier gibt es eine Vielzahl von Varianten. Naturstein, -Trockenmauern, Klinkermauern, Kalksandsteinmauern, um nur einige zu nennen. Ebenso zahlreich sind die Gestaltungsmöglichkeiten. Mauern können massiv ausgebildet oder auch mit verschiedenen Zaunelementen kombiniert werden. Für technische und nachbarschaftsrechtliche Fragen sowie für individuelle Gestaltungslösungen sollten Sie den Gartenarchitekten hinzuziehen.

Vegetation

Neben der Materialauswahl für die erforderlichen baulichen Elemente im Vorgarten hat die Auswahl der Pflanzen für den Gartencharakter die prägendste Bedeutung. Einige grundlegende Überlegungen sind deshalb zunächst notwendig. Die verschiedenen Pflanzenarten

wachsen in der Natur nicht zufällig an einem bestimmten Standort. Die jeweiligen Lichtverhältnisse, die Bodenart und -reaktion, die lokalen Feuchtigkeitsverhältnisse und die mikroklimatischen Bedingungen bieten der Vegetation sehr unterschiedliche Lebensbedingungen. Beurteilen wir unseren Vorgarten nach seinen speziellen Wuchsbedingungen, so läßt sich eine Vorauswahl an geeigneten Pflanzen treffen. Neben der ökologischen Komponente spielt aber auch die gestalterische Absicht eine wichtige Rolle. Jetzt müssen wir unser Vegetationsbild entwerfen. Hierbei können persönliche Vorlieben einfließen oder Wünsche nach bestimmten Formen, Farben und Düften.

Unser Vorgarten steht nicht in einem isolierten Raum, sondern ist eingebunden in das gesamte Straßenbild. Wir gestalten damit einen Teil des öffentlichen Raumes. Auch hielt gilt es, Bezüge herzustellen. Können bereits vorhandene Formen und Strukturen aufgenommen werden? Kann die Baumbepflanzung in der Straße durch unseren Vorgarten sinnvoll ergänzt werden? Oder können fehlende Blühphasen ergänzt werden?

Wenn Ihnen die Beurteilung dieser Fragen zu komplex erscheint, wenden Sie sich an den Fachmann.

Merk-Ecke

Vorgärten sind individuelle Gartenanlagen, wobei der Haustyp prägendes Element ist.

Planungshinweis
- Stellen Sie eine Liste der geeigneten Pflanzen (für Ihren Vorgarten-Standort) zusammen.
- Beurteilen Sie jeden Aspekt einzeln.
- Wählen Sie schrittweise aus.

Zu den häufigsten Fehlern, die bei der Pflanzenauswahl gemacht werden, gehört die Unterschätzung der Dynamik des natürlichen Wachstums. Besonders Pioniergehölze, wie Birken, Pappeln, Erlen oder Weiden, erreichen schon innerhalb weniger Jahre durchaus stattliche Größen. Zwar ist dieses Tempo angesichts der oft kahlen Neubaugebiete erwünscht, doch Probleme durch die starke Beschattung und das intensive Wurzelwachstum machen bald die Säge notwendig.

Die Auswahl und den Standort für größere Gehölze sollten Sie daher gut durchdenken und gegebenenfalls mit dem Fachmann besprechen. Im Anhang finden Sie eine Auswahl geeigneter kleinkroniger Bäume, auch für den Vorgarten.

Merk-Ecke

Bereits nach sechs Jahren sind hohe Bäume herangewachsen, die das Haus zur Dunkelkammer werden lassen!

Was muß bei der Pflanzenzuordnung beachtet werden?
Planungshinweis:
- Zeichnen Sie Ihren Vorgartengrundriß im Maßstab 1 : 50 oder 1 : 20.
- Legen Sie Ihre Pflanzenliste daneben.
- Finden Sie Symbole für die einzelnen Pflanzen.
- Ähnlich wie beim Wohnungsgrundriß können Sie jetzt die einzelnen „Bausteine" Ihres Gartens kombinieren.

Für den Aufbau einer Pflanzung ist zunächst ein Grundgerüst, ein Rahmen aus sogenannten „Leitpflanzen" wichtig. Diese Funktion können alle größeren, ausdrucksstarken Pflanzen übernehmen. Bei der Anordnung der Leitpflanzen sollte auf eine möglichst spannungsreiche Stellung geachtet werden. Den größeren Gehölzen werden kleinere Sträucher und Stauden zugeordnet. Letztlich füllen Sie die verbleibenden Flächen mit sogenannten „Füllpflanzen". Das sind z. B. Stauden, die flächig angeordnet werden. Die flächigen Pflanzungen eignen sich besonders auch für das Einstreuen von Frühjahrsblühern.

Planungshinweis:
Beschränken Sie die Artenvielfalt. Die Pflanzung soll keine Aufzählung des Baumschulensortiments sein.
Versuchen Sie ein klares Pflanzenbild zu entwerfen.
Achten Sie auf Rhythmik und Spannung.

Haben Sie ein geeignetes Bepflanzungskonzept entwickelt, führt Sie der Weg direkt in die Baumschule oder in das Gartencenter.

Jede Pflanze hat ein „Gesicht", deshalb sollten Sie zumindest die Solitäre nach Augenschein auswählen.

Vorgartenplanung vom Gartenarchitekten

Wie die bisherigen Ausführungen gezeigt haben, ist die Sache mit dem Vorgarten nicht so einfach, wie es auf den ersten Blick erscheint. Viele verschiedene Gesichtspunkte sind zu berücksichtigen. Es muß bewertet und abgestimmt werden, und zudem sind gestalterische Fragen zu klären.
Oft wiederholt sich der Fehler, daß nach einem Gang durch das Gartencenter all jene Pflanzen gesetzt werden, die auf den ersten Blick passend erscheinen. Erst nach einiger Zeit stellt sich heraus, daß die Wahl nicht so glücklich war. Es wird um- und neugepflanzt. Dieser „Gestaltungsprozeß" nach Versuch und Irrtum kann sich mehrfach wiederholen und kostet schließlich sehr viel Zeit und Geld.
Soll das Konzept gleich von Anfang an funktionieren, ist ein „grüner Daumen" notwendig oder der gezielte Rat vom Fachmann.
Je nach Anspruch können Sie sich an einen Garten- und Landschaftsbaubetrieb oder an einen Gartenarchitekten wenden. Die Kosten für ein gutes Planungskonzept rechnen sich angesichts der vielen möglichen eigenen Fehlentscheidungen immer.
Planung ist ein Prozeß, der viel Erfahrung, Phantasie und Einfühlungsvermögen erfordert. Vor dem geistigen Auge muß eine fertige Vision entstehen. Vielen Menschen fällt diese Form der Vorstellung schwer. Hilfreich sind dann anschauliche Konzepte, die alle Anforderungen in sich vereinigen und die geplante Vision ablesbar darstellen.
Ein wirklich gutes Beispiel für einen anschaulichen Plan ist die Arbeit des Gartenarchitekten F. Diederich aus Hannover. Ein von Grund auf renovierungsbedürftiger Vorgarten wurde nach seinen Plänen in mehreren Teilschritten neu gestaltet.

Beispiel für Vorgartenplanung

Die Planungsaufgabe stellte sich im Zuge umfangreicher Renovierungsarbeiten. Stützmauern und Bodenbeläge mußten erneuert werden. Ein Wintergarten wurde angebaut, damit änderten sich auch die Wege. Nach intensiven Gesprächen mit dem Bauherrn und seiner Familie wurden verschiedene Vorentwürfe diskutiert, bis schließlich ein gestalterisches Gesamtkonzept beschlossen wurde:
Das Konzept sieht eine durchgängige gestalterische Linie vor. Hierfür eignete sich besonders das neue Element Geländer. Zum strengen Baukörper aus den 30er Jahren wurde ein klassischer Geländertyp mit Kreuzausfachung gewählt. Die verzinkte Metallkonstruktion wurde sowohl als Blendrahmen für die Müllcontainer, als Absturzsicherung, als Rankhilfe für Kletterpflanzen sowie als Dekorelement auf der Einfriedungsmauer verwandt. Aufgemauerte Pfeilervorlagen sollten den Betonstützmauern Plastizität

Maßstäbliche Skizzen zur Hausansicht verdeutlichen die Planungsidee:
Oben: Die Nordseite des Hauses wirkt durch die großen, ungegliederten Mauerflächen sehr abweisend. Der geplante hängende Garten aus einer Polykultur verschiedener Klettergehölze: *Clematis montana* 'Rubens', *Clematis alpina, Clematis vitalba* (hängend) und *Hedera helix* geben den Flächen Struktur und Lebendigkeit.
Rechte Seite: Die Nord-Ost-Ansicht verdeutlicht das geplante Pflanzenbild in dem trogartigen Vorgarten.
Klare Gliederung und die Differenzierung in wenige charakteristische Wuchsformen geben dem Bild Spannung und zugleich eine ruhige Ausgewogenheit.

verleihen. Die Maueroberfläche erhielt einen zum Gebäude passenden Rauhputz.
Für den Bodenbelag wurden Natursteine gewählt. Während die große Freitreppe, die Fußwege und die Mauerabdeckungen mit Porphyr-Platten belegt werden sollten, wurde für die beiden Garagenzufahrten ein Kleinpflasterbelag aus ortsüblicher Grauwacke mit Porphyr-Anteil vorgesehen.
Ebenfalls ortstypisch ist die Verwendung von Ruhrsandsteinen in Form von Bossenmauern. Dieses Gestaltungsthema wurde aufgenommen, allerdings als trocken aufgeschichtete Mauer, um Höhenunterschiede in den Trogbeeten aufzufangen. Hervorzuheben ist noch die Integration der Mülltonnen. Die üblichen Betonmüllschränke wurden in die umlaufenden Stützmauern unauffällig eingebaut. Der Kopf der Müllschränke wurde ebenfalls als Trogbeet ausgebildet und bepflanzt.

Das Pflanzkonzept: Der Pflanzenstandort zeichnet sich durch

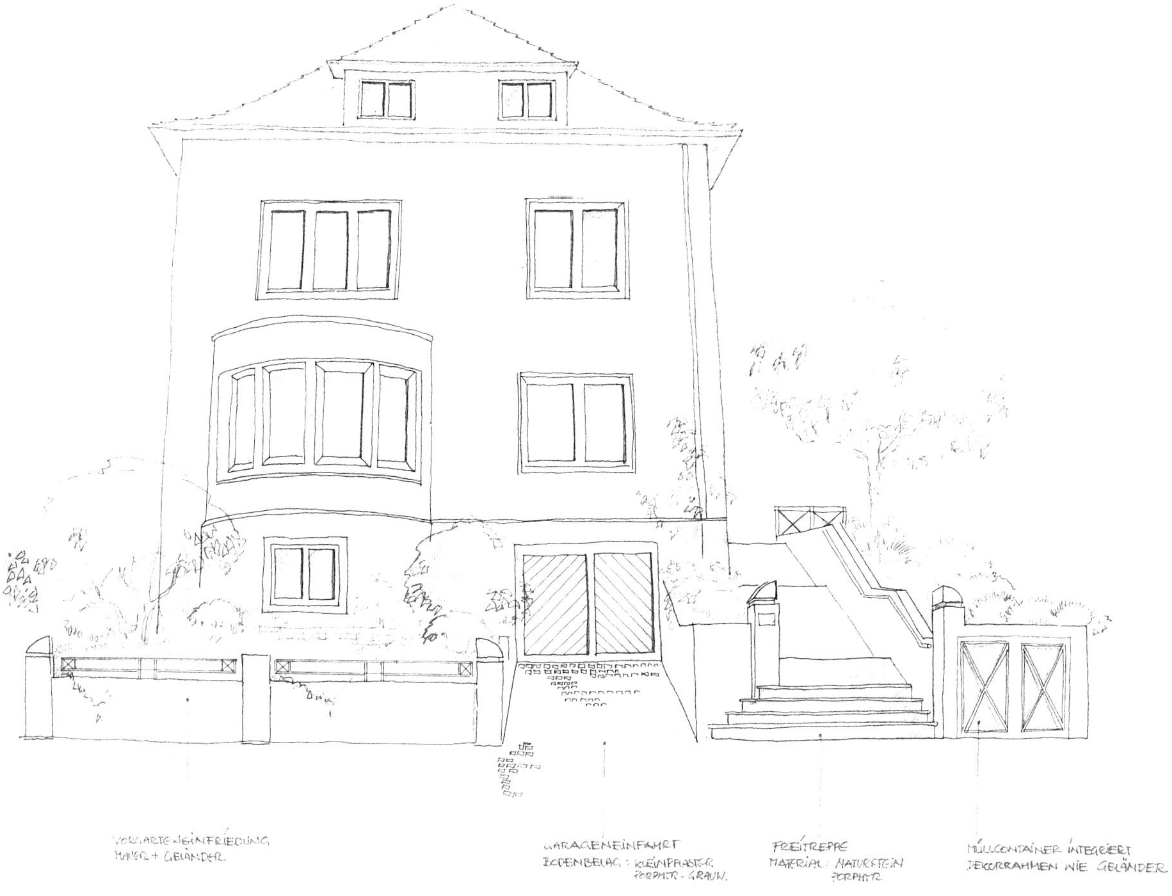

seine Nord-Ost Lage als halbschattiger Bereich aus. Die Trogbeete liegen zum Teil im Regenschatten des Gebäudes. Bodentrockenheit ist deshalb besonders bei allen geneigten Bodenoberflächen zu erwarten. Bodenverbesserungsmaßnahmen wurden durchgeführt. Zwei Drainageringe verbessern die Bodendurchlüftung und die Bodendurchfeuchtung.

Die Dachentwässerung wurde z. T. in die Beete geführt. Eine Bodenmulchung mit Rindenhumus als Schutz gegen Austrocknung, Verschlämmung sowie gegen starke Verkrautung wurde vorgesehen.

Als Leitpflanzen wurden ausgewählt:
- 1 Rotdorn (*Crataegus leavigata* 'Pauls Scarlett'), traditioneller Baum der Gründerjahre, „Hausbaum“.
- 1 Rhododendron, altes großes Gehölz, stammt aus der früheren Vorgartenanlage und läßt die Pflanzung eingewachsener wirken.
- 1 Zaubernuß (*Hamamelis mollis*), Strauch mit langsamem Wuchs, Blüte im Februar, schönes Blattwerk danach; ein besonders gut gewachsener Solitär wurde ausgesucht.
- 1 Azalea.

Gruppen aus kleinen Sträuchern:
- 3 chinesische Mahonien (*Mahonia bealei*)
- 3 Lavendelheiden (*Pieris flori bunda*)
- 4 Kletterhortensien (*Hydrangea petiolaris*)
- 3 Spiersträucher (*Spiraea bumalda* 'Anthony Waterer')
- 2 Berberitzen (*Berberis x ottawensis, B. thunbergii, B. atrocarpa*)
- 6 Zwergrhododendren (*Rhododendron impeditum* 'Blue Tit')

Flächige Staudenpflanzung:
- Japanische Segge (*Carex morrowii* 'Variegata') wintergrün
- Bärenfellgras (*Festuca scoparia*)
- Steinbrech (*Saxifraga rotundifolia*)

Bodenbedeckende Gehölze:
- Rosen (*Rosa* 'The Fairy')
- Spierstrauch (*Spiraea japonica* 'Little Princes')

Einzeln gestellte Kleingehölze:
- Vorfrühlingsalpenrose (*Rhododendron praecox*)
- Federbuschstrauch (*Fothergilla major*)
- Azalea (*Rhododendron*)

Frühjahrsblüher:
- Scilla (*Scilla bifolia*)
- Scilla (*Scilla sibirica*)
- Iris (*Iris reticulata*)

Für die Pflanzenzusammenstellung waren folgende Kriterien von Bedeutung:
- Die Pflanzung sollte zu jeder Jahreszeit, also auch im Winter, ihre Wirkung behalten (immergrüner Pflanzenanteil, Gräser).
- Vögeln und Insekten Nahrung und Unterschlupf bieten (Blüten, Früchte, Samenstände, dornige Pflanzen als Nistmöglichkeit).
- Die Anlage sollte einen naturnahen Charakter haben (Gräser, Wildstauden, lockere Pflanzweise).
- Der Wechsel der Jahreszeiten sollte ablesbar dein (unterschiedliche Blühphasen, Laubgehölze, Stauden).
- Die Pflanzung sollte ein klares Vegetationsbild vermitteln (kompakte Wuchsformen gegen lokkere Form, Gruppenbildung).

Lavendelheide

Resümee

Das vorangestellte Thema macht deutlich, daß ein Wandel in unseren Vorgärten vom rein repräsentativen Grün hin zu naturnahen Konzepten stattgefunden hat. Daß sich diese Veränderung in der Praxis nur bruchstückhaft zeigt, liegt oft an dem untergeordneten Stellenwert dieses Stücks Garten. Doch auf der Suche nach einer lebenswerten Umwelt, in der Technik und Ökologie keine Antagonismen mehr sind, hat auch das kleine Stück Vorgarten seine Bedeutung im großen Puzzle.

Pflanzliste für den Vorgarten

Januar

- Zaubernuß (*Hamamelis mollis*). Dieser winterblühende Strauch sollte gut geschützt nahe einer Hauswand stehen, so daß man seine Blüten auch vom Wohnraum aus betrachten kann. Der Standort sollte möglichst sonnig sein, eine halbschattige Lage ist gerade noch vertretbar. Zu achten ist auf einen durchlässigen Boden. Wegen seiner unge-

wöhnlichen Blütezeit zählt die Zaubernuß mit zu den markantesten Blütengehölzern unserer Gärten.
Für den Garten sind drei Zuchtformen von besonderem Interesse: die zweifarbige Hamamelis *Japonica*-Hybride und die *Hamamelis japonica Flavo-Purpurascens* mit ihrem scharlachroten Herbstlaub. Die Blüten dieser Art haben einen tiefroten Kelch und sind auch sonst sehr farbintensiv. Und die goldgelbe *Hamamelis mollis*. Ihre Blüten sind größer (bis zu 4 cm Durchmesser) als die der japanischen Zaubernuß.

Februar
- Kornelkirsche, auch Hartriegel (*Cornus mas*).
Ebenfalls gelbblühend, je nach Witterung in der Zeit von Februar bis April. Der Strauch wird nicht nur wegen seiner dekorativen Blüten gezogen, sondern ebenfalls wegen der schönen Herbstfärbung und seiner eßbaren Früchte. Der Hartriegel eignet sich vorzüglich zur Bepflanzung in sauren Böden, doch auch im moorigen Gelände oder in kalkhaltigem Erdreich wächst er gut.

März
- Lavendelheide (*Pieris japonica*).
Dieser zierliche Strauch mit seinen weißrosa Glöckchen behält auch im Winter sein Laub. Er wächst gern auf feuchten Böden und wird nicht höher als 1,20 m.
- Seidelbast (*Daphne cneorum*), auch wilder spanischer Pfeffer genannt. Der Seidelbast ist ein niedriger Strauch mit stark duftenden, violettrosa Blüten und hübschem Beerenschmuck, der aber giftig ist. Daher Vorsicht bei Kindern! Seidelbast braucht einen halbschattigen Standort und kalkhaltigen, humosen Boden.

April
- Vorfrühlingsalpenrose (*Rhododendron japonica*). Diese rosablütige Azalee mit ihren zarten Blüten eignet sich auch für Balkon und Terrasse. Die Pflanze braucht allerdings einen leicht sauren Boden, denn Azaleen zählen zu den Moorbeetgewächsen.

Mai
- Berglorbeer (*Kalmia latifolia*).
Ein liebenswerter Zierstrauch, der relativ niedrig bleibt, zwischen 50 und 60 cm, und deshalb auch für kleinere Gärten geeignet ist.

Hibiskus

Besonders apart wirken die rosaroten Blütentrauben, die Pflanze behält auch im Winter ihr grünes Laub.

Juni
- Gefüllter Falscher Jasmin (*Philadelphus* - Hybride 'Virginal').
Ein Zierstrauch mit betörendem Duft, voll reinweißer Blüten. Bei guter Pflege kann der gefüllte Jasmin bis 2 m hoch werden.
- Kletterhortensie (*Hydrangea petiolaris*).
Ein bemerkenswerter Blütenstrauch mit breiten Blütentrauben, der selbst an feuchten und schattigen Standorten gedeiht.

Hortensie

Die Blüten finden auch gerne als Trockenblumenschmuck Verwendung .

Juli

- Roseneibisch (*Hibiscus syriacus*) Obwohl seine Blüten meist nur einen Tag blühen, verleiht der Hibiskus jedem Garten einen exotischen Hauch. Die Pflanze kann auch in Kübelgefäßen gezogen werden.

August

- Schmetterlingsstrauch (*Buddleja davidii*).

Seinen Namen trägt der duftende Strauch nicht umsonst, denn er wirkt äußerst anziehend auf Schmetterlinge. Neuerdings wird der Schmetterlingsstrauch nicht nur in Lila, sondern auch in Weiß, Rot und Rosa angeboten. Der kräftig treibende Strauch wächst auf jedem Boden und kann jedes Jahr kräftig zurückgeschnitten werden.

September

- Sterntaler (*Solanum jasminoides* 'Album').

Eine schnellwachsende, nicht winterharte Kletterpflanze. Wie der Name schon andeutet, hat dieses Rankgewächs sternförmige weiße Blüten mit gelbem Herz und glänzende Blätter.

Oktober

- Hortensie (*Hydrangea macrophylla*).

Hortensien sind so bekannt, daß sie eigentlich keine nähere Beschreibung brauchen. Sie sind außerordentlich robust und blühen auch im Schatten. Angeboten werden sie in Rosa, Blau und neuerdings auch in Rot.

November

- Winterjasmin (*Jasminum nudiflorum*).

Das gelbblühende Klettergewächs öffnet meist schon im November seine Blüten und blüht dann bis in den April. Von weitem gleichen die Blüten denen der Forsythie. Der Strauch kann zum Begrünen der Pergola, für Balkonkästen, aber auch als Bodendecker Verwendung finden.

Dezember

- Duftschneeball (*Viburnum x bodnantense* 'Dawn').

Seine breiten rosa Doldenblüten duften intensiv oft schon ab Weihnachten. Mit Stauden kann die Blütenpracht zu jeder Jahreszeit ergänzt werden.

Im zeitigen Frühjahr blühen:

- Märzbecher (*Leucojum vernum*)
- Narzissen, besonders Dichternarzissen und *Narcissus cyclamineus*
- Gemswurz (*Doronicum orientale*)
- Persische Kaiserkrone (*Fritillaria persica*)
- Tränendes Herz (*Dicentra spectabilis*)
- Herzblume (*Dicentra eximia*)

Sommerblühende Stauden:

- Wiesenphlox (*Phlox maculata*)
- Flockenblume (*Centaurea montana*)
- Malven (*Malva moschata*)
- Ochsenauge (*Buphthalmum salicifolium*)
- Indianernessel (*Monarda*-Hybride)

Stauden, die im Herbst blühen:

- Herbstmargeriten (*Chrysanthemum arcticum*)
- Herbstmargeriten (*Chrysanthemum serotinum*)
- Goldrute (*Solidago*-Hybride)
- Sonnenhut (*Rudbeckia fulgida*)
- Herbstanemone (*Anemone hupehensis* 'Septembercharme')

Sonnenhut

HECKEN UND STRÄUCHER

Hecken und Sträucher sind lebende Grünwände, der Rahmen des Gartens. Wenn Sie in Ihrem Garten eine wohnliche Atmosphäre schätzen, werden Sie über kurz oder lang den Wunsch nach einer Hecke haben. Denn der Schutz, den die Natur uns in Form einer Hecke bietet, ist durch nichts zu ersetzen. Hecken schaffen versteckte Nischen und dienen als Wind-, Sicht-, Lärm- und Staubschutz. Für Hecken gibt es viele geeignete Standorte, z.B. an der Terrasse als Wind- und Sichtschutz. Vor allem bei Ziergärten, die von allen Seiten einzusehen sind, ist eine Hecke zu empfehlen, die etwa 2 m hoch und dicht wird. Wichtig ist vor dem Kauf der Pflanzen die Überlegung, welche Hecke zu dem Garten und in die Gegend paßt. Bei einem kleineren Garten müssen Sie auf breitwachsende Hecken verzichten. Mannshohe Hecken sind nur dann empfehlenswert, wenn ein Sichtschutz zum Nachbarn oder zur Straße hin erforderlich ist. Für ein kleines Grundstück ist die Anlage einer Hecke anzuraten, die mehr in die Höhe als in die Breite wächst. Informieren Sie sich bei einem Spaziergang, welche Hecken sich in Ihrer Wohngegend bewähren. Sichten Sie ebenfalls Bücher und Kataloge, um Ihr Wissen zu erweitern. Lassen Sie sich vor allem in einer gut sortierten Baumschule beraten. Eine fundierte Vorinformation erspart Ärger und schont das Portemonnaie. Folgende Überlegungen spielen dabei eine Rolle:

- Möchten Sie mit der Hecke etwas abtrennen?
- Soll sie als Beeteinrahmung dienen?
- Oder denken Sie mehr an einen Sichtschutz?
- Wieviel Platz steht Ihnen zur Verfügung?
- Wollen und können Sie die Hecke regelmäßig schneiden?
- Soll die Hecke immergrün oder laubabwerfend sein?
- Denken Sie an eine Laub- oder eine Koniferenhecke?
- Paßt zu Ihrem Gartenstil besser eine strenggeschnittene oder eine natürlich wachsende Hecke?

Wildrosenhecke

Was sind eigentlich Heckenpflanzen?

Da gibt es ein sicheres Kriterium. Hecken sind Bäume und Sträucher, die dicht gepflanzt werden und es vertragen, dicht beieinander zu wachsen, und den Schnitt nicht übelnehmen. Die Auswahl ist erstaunlich groß, und ich möchte behaupten, daß es für jeden die passende Hecke gibt. Wie wäre es z.B. mit einer Hecke aus Wildsträuchern?

Freiwachsende Hecke aus Wildsträuchern: Singvögel finden vor wildernden Katzen in den heimischen Wildsträuchern wie Weißdorn, Schlehdorn, Sanddorn, Wildrose und Waldbrombeere einen sicheren Unterschlupf. Wildsträucher bieten Nistplätze und Brutstätten: Sie liefern darüber hinaus wertvolles Vogelfutter. Auch der Zierwert von Hecken aus Wildsträuchern ist nicht zu unterschätzen: Im Frühjahr tragen sie Blüten und im Herbst orangerote oder blaugestreifte Früchte mit bunten Blättern. Auch machen diese locker wachsenden Hekken wenig Arbeit. Störende Zweige werden im Herbst ausgeschnitten. Im März kann die Hekke dann gestutzt werden, um einen dichteren Wuchs zu erreichen.
Darüber hinaus gibt es freiwachsende Hecken aus Zier- oder Nutzsträuchern: Letztere wachsen zwar nicht ganz so dicht, aber sie tragen Früchte, von denen nicht nur die Vögel naschen.
Hinzu kommen die klassisch geschnittenen Hecken aus Nadel- und Laubgehölzen sowie strengehaltene immergrüne Hecken: Niedrigbleibende formierte Hecken als Beeteinfassung: auch hierfür kann man zwischen immergrünen und laubabwerfenden Gehölzen wählen, z.B. Buchsbaum oder *Spiraea-Bumalda*-Hybriden.
So verschiedenartig Hecken auch sein mögen, streng geschnitten oder locker frei wachsend, ob es sich dabei um gemischte Hecken oder Ziersträucher handelt, eines ist allen gemein: Sie sind Zaun, Wind- und Staubschutz. Nicht zuletzt sind sie ein wirksames Hindernis gegen manche Unkrautsamen aus Nachbars Garten.

Berberitze in herbstlicher Färbung.

Heckenpflanzen im Portrait

Hohe Hecken:
Berberitzen, *Berberis x ottawensis* 'Superba', *Berberis thunbergii* 'Atropurpurea':
Sie liefern gleich ein ganzes Sortiment von Heckenpflanzen. Es gibt grün- und rotlaubige Berberitzen. Die Pflanzen können durchaus 2 m Höhe erreichen, lassen sich aber leicht durch den regelmäßigen Schnitt auf 50 cm Höhe halten. Die Berberitze verträgt keinen nassen Boden. Sie wird wegen ihrer Dornen auch Sauerdorn genannt. Ihre Zwergform, *Berberis buxifolia* 'Nana', ist besonders beliebt für Steingärten. Die rotblättrige Sorte muß Sonne haben, sonst verfärben sich die Blätter grün. Berberitzen sind teilweise immergrüne, teilweise laubabwerfende Sträucher mit schönem Beerenschmuck.

Hainbuche, *Carpinus betulus:*
Eine begehrte Heckenpflanze, die aber sehr pflegeintensiv ist. Die Hainbuche braucht einen regelmäßig und sachverständig durchgeführten Schnitt, nur so bleibt sie dicht und verkahlt nicht. Vor dem Kauf sollten Sie sich über den Laubabwurf im Winter und die eventuell unangenehmen Folgen im klaren sein. Es geht hierbei nicht nur um die Beseitigung der Blätter, sondern auch - wie bei jeder laubabwerfenden Pflanze - um die Verstopfung von Abflüssen. Für jeden laufenden Meter einer Hecke sind vier oder fünf Pflanzen erforderlich.

Hainbuchen sind ein beliebtes Vogelschutzgehölz. Sie werden im Juni geschnitten. Die Pflanze verträgt Sonne wie Halbschatten. Während eine Fichtenhecke den Straßenlärm kaum dämpfen kann, sind dichte und großblättrige Laubgehölze durchaus in der Lage, den Schallpegel zu senken.

Hartriegel, *Cornus mas,* auch Kornelkirsche:
Er zeigt sein schönstes Gesicht im zeitigen Frühjahr, wenn kleine, hellgelbe Blüten den Strauch zieren, die noch vor dem Laub erscheinen.

Merk-Ecke

Die roten Früchte der Kornelkirsche werden nicht nur von Vögeln genascht, sie lassen sich auch schmackhaft zu Kompott verarbeiten. Die Früchte werden mit viel Zucker, Zitronenschale und einer Zimtstange gekocht. Allerdings erscheinen die Früchte nur an älteren Exemplaren. Vielen von Ihnen dürfte die Kornelkirsche als locker aufgebauter Zierstrauch bekannt sein. Durch regelmäßigen Schnitt wird der Strauch zu einer robusten Gartenhecke. Die Pflanze ist für Sonne und Halbschatten geeignet und nimmt mit fast jedem Boden vorlieb.

Hartriegel, *Cornus sanguinea*

Lebensbaum, *Thuja*-Arten:
Es muß zwar nicht immer *Thuja* sein, aber einen Vorteil haben die Pflanzen zweifellos: Sie bieten den besten Sichtschutz, da sie auch im Winter eine grüne Mauer bilden. In feuchten Böden entwickelt sich die *Thuja* besonders gut. Als Heckenpflanze bietet sie viele Vorteile: Sie ist immergrün, frosthart und schnittverträglich.

Merk-Ecke

Den Lebensbaum können Sie in einer Höhe von 1,50 m bzw. 1,80 m kaufen und so dicht pflanzen, daß die Pflanzen von Anfang an einen dichten, grünen Sichtschutz bilden.

Liguster, *Ligustrum vulgare:*
Die wintergrüne Art wird als Hecke bevorzugt. Sie wächst ziemlich breit, aber nicht allzu schnell. Eine gepflegte Ligusterhecke muß regelmäßig geschnitten werden. Nur so wird sie kompakt und dicht und kann anschließend als Sichtschutz dienen. Diese anspruchslose Heckenpflanze ist nicht nur unempfindlich gegen Abgase, sie trägt auch wunderbar duftende Blüten. Ihre schwarzen Beeren zieren gewöhnlich den Strauch bis tief in den Winter hinein, soweit sie nicht von den Vögeln gefressen worden sind. Übrigens: Liguster ist schattenverträglich.

Lärche, *Larix kaempferi:*
Lärchen sind reizvolle Heckenpflanzen im Sommer und Herbst, aber im Winter, und das ist ja allgemein bekannt, verlieren sie leider wie Laubbäume ihr Nadelkleid.

oder Scheinzypressen. Nachteil: Wenn Pflanzen ausfallen, ist es schwer, Lücken zu schließen. Der gewünschte Sichtschutz wird je nach Pflanzhöhe erst nach 3 bis 10 Jahren erreicht.

Empfehlenswert ist die unverwüstliche Bastardzypresse (*Cupressocyparis x leylandii*). Das lebensbaumähnliche Gehölz mit rotbrauner Rinde wächst rasch und dicht, ist immergrün, schnittverträglich und stadtluftresistent. Für *Thuja*-Formen (wenn Sie farbige Nadelgehölze lieben) kann ich Ihnen die preiswerte Säulenzypresse empfehlen: *Thuja plicata* 'Aurescens'.

Links: *Thuja occidentalis*, 'Golden Globe'
Unten: Kleine Lavendelhecke

Niedrigbleibende, freiwachsende Hecken von 0,80 m bis 1,00 m Höhe:
Deutzie, *Deutzia gracilis;*
Johannisstrauch, *Hypericum patulum;*
Falscher Jasmin, *Philadelphus-Lemoinei*-Hybriden;
Fingerstrauch, *Potentilla fruticosa;*
Mahonie, *Mahonia aquifolium;*
Stechpalme, *Ilex crenata.*

Hecken aus Stauden:
Lavendelhecke, *Lavandula angustifolia;*
Heiligenkraut, *Santolina chamaecyparissus* (nicht voll winterhart).

Hecken mit streng aufrechter Wuchsform: Platzsparend ist die streng, wie eine Wand wachsende Hecke aus Lebensbäumen

Geschnittene Hecken: Dazu eignen sich immergrüne Laubgehölze, z. B. Liguster oder Nadelgehölze, wie Lebensbäume. Sie vertragen allerdings keinen dichten Zaun in ihrer Nähe, dann verkahlen sie.
Das gleiche gilt für Fichtenhecken. Sie verkahlen im Schatten von Holzzäunen, während Drahtzäune für sie unproblematisch sind, da das Drahtgeflecht genügend Sonne durchläßt.
Zum guten Gedeihen brauchen Fichtenhecken übrigens ein feuchtes Klima. Eibenhecken sind auch für schattige Lagen geeignet. Sie können viele Jahre hinweg auf gleicher Höhe gehalten werden, weil sie sehr schnittverträglich sind.

Niedrige, strenggeschnittene Hecken: Gewöhnlicher Liguster, Ligustrum vulgare 'Atrovirens' ist immergrün und winterhart.
Blutberberitze, *Berberis thunbergii* 'Atropurpurea', mit tiefroter Blattfärbung.
Buchsbaumhecken, *Buxus microphylla.*
So manche nützliche Erfahrung kommt aus dem Bauerngarten,

Buchsbaumhecke als Beeteinfassung.

in dem alle Pflanzen aufeinander abgestimmt waren. Eine dichte Buchsbaumhecke, wie sie traditionsgemäß in Bauerngärten um die Beete gepflanzt wird, bietet einen natürlichen Schutz vor gefräßigen Schnecken. Eine zusätzliche Hemmschwelle sind die sparrig und engstehenden Zweige und Äste der Pflanze, vorausgesetzt, die Buchsbaumhecke wird regelmäßig im August kräftig zurückgeschnitten. Nur so kann sie sich von unten her wieder buschig aufbauen. Auch sind Einfassungen aus Buchsbaum Unterschlupf für Laufkäfer und Spinnen.

Laubabwerfende Heckenpflanzen: Ein typischer Vertreter ist die Hainbuche, eine der schönsten Heckenpflanzen in unseren Breiten. Absolut dichte Hecken müssen zweimal jährlich geschnitten werden. Die Hainbuche ist attraktiv im Austrieb, und ihr braunes Laub behält sie in der Regel über den Winter. Ebenfalls zu den laubabwerfenden Heckenpflanzen gehören Feldahorn, Japanische Quitte und Hartriegel.

Forsythie oder Goldglöckchen, *Forsythia x intermedia.*

Schottische Zaunrose, *Rosa rubiginosa.*

Spierstrauch, *Spiraea arguta, S. bullata* und *S. multiflora.*

Für diese drei Pflanzen gilt: Sie brauchen einen Auslichtungs-, aber keinen Heckenschnitt, wenn die natürliche Form erhalten bleiben soll.

Felsenmispel, *Cotoneaster dielsianus.*

Sie ist wegen ihres Beerenschmuckes zu empfehlen. Weitere schöne Hecken ergeben: Felsenbirne, *Amelanchier;* Feuerdorn, *Pyracantha;* und Japanische Quitte, *Chaenomeles japonica.*

Merk-Ecke

Am einfachsten in Pflege und Schnitt sind Lebensbaum und Scheinzypressen.
Bevor Sie sich für die eine oder andere Heckepflanze entscheiden, sollten Sie sich über das Nachbarschaftsrecht informieren, damit Sie die von der Gemeinde vorgeschriebenen Abstände zum Nachbargrundstück einhalten. Sonst kann es später Enttäuschungen und dazu erheblichen Ärger geben.

Spierstrauch, *Spiraea x vanhouttei*

Hainbuche, *Carpinus*

Merk-Ecke

Heckenpflanze ist nicht gleich Heckenpflanze. Daher ist es ratsam, die Pflanzen in der Baumschule oder in Gartencentern frisch aus dem Einschlag zu kaufen, im Supermarkt nur dann, wenn die Beschaffenheit der Pflanzen einwandfrei ist.
Achten Sie beim Kauf unbedingt auf folgende Qualitätsmerkmale, damit Sie keine Anwachsprobleme haben: Es geht nicht nur um die oberen Teile der Pflanze, sondern vor allem um den Ballen. Er muß durch Sackleinen befestigt und unbeschädigt sein. Am besten sind Containerpflanzen, da hier die Wurzeln durch das Gefäß geschützt sind und Sie diese Pflanzen das ganze Jahr über pflanzen können.

Wie viele Pflanzen werden pro laufendem Meter gebraucht?

Größe und Qualität entscheiden; normalerweise nimmt man 2 bis 3 Pflanzen pro laufendem Meter. Bei Thujen verhält es sich ähnlich. Bei Ballenware sollten Sie 2 bis 3, bei lockerer Ware 4 bis 5 Pflanzen pro laufendem Meter und bei zweijährigen Jungpflanzen ca. 10 Stück pro laufendem Meter rechnen.
Je größer die Heckenpflanze, um so teurer ist sie. Schließlich wurden diese Pflanzen schon über eine Reihe von Jahren von der Baumschule gepflegt. Wobei in diesem Falle der Preis nichts über die Qualität aussagt. Junge Pflanzen passen sich oft sehr viel leichter dem Heckenverband und den Standortverhältnissen an. Ein weiteres Kriterium für die zu treffende Wahl ist schlicht und einfach die Frage: Wieviel Platz steht zur Verfügung? Möchte ich einen Reihenhausgarten abgrenzen oder handelt es sich um ein größeres Gartengrundstück?

Standortansprüche

Natürlich spielen Standort und Bodenqualität bei der Auswahl der Heckenpflanzen eine entscheidende Rolle. Bei tiefem Schatten kommt allenfalls die Eibe in Betracht. Übrigens: Eiben sind wesentlich teurer als Hainbuchen.
Zu berücksichtigen sind bei der Pflanzenwahl auch extreme Standortverhältnisse, wie sandige, moorige, sumpfige, ton- und lehmhaltige Böden, sonniger bzw. schattiger Platz.

Die Autorin beim Schneiden ihrer Ligusterhecke.

Koniferenhecke

Grenzabstand

Da Hecken meist an der Grundstücksgrenze gepflanzt werden sollen, ist darauf zu achten, daß gesetzlich festgelegte Grenzabstände eingehalten werden.
Leider sind die Verordnungen von Land zu Land unterschiedlich. Für Hecken über 2,00 m gilt in Schleswig-Holstein ein Abstand von 0, 65 m, in Berlin von 1,00 m und in Bayern von 2,00 m. Verbindliche Auskünfte darüber erhalten Sie bei Ihrer Stadt- oder Gemeindeverwaltung.

So wird eine Hecke richtig gepflanzt

1. Mit Zentimetermaß und Schnur den erforderlichen Grenzabstand einmessen.
2. Den Boden mindestens 50 cm breit und 2 Spatenstiche tief umgraben und gegebenenfalls die Bodenqualität verbessern.
3. Dann einen Graben 20 cm tief und 20 cm breit auswerfen.
4. Am besten zu zweit oder mit Hilfe eines Fachmannes pflanzen, und zwar immer nur so tief, wie die Pflanzen zuvor im Quartier gestanden haben.
5. Keinesfalls dürfen grüne Pflanzenteile unter die Erde kommen. Pflanze für Pflanze gut antreten und wässern.

Geschnittene Hecke

Mein Tip

Beim Kauf der Pflanzen sollten Sie sich erkundigen, ob eine Anwachsgarantie gegeben wird oder ob diese nur besteht, wenn die Pflanzung durch den Fachmann vorgenommen wird. Vergessen Sie nicht, nach einem Abholrabatt zu fragen.

Merk-Ecke

Wenn Ihr Nachbar den für die Hecke vorgeschriebenen Abstand nicht eingehalten hat und Sie innerhalb der nächsten 5 Jahre keinen Einspruch einlegen, müssen Sie sich nach Ablauf dieser Frist mit der Grenzbepflanzung abfinden.

Hecken im Streitfall

Auch Gartenaktivitäten unterliegen Beschränkungen:
Das Geräusch der Heckenschere darf nicht die Mittags- und Abendruhe stören.
Wenn eine Hecke nicht rechtzeitig geschnitten wird, hat der Nachbar Anspruch auf Beseitiung des Überstandes.

Welche Sträucher passen zu welcher Bodenbeschaffenheit?

Saure Böden (Moorbeet): *Acer, Cornus.*
Kalkhaltige Böden: *Berberis, Buxus, Deutzia, Hypericum, Lavandula, Ligustrum, Weigela.*
Lehmböden: *Cornus, Cotoneaster, Forsythia, Hypericum, Mahonia, Potentilla, Pyracantha, Ribes, Spiraea, Weigela.*
Sandböden: *Berberis, Lonicera, Tamarix.*

Buddleja

SPEZIAL-GÄRTEN

Bauerngärten

Der alte Bauerngarten ist ein Fleckchen Erde, auf dem liebevoll gepflegte Blumen und Nutzpflanzen gedeihen.
Die Tradition der Bauerngärten hat ihre Wurzeln in den klösterlichen Kräuter- und Gemüsegärten. Ein sichtbares Zeichen dafür ist heute noch die Kreuzform der Wege, während die buchsgefaßten Blumenrondelle den barocken Gärten der Adeligen entnommen sind. Hier wurden von den Mönchen Nutz-und Zierpflanzen kultiviert. Sie gaben dieses Wissen an die Bauern ebenso weiter wie ihre Erkenntnisse über Heil- und aromatische Kräuter. Aber auch über die symbolische Bedeutung der Pflanzen und die Erfahrungen mit dem Anbau im Garten wurden sie vertraut gemacht. So entstanden die bäuerlichen Kräuter- und Würzgärten in ihrer einfachen, geometrischen Aufteilung und dem harmonischen Miteinander von Heilkräutern, Gewürzen, Blumen und Gemüsen. Dem zähen Festhalten der Bauern an altem Brauch ist es zu verdanken, daß der Bauerngarten über Jahrhunderte hinweg in seiner Gestalt und der Auswahl der Pflanzen erhalten blieb.
Ein stilechter Bauerngarten ist streng geometrisch gegliedert. Ein Mittelweg teilt den Garten in zwei Hälften. Dies ist wohl die älteste und zugleich einfachste Art der Gartengliederung. Kreuzförmig angelegte Wege trennen die Beete voneinander.
Die Hauptwege führen zu einem Rondell. Die Wege sind aus gestampfter Erde oder mit einer Kiesschicht versehen, nicht gepflastert oder gar betoniert.
Im norddeutschen Raum wird als Wegbelag auch Sand verwendet. Dadurch kann das Unkraut nicht so schnell Fuß fassen, auch läßt es sich leichter mit Wurzeln herausziehen. Eingegrenzt durch eine Hecke, entsteht auf diese Weise ein geschützter Gartenraum. Ausgediente Mostfässer oder alte Steintröge sind oftmals an die Stelle des alten Schöpfbrunnens im Bauerngarten getreten. Regenwasser ist natürliches und zudem billiges Gießwasser, und es hat immer die richtige Temperatur. Abgestandenes Gießwasser ist den Pflanzen besonders bekömmlich. Nach dem Motto, jeder Tropfen Wasser ist kostbar, wurde nach Möglichkeit nur mit Regen-, Quell- oder Brunnenwasser gegossen. Es ist eine alte Bauernweisheit, daß es leicht zu Blattverbrennungen führt, wenn die Pflanzen bei praller Sonne gegossen werden. Klares Brunnenwasser war und ist ein stets beliebter Tummelplatz für Vögel.

Bauerngarten

Klassische Blumen des Bauerngartens: Typische Pflanzen mit satten Farben und würzigem Duft sind: Adonisröschen, Amarant, Akelei, Aurikel, Balsamine, Basilikum, Bärlauch, Bartnelke, Begonie, Beifuß, Beinwell, Benediktenkraut, Bibernelle, Borretsch, Jungfer im Grünen, Brennende Liebe (auch Lichtnelke genannt), Blutströpfchen, Buchsbaum, Buschwindröschen, Efeu, Eisenkraut, Estragon, Flammenblume, Tränendes Herz, Frauenmantel, Weinraute, Glockenblume, Guter Heinrich, Holunder, Kerbel, Koriander, Lilie, Liebstöckel, Marienglockenblume, Mariendistel, Margerite, Myrte, Pfefferminze, Pfingstrose, Rosmarin, Salbei, Schleifenblume, Stockrose, Thymian, Veilchen, Vergißmeinnicht, Wegwarte.

Im traditionellen Bauerngarten sind auch uralte Wildrosenstöcke zu finden. Zentifolie, Damaszenerrose und Essigrose - das sind die Namen für die üppig blühenden, dicht gefüllten Gartenrosen mit betörendem Duft. Sie stehen meist links und rechts vom Garteneingang. Auch der Rosenbogen hat seinen Ursprung im Bauerngarten. Der Holzrahmen wurde mit üppig blühenden Kletterrosen berankt.

Akelei

Phlox

Basilikum

Eisenkraut

Rande und Nutzpflanzen, die nur von Zeit zu Zeit gebraucht werden, in der Mitte der Beete. In dem praktischen Garten, der sich direkt hinter dem Haus befindet, fehlt es nicht an Gemüse und Obst, wie Rhabarber, Salate, Möhren, Zwiebeln, Blumenkohl, Rotkraut, Dicke Bohnen, Weißkohl, Tomaten, Erdbeeren. Durch die bunte Mischkultur heimischer Pflanzen halten sich die Schädlinge in Grenzen. Im Bauerngarten kommt es nicht so sehr auf Schönheit an, sondern auf den größten Nutzen bei möglichst geringem Aufwand. Nichts

Links: Im klassischen Bauerngarten stehen Blumen, Kräuter und Gemüse im Wechsel.

Unten: Mangold und Feldsalat.
Ganz unten: Weißkohl

Nützliche Nachbarschaft

In bunter Reihenfolge wechseln sich im Bauerngarten Blumen und Kräuter ab. So stehen Rosen häufig neben *Veronica* oder den volkstümlichen Standardpflanzen Lavendel und Salbei. Dazwischen wächst auch Goldlack, Alant und Borretsch, das Gurkenkraut, das in keinem typischen Bauerngarten fehlen darf. Nebenbei erwähnt, das Gurkenkraut ist ein gutes Bienenfutter. Auch Rittersporn fehlte selten, er war für die damalige Hausmedizin eine begehrte Pflanze, deren Extrakt zur Senkung des Blutdruckes eingesetzt wurde.

Sowohl die Zuordnung als auch die Aufteilung der Pflanzen sind geplant. Kräuter, die täglich gebraucht werden, wachsen am

Gemüsemischkultur

war zufällig oder gar überflüssig, denn immer mußte eine große Familie und das Gesinde aus dem Bauerngarten ernährt werden. Der Wunsch der Bäuerin, die ja den ganzen Tag auf den Beinen war, war ein möglichst praktischer Garten mit gradlinigen und schnell erreichbaren Beeten. Das windgeschützte Garteninnere wurde ausschließlich für kälteempfindliche Gemüse und Kräuter genutzt. Im Bauerngarten wuchsen Gemüse, Kräuter und Blumen in gesunder Harmonie. Damals gab es keine Trennung von Zier- und Nutzgarten. Bauerngartenpflanzen waren und sind in der Regel robust und stellen kaum Ansprüche an Boden und Pflege. Ein typisches Zeichen vieler Bauerngärten sind die traditionellen Beeteinfassungen mit niedrigwachsenden Buchsbaumhecken. Eine um die Beete gepflanzte, dichte Buchsbaumhecke ist ein gutes Mittel zur Abschreckung der gefräßigen Schnecken, denn Schnecken mögen die ätherischen Öle und Gerbstoffe der lederartigen, giftigen Blätter nicht. Es ist aber nicht nur der unangenehme Duft der Blätter, es sind auch die sparrigen, engstehenden Zweige des Buchsbaumes, die Schnecken abhalten.

Merk-Ecke

Zur Schädlingsabwehr ist die Buchsbaumhecke nur geeignet, wenn sie Jahr für Jahr im August kräftig heruntergeschnitten wird; denn erst durch den Rückschnitt wird die dichte Verzweigung erreicht.

Ein weiterer Vorteil: Die Buchsbaumeinfassung ist ein idealer Unterschlupf für mancherlei Nützlinge, vor allem für Laufkäfer und Spinnen. Der Buchsbaum ist noch mehr als nur ein Ordnungshüter im Garten. Schon lange, bevor er als Zierpflanze entdeckt wurde, war sein wertvolles Nutzholz für Einlegearbeiten (Intarsien) beliebt. In ihrer Heimat in Südeuropa, Westasien und Afrika kann die Pflanze bis zu 8 m hoch werden. Buchsbaum ist, und das war bereits zur „Blütezeit der Bauerngärten" bekannt, außerordentlich schnittverträglich. Sie können jede x-beliebige Form, selbst Figuren und Arabesken der unterschiedlichsten Art, in Buchsbaum gestalten. Allerdings erfordert die Formgebung viel Geduld, denn der Buchsbaum wächst sehr langsam, und es dauert oft viele Jahre, bis Form und gewünschte Größe der Figur erreicht sind. Entsprechend sorgfältig sollten Sie beim Schnitt vorgehen. Übrigens, Buchsbaum ist völlig anspruchslos hinsichtlich Bodenbeschaffenheit, Klima und Standort. Er gedeiht in der Sonne wie im Schatten gleichermaßen. Der Bauerngarten hat auch heute noch als blühende, grünende Apotheke seine Bedeutung. Er ist die Wiege mancher Pflanze und Gärtnerweisheiten. Schon damals war bekannt, daß die Weinraute ein bewährtes Kraut für alle diejenigen ist, die möglichst lange ihr gutes Sehvermögen erhalten möchten. Um das Augenlicht zu stärken, mußte täglich von dieser bitteren Arznei ein Blatt roh verspeist werden.

Pflanzen für den Heidegarten

Der Heidegarten hat nicht nur im Garten, sondern auch im Balkonkasten und Kübelgefäß fast das ganze Jahr über Saison; vor allem, wenn Sie die Sortenvielfalt der Heidearten, die es seit geraumer Zeit gibt, nutzen.

Merk-Ecke

Im Spätsommer haben Sie in Baumschulen die größte Sortenauswahl. Deshalb rate ich zu einer Pflanzzeit zwischen September und November. Natürlich kann auch noch nach der Winterperiode, etwa im April/Mai, Heide gepflanzt werden.

Der Start entscheidet: Das Pflanzloch wird mit Torf und Sand verfüllt; denn die Eriken brauchen zum Gedeihen einen sauren Boden mit einem pH-Wert von 3,8 bis 4,8. Das Torf-Sand-Gemisch ist gleichzeitig ein guter Schutz gegen Staunässe, die von den meisten Heidepflanzen nicht vertragen wird. Gepflanzt wird in unregelmäßigen Anordnungen. Je nach Wüchsigkeit der Sorte brauchen Sie 7 - 9 Pflanzen pro m². Das gleiche gilt für einen 1,20 m langen Balkonkasten. Bei Zwergsorten liegt der Bedarf allerdings bei bis zu 16 Stück pro m².

Standort: Entscheidend für eine üppige Blüte mit intensiver Färbung ist bei allen Heidepflanzen ein sonniger, aber saurer Standort. Frostunempfindliche Heidepflanzen fühlen sich auch in Balkonkästen handelsüblicher Größe sowie in Troggärten wohl.

Die Autorin bei der Herbstpflanzung mit Eriken.

Was blüht wann? Mit der Schnee- oder winterblühenden Heide (*Erica herbacea*), die gelb- oder grünlaubig sein kann, beginnt und endet das Heidejahr. Sie blüht rosa, violett und weiß von Dezember bis April.
Die englische Heide (*Erica erigena*, 'Darleyensis') braucht eine sonnige, geschützte Lage. Sie blüht in den Farben von Weiß über Rosa bis Rot von März bis Mai und kann bis zu 35 cm hoch werden.

Im Wonnemonat Mai blühen dann die winterharte, weiße Maiglöckchenheide sowie die purpurne Moosheide. Von Mai bis Juni folgt die kleine, aber robuste und absolut winterharte Ährenheide.
Ein paar Wochen später blüht die Moorheide (*Erica tetralix*), die einen feuchten Standort bevorzugt. Bei vielen Sorten wirkt das silbergraue Laub als zusätzlicher Schmuck. Die Blütezeit geht von Juni bis September; die Blütenfarben sind Weiß, Purpur, Rot und Rosa.

Erica carnea, 'Myretoun Rouby'

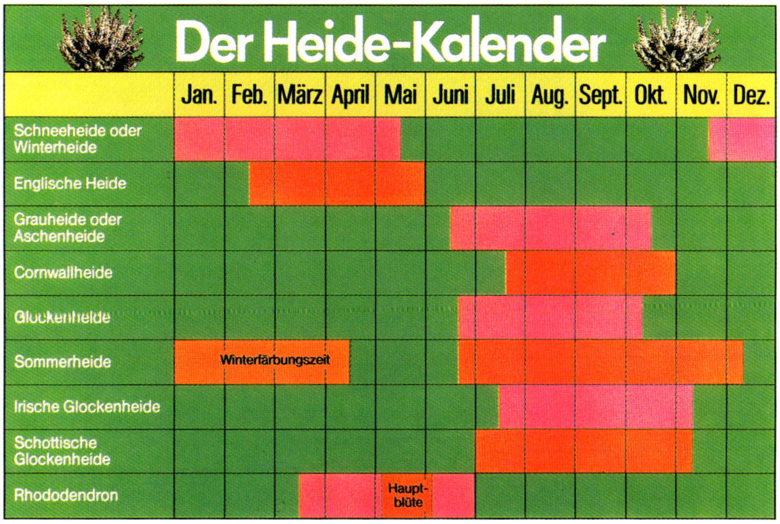

Und gleich darauf blüht in kräftigen Pastellfarben die Grauheide (*Erica cinerea*). Die Einzelblüten sind zwar klein, stehen aber sehr dicht in endständigen Trauben zusammen. Die Pflanzen sind gute Bodendecker und haben eine lange Blütezeit vom Juli bis zum Herbst.

Nach der Grauheide folgt die behaarte Besenheide, botanisch *Calluna vulgaris* genannt. Im Handel sind mehrere hundert Sorten in verschiedenen Blütenfarben von Weiß bis Purpur erhältlich.

Mein Tip

Setzen Sie die Erika etwas tiefer in die Erde, als der Wurzelballen groß ist. Dann entwickelt die flachwurzelnde Heidepflanze mehr Wurzeln und wird kräftiger. Das feste Andrücken nach dem Einsetzen ist Voraussetzung für einen guten Erdkontakt.

Merk-Ecke

Die gefüllten Sorten haben eine Blütezeit bis zu zehn Wochen, also fast die doppelte Zeit von ungefüllten Sorten. Blütezeit ist von Juli bis September. Sorten mit langen Ährenblüten werden gerne für Trockensträuße verwendet.

Calluna vulgaris

Düngen: Ab April müssen die Eriken sparsam gedüngt werden. Besonders gut hat sich dafür ein Gemisch aus Knochenmehl und Guano bewährt. Der Dünger wird rings um den Wurzelballen gestreut und nur oberflächlich eingearbeitet, damit die flachwachsenden Wurzeln nicht beschädigt werden.

Merk-Ecke

Zwischen den Eriken hat die Harke nichts zu suchen. Übrigens müssen Sie sich daran gewöhnen, daß im Heidegarten rund ums Jahr verblühte Pflanzen neben blühenden und grünen stehen.

Calluna, gefüllt

Vermehrung: Eriken lassen sich ganz einfach durch Absenker vermehren. Dazu wird ein 20 cm langer Draht zur Haarnadel gebogen, ein Erikatrieb auf die zuvor gelockerte Erde gedrückt und mit dem gebogenen Draht befestigt. Von Mai bis Juni fassen die Absenker am besten Fuß.

Schnitt muß sein! Der Rückschnitt ist eine notwendige Pflegemaßnahme. Was in der Natur das Schaf besorgt, nämlich die Heide abzugrasen, sollte nach der Blüte mit der Schere besorgt werden, und das nicht gerade zimperlich. Nur nicht zu tief ins alte Holz darf der Schnitt gehen, sonst treiben die Pflanzen im Frühjahr ungleichmäßig aus.

Merk-Ecke

Die Schneeheide muß zwar sofort nach der Blüte im Mai zurückgeschnitten werden, aber nur jedes dritte Jahr, während die buntlaubige *Calluna* Jahr für Jahr nach der Blüte gestutzt werden muß.

Wind- und Wetterschutz: Als Schutz vor scharfem Wind und um den Heidegarten auch im Balkonkasten so natürlich wie möglich zu gestalten, werden immergrüne niedrigbleibende Gehölze mit ähnlichen Ansprüchen dazugepflanzt, so z. B. Zwerg-Wacholder, Kiefern oder Azaleen. Auch Ginster und Gräser passen gut, insbesondere das niedrigbleibende Polstergras. Ein weiteres natürliches Gestaltungsmittel sind bizarre Wurzeln und Steine.

Winterschutz: Nicht ganz winterharte Erikaarten, z.B. die englische Heide sowie die Grau- oder Aschenheide, erhalten im November einen Winterschutz. Einfache Fichtenzweige werden möglichst flach und schräg in die Erde um die Pflanzen gesteckt. Nicht zu empfehlen ist das Auflegen von Tannen oder Fichtenreisig direkt auf die Pflanzung, da es hierbei zum Ersticken oder zum Faulen der Heide kommen kann bzw. die Zweige bei Sturm leicht abgeweht werden können. Bei größeren Heideflächen ist Glasfaservlies eine gute Alternative. Es ist licht-, luft- und wasserdurchlässig und schützt die Pflanzen trotzdem vor Frostschäden. Als Distanzhalter sorgen umgestülpte Flaschen dafür, daß bei zuviel Schnee die Heide nicht erdrückt wird. Damit der Wind den aufgebrachten Frostschutz nicht abweht, wird dieser ringsherum mit Steinen beschwert.

Duftgärten

Nicht jeder Blütenduft ist für jede Nase auch wahrnehmbar. Die Erinnerung an die einmal erlebte Duftfülle bleibt oft stärker im Gedächtnis haften als andere Begebenheiten. Reiner Blütenduft ist an die kurze Zeit des Blühvorganges gebunden. Trotzdem bleibt er nachhaltiger in unserem Gedächtnis, als der uns sehr viel länger umgebende Blattduft.

Schneeheide, *Erica herbacea*

Die Duftintensität hängt von der Pflanzenart und -sorte, den wärmenden Strahlen der Sonne, der Bodenqualität und der Entwicklung der Blüte ab. Voll aufgeblühte Blumen duften intensiver als knospige. Pflanzendüfte sind Ausstrahlungen der im pflanzlichen Organismus erzeugten Duftstoffe, den ätherischen Ölen. Sie sind wahre Lockstoffe und wirken auf manche Insekten ähnlich erregend wie Sexuallockstoffe. Sie lösen dadurch den Anflug zu den Blüten und deren Bestäubung aus. Viele Pflanzen produzieren Duftstoffe in ihren Blättern, z. B. Lippenblütler, wie Lavendel, Pfefferminze und andere mehr. Doldenblütler wiederum entwickeln Duftstoffe in ihren Früchten, z. B. Kümmel und Fenchel.

Es ist oft versucht worden, die vielfältigen Düfte der Pflanzen in Gruppen einzuteilen. Der Versuch scheiterte, denn jede Abgrenzung ist aufgrund der recht komplizierten Gemische der verschiedensten Duftstoffe schwierig. Die wohlriechenden Wicken (*Lathyrus odoratus*) verbreiten ihren Duft vor allem bei Sonnenwärme. Auch das Kräuterbeet duftet zur Erntezeit bei sommerlicher Hitze würzig: Dill, Majoran, Pfefferminze, Tomatenblätter, die zum Trocknen am offenen Fenster hängen, vertreiben durch ihren intensiven Geruch Fliegen und Mücken, und der Duft des Zwiebellauchs hält die Möhrenfliege zurück. Die meisten Blatt- und Blütendüfte sind also an ätherische Öle gebunden, die sich nur bei Wärme entfalten können. Ein Experiment verdeutlicht dies: Wenn Tannen- oder Kiefernzweige in eine Kerzenflamme gehalten werden, entfaltet sich intensiver Duft. In der Adventszeit gibt man mit diesem Tannenduft dem Haus eine vorweihnachtliche Atmosphäre. Neben den Nadelgehölzen gibt es auch duftende Laubbäume, so z.B. Linden, Akazien und Magnolien. Weitere duftende Gehölze sind Flieder, Mandelbaum, Zierkirsche, Schneeball, Falscher Jasmin, Schmetterlingsstrauch. Rosen sind bis zum heutigen Tage die klassischen Duftpflanzen. Auch die zierlichen Maiglöckchen gelten als typische Duftpflanzen. Bei den Zwiebelblumen sind es einige Tulpen, Lilien, Iris vor allem Hyazinthen, Narzissen und Freesien.

Ein schöner Sommertag, wohlriechende Blüten und aromatisch duftende Blätter und Früchte fallen uns spontan ein, wenn wir an Duftpflanzen denken.

Die meisten Duftpflanzen haben Blüten, die den Duft gleichsam verströmen, wie z.B. Rosen, Narzissen, Maiglöckchen, Veilchen. Es gibt aber auch die Gruppe der „Berührungs- oder Kontaktdufter" bzw. „Blattdufter", die allerdings wesentlich kleiner ist. Hier steht der Lavendel neben Thymian und Rosmarin an erster Stelle. Bisweilen sind die Übergänge fließend, denn manch ein Kontaktdufter kann durch Windstoß, Regen oder intensive Wärmestrahlung ohne die direkte Berührung duften. Das gilt in erster Linie für Pflanzen, deren Duftzellen oberflächlich eingebettet sind, so daß die ätherischen Öle infolge des erhöhten Dampfdruckes freigesetzt werden.

Merk-Ecke

Ätherische Öle haben einen relativ hohen Dampfdruck, der bei steigender Temperatur zunimmt und bei fallender absinkt. Aus diesem Grunde duften Pflanzen bei kühler Witterung wesentlich schwächer als bei warmer oder gar feuchtwarmer. Die Duftstärke ist nicht nur bei den einzelnen Pflanzenarten verschieden, und sie wechselt nicht nur von Pflanze zu Pflanze, sondern variiert auch noch von Blüte zu Blüte. Sie erreicht ihren Höhepunkt im allgemeinen bei der Vollblüte und nimmt beim Verblühen ab.

Durch Jahrhunderte hindurch duftet schon der liebliche Lavendel. Bereits die Römer verwendeten ihn zu Waschungen und für Bäder. Auch Rosmarin ist ein Duftjuwel für Gärten. Sein Blattaroma ist von einer Lieblichkeit, die dem Lavendel nicht nachsteht. Als Mehrfachdufter ist die Myrte zu bezeichnen. Außer ihren glänzenden, lederartigen Blättern duften auch die zahlreichen weißen, kleinen „Rosenblüten".

An warmen Sommertagen geht ein köstlicher frischer Apfelduft von der dichtwachsenden Schottischen Zaunrose (*Rosa rubiginosa*) aus.

In die Vielfalt der Pflanzendüfte müssen auch die Minzen und Kamillen einbezogen werden. Ein Riechsträußchen gegen Atemnot wird von alters her aus Maiglöckchen und Melisse gebunden. Der Name „Herztrost" für unsere Zitronenmelisse deutet darauf hin, daß die Pflanze, ähnlich wie Baldrian, Herzbeschwerden mildert. Das Maiglöckchen ist ein wahres Duftjuwel, das im Garten nicht einzeln, sondern in dichter Gesellschaft wachsen möchte. Es liebt den lichten Schatten und wächst gerne zusammen mit Salomonssiegel.

Der Erinnerungswert des Fliederduftes und die verschwenderische Duftfülle der Rosen dient dem Anlocken von Insekten zur Bestäubung. Am kräftigsten und dazu ganz unverfälscht ist der typische Fliederduft bei der Wildart *Syringa vulgaris*. Flieder duftet besonders intensiv, wenn er auf nahrhaften, tiefgründigen Böden wächst und volle Sonne bekommt.

Die Zaubernuß (*Hamamelis mollis*), die sich mit vielen Standorten zufriedengibt, zählt zu den ersten Blütenpflanzen des Jahres. Sie entwickelt ihren aparten, mandelartigen Duft erst voll in der Zimmerwärme, aber wegen ihres langsamen Wuchses sind die blühenden Zweige für den Schnitt zu schade.

Merk-Ecke

Das einzige Zitrusgewächs, das in unseren Gärten im Winter eingeschränkt wachsen kann, nur im milden Klima und mit Winterschutz, ist die Bitterorange (*Poncirus trifoliatus*), ein dichtbuschiger Strauch mit 2 - 3 cm langen, grünen Dornen, gedrehten, grünen Zweigen und weißen, wohlriechenden Blüten. Im Herbst erscheinen walnußgroße, goldgelbe, nicht eßbare Früchte. Ich verwende die aromatischen Früchte als angenehme Duftspender für Kleider- und Schuhschrank. Den begehrten Orangenblütenduft können Sie aber auch in Ihrem Garten genießen.

Zaubernuß, *Hamamelis mollis*

Mein Tip

Stecken Sie einzelne Blüten in feuchten Sand. So bleiben sie bis zu 14 Tage frisch und erfüllen die Wohnräume mit zartem Duft.

Myrte

Natürliche Wohlgerüche verbreiten im Frühling auch Hyazinthen und Narzissen. Goldlack und die einfache Gartenreseda zeichnen sich durch einen angenehm zarten Duft aus.

Der im Unterholz unserer Wälder einheimische Seidelbast (*Daphne mezereum*) erinnert an Flieder, duftet jedoch noch intensiver. Im Garten sollte der etwa 1 m hohe Strauch einen halbschattigen Standort auf kalkfreiem, durchlässigem Boden vorfinden.

Unsere heimische, wildwachsende Schlüsselblume mit ihrem typischen Primelduft ist mir weitaus lieber als jede geruchlose Zuchtform.

Merk-Ecke

Es ist eigenartig, daß das lieblich duftende Veilchen, sobald es gepflückt wird, kaum mehr duftet.

Falscher Jasmin, *Philadelphus*

Wußten Sie übrigens, daß es auch duftende Tulpen gibt? Wohl eine der interessantesten Tulpenarten ist *Tulipa greigii* aus Turkestan. Auffallend sind nicht nur ihre braungestreiften Blätter, ihre großen, feurig scharlachroten Blüten mit schwarzem Grund, sondern vor allem ihr edler, exquisiter Duft, der es durchaus mit einem erlesenen Pariser Parfum aufnimmt.
Im Juni, wenn das Blühen im Garten seinen Höhepunkt erreicht, erfüllen viele geheimnisvolle Düfte die Natur. Es ist für die menschliche Nase dann kaum möglich, die feinen Duftnuancen der einzelnen Blumen zu unterscheiden.
Da wäre der *Philadelphus* zu nennen, auch Falscher Jasmin genannt. Der Schmetterlingsstrauch, die Heckenkirsche, das Geißblatt, die stark duftende Trichterlilie und die wohlriechende Türkenbundlilie. Der aromatische Vanillelauch, die nuancenreiche Duftskala der Irisblüten, die starkduftende Wildnelkenstaude, die bescheidene Levkoje, der intensive Duft der Nachtviole, Harmonie, Form und Farben der Rosen. Was wäre die Königin der Blumen ohne ihren Duft? Eine Rose kann vollendet in ihrer Schönheit sein, voller Ästhetik - wenn ihr aber der Duft fehlt, dann fehlt ihr die Seele.

Duftpflanzen im Hausgarten:
Bei der Pflanzenauswahl ist darauf zu achten, daß in der Anlage das ganze Jahr über der Duft von Blüten und Blättern erlebt werden kann.
Eine Rarität in unseren Gärten ist der von vielen Hobbygärtnern kaum beachtete echte Lavendel (*Lavandula angustifolia*).

Mein Tip

Lavendel gedeiht besonders gut auf Böden, die mit Steinmehl verbessert wurden. Gutes Steinmehl hat einen hohen Kaliumgehalt, enthält Kieselsäure und Tonerde. Diese Kombination fördert die biologischen Aktivitäten im Boden, so daß dieser fruchtbarer und nährstoffreicher wird. Gesteinsmehl enthält noch zusätzlich Magnesium, Kalzium, Natrium, Phosphor, Eisen und Spurenelemente.

Der Lavendel zählt zu den schönsten Stauden bzw. Halbsträuchern der Sommermonate. Kaum eine andere Pflanze vereinigt so viele Vorzüge in sich. Übrigens, *Lavandula* stammt von dem lateinischen Wort *lavare* ab, was soviel wie baden oder waschen bedeutet. Die aparte Duftpflanze wird nicht nur gern für Kräuterkissen und den Wäscheschrank verwendet, das wertvolle Lavendelöl ist auch der Grundstoff für Parfums, Badezusätze und Seifen. Der Lavendel ist äußerst genügsam, er gedeiht sogar auf kargen, steinigen, kalkhaltigen oder sogar sandigen Böden. Nur bei zuviel Feuchtigkeit streikt er. Im allgemeinen wird er etwa 1/2 m hoch, und nur wenige wissen, daß es Lavendel nicht nur in Blau, sondern auch in den Farbtönen Hellrosa, Dunkellila sowie Violettblau gibt.
Die Pflanze sollte im Frühjahr, etwa im April, zurückgeschnitten werden, damit sie nicht verkahlt und im kommenden Jahr den Garten wieder mit ihrem dezenten Duft erfüllt.

Tabelle mit Duftpflanzen und -stauden:

Duftveilchen (*Viola odorata*) Frühjahr
Duftende Primel (*Primula veris*) Frühjahr
Narzisse (*Narcissus*) Frühjahr
Hyazinthe (*Hyacinthus orientalis*) Frühjahr
Spierstrauch (*Spiraea*) Frühjahr
Goldlack (*Cheiranthus cheiri*) Frühjahr
Schneeball (*Viburnum*) Frühjahr
Stiefmütterchen (*Viola tricolor*) Frühjahr
Maiglöckchen (*Convallaria majalis*) Frühsommer
Flockenblume (*Centaurea dealbata*) Frühsommer
Pflaumeniris (*Iris graminea*) Frühsommer
Steinkraut (*Alyssum saxatile*) Frühsommer
Pfingstrose (*Paeonia lactiflora*) Frühsommer
Flieder (*Syringa vulgaris*) Frühsommer
Lupine (*Lupinus*) Frühsommer
Bartiris (*Iris germanica*) Frühsommer
Falscher Jasmin (*Philadelphus*) Sommer
Holunder (*Sambucus nigra*) Sommer

Scheinakazie (*Robinia pseudoacacia*) Sommer
Petunie (*Petunia*-Hybriden) Sommer/Herbst
Junkerlilie (*Asphodeline lutea*) Sommer/Herbst
Levkoje (*Matthiola incana*) Sommer/Herbst
Rosen (*Rosa*) Sommer/Herbst
Nachtkerze (*Oenothera missouriensis*) Sommer/Herbst
Rosettensteinbrech (*Saxifraga paniculata*) Sommer/Herbst
Katzenminze (*Nepeta x faassenii*) Sommer/Herbst
Geißblatt (*Lonicera caprifolium*) Sommer/Herbst
Tagetes (*Tagetes patula*) Sommer/Herbst
Taglilie (*Hemerocallis citrina* u. a.) Sommer/Herbst
Lavendel (*Lavandula angustifolia*) Sommer/Herbst
Nelke (*Dianthus plumarius*) Sommer/Herbst
Reseda (*Reseda odorata*) Sommer/Herbst
Wicke (*Lathyrus odoratus*) Sommer/Herbst
Goldbandlilie (*Lilium auratum*) Sommer/Herbst
Bartnelke (*Dianthus barbatus*) Sommer/Herbst
Scheinmohn (*Meconopsis cambrica*) Sommer/Herbst
Phlox (*Phlox paniculata*) Sommer/Herbst
Leimkraut (*Silene maritima*) Herbst
Sonnenauge (*Heliopsis helianthoides*) Herbst
Indianernessel (*Monarda*-Hybriden) Herbst
Schafgarbe (*Achillea filipendulina*) Herbst
Lilienfunkie (*Hosta plantaginea*) Herbst
Edelraute (*Artemisia lactiflora*) Herbst
Telekie (*Telekia speciosa*) Herbst
Mädchenauge (*Coreopsis grandiflora*) Herbst

Potpourris und Duftkompositionen: Den Duft von einigen Blumen, Blättern und Wurzeln können Sie tatsächlich einfangen und konservieren, so daß der Wohlgeruch dieser Pflanzen über Monate erhalten bleibt und die Wohnräume wohltuend durchzieht. Gleichzeitig werden Erinnerungen an frohe Frühlings- und Sommertage geweckt. Besonders am Jahresanfang blühen viele duftspendende Blumen, deren natürliche Duftnote im Verlauf der kommenden Monate sich nicht wiederholt.
Für die Zusammenstellung eines Beaupot trocknen Sie soviel wie möglich verschiedenartige wohlriechende Frühlingsblumen wie Blüten vom Goldlack, der Narzisse, Freesie, Azalee, von Stiefmütterchen und Veilchen (bei letzteren sind die Wildformen duftintensiver), nicht zu vergessen die Maiglöckchen und Fliederblüten (Wildart: *Syringa vulgaris*). Um einen möglichst intensiven Duft zu erhalten, lohnt es sich, die am stärksten duftenden Pflanzenarten zu pflücken. Der Erfolg ist besonders gut, wenn Sie vorwiegend frischgepflückte Blumen (denen weder Regen- noch Tautropfen anhaften) sammeln und diese so schnell wie möglich trocknen, und zwar entweder im Backofen bei 50 °C oder auf der Heizung. Getrocknete aromatische Blütenblätter der Rosen sind besonders duftintensiv. Es gibt auch Pflanzen, deren Blüten von geringem Duftgehalt sind, wohingegen die Blätter sehr aromatisch duften. Das gilt vor allem für einige Pelargonien.
Es genügt allerdings nicht, nach dem Trocknen die duftenden Blütenblätter und Blüten nur miteinander zu vermischen. Ein solches Potpourri duftet weder stark genug, noch ist es in der Lage, den Duft zu behalten. Sogenannte Fixative zum Halten des Duftes sind wichtig. Ihre Palette reicht von exotischen Harzen über Wurzelpulver bis hin zu grobem Salz und Zitrusschalen. Zu den wirkungsvollsten Fixativen gehören die Schalen der Zitrusfrüchte, z. B. von Mandarinen, Apfelsinen oder Zitronen.

Zum Trocknen der Schalen gibt es zwei Möglichkeiten:
1. Die Früchte werden dünn spiralförmig mit dem Küchenmesser geschält und die Schalen im luftdurchlässigen Nesselbeutel im Backofen getrocknet und anschließend mit dem Mixer zu Pulver gemahlen bzw. ganz kleingeschnitten.
2. Bequemer ist folgendes Verfahren: Die ausgepreßte Zitrusschalenhälfte wird umgestülpt und die weiße Innenhaut herausgelöst. Anschließend lassen sich die sehr hart gewordenen Schalen am besten mit einer Blumenschere zerkleinern. Je mehr verschiedenartige Fixative für eine Blumenmischung Verwendung finden, um so besser und länger behält diese ihren Duft. Aus diesem Grunde sollten Sie auch Meersalz neben den pulverisierten Zitrusschalen in den Steinguttopf streuen.
Das so angesetzte Potpourri „Beaupot" bleibt unverschlossen stehen und wird lediglich von Zeit zu Zeit durcheinander gemengt, damit alles belüftet wird. Keinesfalls dürfen auch nur geringfügig feuchte, neue Blüten hinzugegeben werden. Getrocknete Blütendufter des Sommers, wie Lavendel, *Phlox*, Wicke, *Buddleja*, Lindenblüten, Rosmarin, können selbstverständlich jederzeit die Duftzusammenstellung ergänzen und bereichern.

DER RASEN

In Deutschland erfreut sich der Rasen großer Beliebtheit. Immerhin zieren Millionen von Rasenflächen Eigenheimgärten, Siedlungskolonien und Schrebergärten. Mehr als die Hälfte aller Gartenbesitzer besitzt demnach eine Rasenfläche. Viele Hobbygärtner wissen aber nicht, wie, wann und womit sie Rasenpflege richtig betreiben müssen. Vermutlich ist das mit ein Grund dafür, daß die Mehrzahl sich über den Zustand ihres Rasens ärgert. So ist bis zum heutigen Tag vielen Rasenbesitzern noch nicht bekannt, daß der wichtigste Faktor für einen schönen, gesunden Rasen die Züchtung ist und daß hier in den letzten Jahren große, ja entscheidende Fortschritte gemacht wurden. Der Grassamen oder die Züchtung sind für Qualität und Pflege von entscheidender Bedeutung.

Der Fortschritt in der Gräserzüchtung ist bei Golf- und Sportrasenflächen deutlich sichtbar. Solche „Traumrasenflächen" kann heute aber jedermann schnell und preisgünstig bekommen.

Ziele der Rasenzüchtung sind: wenig Höhenwachstum (bis zu 60 % weniger Schnittgut), Dichte, Widerstandsfähigkeit, Belastbarkeit sowie Krankheitsresistenz und Schattenverträglichkeit.

Doch viele Hobbygärtner sind schon nach kurzer Zeit mit ihrem Rasen unzufrieden

Was einst hoffnungsvoll begann, bringt mit der Zeit für 80% aller Rasenbesitzer Verdruß. Der „Traumrasen" ist verunstaltet, weist Lücken und gelbe Stellen auf, und es bilden sich immer größere Moosflächen. Ein Problem, das meist auf mehrere Ursachen zurückzuführen ist.

In den Wirtschaftswunderjahren der Bauhochkonjunktur 1950/1960 gab es Qualitätsrasen mit speziellen Rasengräser-Züchtungen noch nicht, sondern nur landwirtschaftliche Gräser mit hohem Schnittgutanfall, die für Futterzwecke gedacht waren.

Problem: Alte Grassorten

In den meisten unserer Gärten überwiegen alte Grassorten, die eigentlich für die Landwirtschaft gedacht waren. Solche Sorten wachsen schnell in die Höhe (sie sollen ja Heu produzieren); sie sind ungeeignet für Zierrasen. Also: Augen auf beim Saatgutkauf! Alte Sorten, die nicht in den Rasengarten gehören, werden immer noch angeboten!

Merk-Ecke

Größe einer Saatgutpackung oder Gewicht, aber auch schöne Abbildungen und verlokkende Bezeichnungen sagen nichts über die Qualität der Züchtung aus.

Mein Tip

Bestehen Sie beim Saatgutkauf unbedingt auf eine Neuzüchtung - so wie sie im Profibereich heute selbstverständlich geworden ist.

Welcher Rasentyp?

Für welchen Rasen Sie sich entscheiden, hängt von der Frage ab, wie der Rasen genutzt werden soll und welchen Ansprüchen er gerecht werden muß. Bei der richtigen Mischung und Pflege kann auch Ihr Rasen saftiggrün, dicht und gesund sein.

In der Regel ist für den Hausgarten ein strapazierfähiger Freizeit- oder Gebrauchsrasen gefragt. Kurz und gut, ein Vielzweckrasen für die ganze Familie, auf dem Kinder tollen, Federball gespielt wird und Liegeplätze zum Sonnen als Erholungsfläche vorgesehen sind. Der Rasen als grüne Oase im Garten, umgeben von Pflanzen, Bäumen und Sträuchern, bietet die richtige Atmosphäre, um auszuspannen und dabei das Grün zu genießen.

Alte Grassorte und neue, für Rasengarten geeignete.

Im Testlabor wird der Rasen geprüft.

Merk-Ecke

Das Grün des Rasens soll sehr beruhigend auf die Augen wirken.

Vergleichen lohnt: Wenn Sie den Rasen einmal etwas näher unter die Lupe nehmen, werden Sie schnell feststellen, daß es schon große Unterschiede zwischen den Gräsern gibt. Sie können feinblättrig oder breitblättrig, von sattem oder dezentem Grün sein. Rasenmischungen besitzen ganz verschiedene Eigenschaften bezüglich Rasendichte, Wuchsfreudigkeit, Farbe, Winterhärte, Krankheitsanfälligkeit und anderem mehr.

Mein Tip

Lassen Sie sich im Fachhandel eingehend über das Angebot der Rasenmischungen und ihre Eigenschaften beraten. Der kritische Käufer informiert sich auch auf der Rückseite der Verpackung. Selbst auf Kleinpackungen von 1 kg müssen die Gräserarten angegeben sein.

Qualität entscheidet: Achten Sie beim Kauf auf das Abfülldatum, denn die Keimfähigkeit der Gräser läßt nach drei Jahren nach. Beim Preisvergleich sollten Sie auch die Mengenangaben berücksichtigen. Bei einer Qualitätsmischung reichen 15 g/m² völlig aus. Marktführer, die mit ihrem Namen hinter einer Neuzüchtung stehen, können sich nicht erlauben, auf der Packung Eigenschaften einer Rasenmischung anzupreisen, die nicht den Tatsachen entsprechen. Neue Rasensorten wachsen dicht und sind äußerst strapazierfähig. Statt Höhenwachstum zeichnen sie sich durch Breitenwachstum mit dichter Grasnarbe aus. Sie haben einen geringen Schnittgutanfall. Die Eigenschaften eines guten Rasens sind bereits im Saatkorn festgelegt. Die Zusammensetzung der Rasenmischung ist entscheidend für die spätere Qualität des Rasens. Eine Rasenmischung besteht aus mehreren Gräserarten und -sorten. Diese werden, bevor sie in den Handel gelangen, auf „Herz und Nieren" geprüft. Wählen Sie den richtigen

Rasentyp für Ihren Zweck! Je nach Verwendungszweck und Pflegeaufwand sollten Sie das entsprechende Saatgut kaufen.

Gebrauchsrasen

Er braucht nicht allzuviel Pflege. Alle 8 - 14 Tage ist der Freizeitrasen zu schneiden und zweimal im Jahr - im Frühjahr und Spätsommer - zu düngen. Gekennzeichnet ist dieser Rasen durch einheitliche Gräserstruktur und Farbe. Er ist dicht, robust und widerstandsfähig. Eine empfehlenswerte Züchtung für einen solchen Rasen bei wenig Pflegeaufwand ist 'Loretta'. Sie enthält leistungsfähige Züchtungen der Arten Deutsches Weidelgras, Rotschwingel und Wiesenrispe. Hervorzuheben ist noch die außerordentlich kurze Keimzeit der Rasengräser. Es geht hierbei um einen strapazierfähigen Rasentyp, der eine Schnitthöhe von 3,50 - 4 cm zuläßt.
Der „Traumrasen" oder ein Rasenteppich, der sich durch eine bisher nicht gekannte Trittfestigkeit und Regenerationsfähigkeit auszeichnet, wird mit der Sorte 'Supra' möglich. Sie bringt unabhängig von Boden und Klima in unseren Regionen Ergebnisse, die bisher für unmöglich gehalten wurden. Ein „Supra-Rasen" wächst nur langsam in die Höhe, wird aber schnell extrem dicht und ist äußerst widerstandsfähig. Das Gras ist resistent gegen alle Krankheiten und besonders schattenverträglich. Moos und Unkraut haben in einem solchen Rasen kaum eine Chance. Dieser Prachtrasen ist nur möglich, wenn der Rasen regelmäßig geschnitten und mit Spezialrasendünger, der alle Nährstoffe enthält, ernährt wird. Wenn auf solchen Rasenflächen 20 Paare tanzen und die Gräser ständiger Gewichtsbelastung ausgesetzt sind, wird dieser Traumrasen sich nach kürzester Zeit wieder aufrichten, als ob nichts geschehen sei. Kahle Stellen entstehen praktisch nicht, denn die Gräser sind sehr wüchsig und widerstandsfähig. Ein solcher Rasen braucht nur einmal in der Woche geschnitten und zweimal im Jahr gedüngt zu werden, um sein kraftvolles, gesundes Wachstum zu behalten.

Blumenwiese

Für besondere Wünsche gibt es als gute Alternative die natürlich belassene Gartenwiese. Die Blumenwiese hinter dem Haus wird als Kernstück eines naturnahen Gartens häufig angepriesen. Im Gegensatz zum Rasen ist die Blumenwiese kaum belastbar, also für Sport und Spiel ungeeignet. Die Naturwiese trägt zu Recht den Beinamen Faulenzerwiese. Diese Fläche soll nur zweimal im Jahr - Anfang Juni und Ende September - gemäht werden, damit möglichst viele Blumenarten zur Blüte kommen und Lebensräume für die Kleintierwelt geschaffen und erhalten werden. Da kein Rasenmäher so hoch wachsendes Schnittgut schafft, muß wie früher mit der Sense gemäht werden. Einer weiteren Pflege bedarf die Blumenwiese nicht, sie wird weder gewässert noch gedüngt. Mit ihrer hohen Vegetation bietet die Naturwiese vielen Kleintieren Schutz. Es bleibt allerdings eine Illusion, die Alpenwiese in den eigenen Garten pflanzen zu können. Bedenken Sie beim Kauf des Saatgutes, nur eine standortgerechte Vegetation wird sich auf Dauer durchsetzen, selbst wenn der Handel mit verlockenden Bildern auf der Saatguttüte wirbt.

Vorbildlicher Rasen

Merk-Ecke

Ein prächtiger Rasen entsteht, bevor er wächst, nämlich bei der Entscheidung für das richtige Saatgut.

Rasenerneuerung

In der Zeit von Mitte Mai bis September können Sie den alten Rasen von Grund auf erneuern. Eine Rasenerneuerung ist heute ohne umzugraben möglich. Sobald der Boden warm ist und über Nacht nicht mehr so stark abkühlt, kann es losgehen.

Mein Tip

Wenn im Frühjahr der Rasen einen recht mitgenommenen Eindruck macht, können es viele Hobbygärtner nicht erwarten, ihren Kummerrasen zu regenerieren und mit der vielversprechenden Rasenerneuerung zu beginnen. Wenige bedenken, daß im April und Anfang Mai der Boden noch kalt und naß ist und somit das Keimen der Gräser nicht nur länger dauert, sondern auch nicht den gewünschten Erfolg bringt. Für das optimale Keimergebnis bietet der bereits erwärmte Boden eine bessere Voraussetzung.

Rechts oben: Schlechter Rasen im Frühjahr.
Rechts unten: Erneuerter Rasen

Sie müssen folgendermaßen vorgehen:
Den Rasenmäher so tief wie möglich einstellen und den alten Rasen dicht über dem Boden abmähen.
Den Rasen gründlich vertikutieren. Hierbei entstehen flache Bodenrillen, die zur späteren Einbettung der Samenmischung vorgesehen sind. Das Gerät wird kreuz und quer eingesetzt, d. h. vertikutiert wird zunächst in Längsrichtung und dann in Querrichtung.
Kräftesparend sind dafür elektrische oder auch mit Benzinmotor angetriebene Vertikutiergeräte, die im Fachhandel ausgeliehen werden können. Bei einer größeren Rasenfläche lohnt es sich, einen Vertikutierer zu kaufen. Damit der Rasen sich prächtig entwickelt, muß er regelmäßig mit dem Vertikutierer belüftet werden.

Mein Tip

Informieren Sie sich vor dem Kauf bei der Stiftung Warentest, welches Gerät empfehlenswert ist.

Nun wird ein spezieller Startdünger mit dem Streuwagen ausgebracht. Dieser Startdünger wird den Ernährungsbedürf-

1. Mähen

2. Vertikutieren

3. Dünger ausbringen

4. Torfabeckung

5. Bewässern

nissen der jungen Graspflanzen gerecht. Er fördert insbesondere das Wurzelwachstum und macht den Rasen doppelt so schnell dicht und widerstandsfähig. Das Anwachsrisiko des Rasens wird dadurch drastisch reduziert. Auch dieser Spezialdünger ist ein großer Fortschritt und trägt zu dem Endergebnis entscheidend bei.

Mit dem Streuwagen wird der Grassamen gleichmäßig ausgesät.

Der Handel bietet dafür das System Novaplant an, das neben dem speziellen Startdünger mit der darauf abgestimmten Rasengräsermischung aus hochwertigen Neuzüchtungen besteht.

Die Fläche wird leicht mit gesiebter, abgelagerter Komposterde oder etwas Torf sparsam bedeckt. Zur Ausbringung und flachen Einarbeitung des Torfs eignet sich besonders der Kombikrümler „multi-star" (später können Sie dieses Gerät im Nutzgarten einsetzen).

Die regelmäßige Bewässerung ist nun das A und O für ein sicheres Keimen und Aufgehen. Spätestens wenn der Torf hellbraun ist, braucht der Rasen wieder Wasser.

Nach 4 Wochen hat der neue Rasen schon eine Höhe von 10 cm erreicht. Dann wird es auch Zeit für den ersten Schnitt. Sie sollten den Rasen jedoch nur auf 4 - 5 cm heruntermähen.

Spätestens nach 6 Wochen wird der junge Rasen abermals mit einem speziellen Rasendünger ernährt. Wenn der Rasen dann in relativ kurzer Zeit herrlich dicht und belastbar ist, braucht er nur noch regelmäßig geschnitten und gegebenenfalls gewässert zu werden.

Das System Novaplant ermöglicht die Rasenerneuerung für

Novaplant Supra neben alten Bestand nach fünf Wochen.

jedermann, ohne umzugraben. So können Sie, unabhängig vom Klima und Boden, einen prächtigen Rasen erhalten. Der Preis beträgt ca. 1,— DM pro m². Während der Vegetationsperiode sollten Sie den Rasen dann noch zweimal mit einem Super-Rasendünger ernähren. Die Kosten mit ca. 0,14 DM pro m² sind erschwinglich. Der Langzeitdünger bewirkt dauerhaft einen dichten und widerstandsfähigen Rasen, frei von Unkraut und Moos. Auch beim Mähen, vor allem vor dem Urlaubsantritt im Sommer, werden häufig Fehler gemacht.

Mein Tip

Sonnenbräune ist bei Rasen unerwünscht. Mit etwas mehr Blattmasse übersteht Ihr Rasen ungebräunt die sommerliche Hitze. Mähen Sie den Rasen im Hochsommer nur bis auf eine Schnitthöhe von 5 cm. Wenn sich Gräser nach dem Begehen nicht wieder aufrichten, sind dies deutliche Warnsignale. Es wird höchste Zeit, in den frühen Morgen- oder späten Abendstunden zu beregnen. Bewährt haben sich Viereck- oder Rundregner.

Ist Schatten ein Problem?

Nicht nur alte und nach heutigen Erkenntnissen längst überholte Rasenmischungen sind oft Ursache für den Ärger, sondern auch wechselnde Standortbedingungen. Was einst beim Pflanzen winzig war, ist heute zu stattlichen Bäumen herangewachsen und nimmt dem Rasen viel Licht und Kraft. Der sich langsam einschleichende Schatten verdrängt die Gräser.

Was ist zu tun, wenn Schatten den Rasen beeinträchtigt?
Hier hilft eine Rasenneuanlage, ohne umzugraben, mit Gräsern, die dem Schatten gewachsen sind - so wie z.B. die Rasenmischung 'Supra', die ebenso für sonnige wie schattige Lagen geeignet ist. Damit ist das Problem in jedem Fall gelöst, denn meist ist die Rasenfläche teils schattig, teils sonnig.

Merk-Ecke

Neuzüchtung ist mit Abstand der wichtigste Faktor für einen prachtvollen Rasen.

Oben rechts: Schlechter Rasen

Unten: 'Supra'-Rasen im Schatten

Frühjahrskur für den Rasen

Sie kennen sicherlich den trostlosen Anblick Ihres Rasens im zeitigen Frühjahr: Moos, braune Stellen, Lücken, Gelbfärbung und ein blasses Grün sind die typischen Auswirkungen des langen Winters; genauso wie kranke oder abgestorbene Gräser, die dem Rasen seine Schönheit genommen haben.
Im zeitigen Frühjahr ist der beste Zeitpunkt, um die Grundlagen für einen schönen Rasen zu schaffen. Dazu möchte ich Ihnen Tips und Ratschläge aus der Rasenforschung geben, von Profis, die täglich die herrlichen Golf- und Sportrasen betreuen. Ersparen möchte ich Ihnen den unnötigen Ärger mit vermoosten und verfilzten Rasenflächen. Wenn Ihr Rasen Sie manchmal zum Rasen bringt, weil das

Unkraut überhand nimmt, Hahnenfuß und Klee den Rasen verdrängen oder der Rasen vergilbt bzw. vermoost ist, dann kann das mehrere Ursachen haben:
- zu tiefes Mähen,
- Nährstoffmangel,
- Staunässe,
- Schatten,
- eine Kombination der oben genannten Faktoren.

Moosbekämpfung: Moos im Rasen - darüber ärgern sich Rasenbesitzer am meisten. Bei keinem anderen Rasenproblem hat der Hobbygärtner schon so oft erfolglos herumgedoktert. Woher kommt Moos im Rasen, und wie können Sie dieses Übel dauerhaft in den Griff bekommen? Einer der häufigsten Gründe für Moos im Rasen ist Staunässe. In diesem Fall hilft nur eine gute Drainage der Rasenfläche, wofür es heute sehr praktische und leicht zu verlegende Drainage-Rohre gibt. Zwar lieben Gräser die Luftfeuchtigkeit, aber von nassen Füßen halten sie nicht viel. Durch Staunässe wird das Wachstum stark eingeschränkt.

Moos im Rasen

Merk-Ecke

Nur wenige Hobbygärtner wissen, daß auch Nährstoffmangel das anspruchslose Moos wuchern läßt.

Ein weiterer Grund vermooster Rasenflächen ist auch fehlender oder unzureichender Nährstoffgehalt. Da der Grasnarbe Jahr für Jahr viele Nährstoffe entzogen werden, sind diese auch regelmäßig zu ersetzen. Wenn Sie das nicht beachten, haben Sie die beste Voraussetzung für die Moosbildung geschaffen. Oberstes Gebot bei der erfolgreichen Bekämpfung: Das eingewanderte Moos muß zunächst beseitigt werden. Anschließend ist auf die richtige und regelmäßige Düngung zu achten. Moos im Rasen können Sie heute in einem Arbeitsgang wirkungsvoll beseitigen - mit einem neuen Moosvernichter, der gleichzeitig dem Rasen die erforderlichen Nährstoffe zuführt. Der Kombinationsdünger, Moosvernichter und Rasendünger in einem, setzt sich zusammen aus:

- 19 % Stickstoff
- 3 % Phosphor
- 3 % Kali
- 10,9 % Eisen-II-Sulfat

Das Produkt hat sich im Profibereich so gut bewährt, daß der Hersteller Ihnen bei Nichterfolg das Geld zurückerstattet. Die moosvernichtenden Bestandteile wirken schnell und zuverlässig. Gleichzeitig bekommen die Rasenpflanzen alle wichtigen Nährstoffe, um schnell die entstandenen Lücken schließen zu können. Neben dem Nährstoffmangel deutet Moos auch auf Lichtmangel hin. Im Schatten läßt die Wuchsleistung der Gräser nach, und so werden sie schnell vom Moos überwuchert. Bodenverdichtung oder unzureichende Belüftung können weitere Ursachen sein. Aber auch zu tiefes Mähen schädigt den Rasen, Unkräuter und Moos fangen an zu wuchern.

Gedüngter und ungedüngter Rasen

Merk-Ecke

Moos gehört nicht in den Rasen; es verfilzt die Grasnarbe und läßt weder Licht, Luft noch Nährstoffe bis zu den Wurzeln der Rasenpflanze vordringen. Schon nach kurzer Zeit kann der Rasen nicht mehr frei atmen und verkümmert. Wenn Sie Ihren Rasen lieben, dann müssen Sie schon bei der ersten Moosbildung die richtige Gegenmaßnahme ergreifen.

Vergilbter Rasen: Ein zu tiefer Schnitt (unter 4 cm) entkräftet den Rasen und läßt ihn schnell vertrocknen. Vergilbter Rasen ist in der Regel ein Zeichen von fehlenden Nährstoffen. Verwenden Sie einen Spezial-Rasendünger mit hohem Stickstoffgehalt, denn gerade dieser Nährstoff wird am meisten benötigt. Er beeinflußt die Grünfärbung des Grases. Für Spezial- Rasendünger spricht außerdem noch ein weiteres Argument. Hier liegt der Stickstoff als sogenannter Langzeitstickstoff vor. Dünger in ungeeigneter Zusammensetzung kann leicht zur Überdüngung und Verbrennung führen. Auswaschungen in das Grundwasser sind leicht möglich.

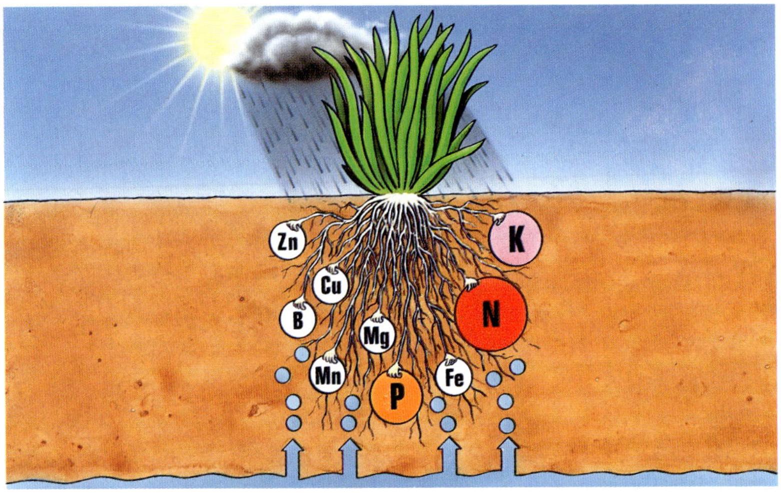

Element	Wirkung
(N) Stickstoff	braucht die Pflanze, um Eiweißverbindungen fürs Wachstum aufzubauen. Unentbehrlich zur Chlorophyllbildung für die Photosynthese aller Pflanzen.
(P) Phosphor	fördert Blütenbildung und Fruchtansatz. Unentbehrlicher Bestandteil des pflanzlichen Eiweißes.
(K) Kalium	wirkt ausgleichend auf den Wasserhaushalt und erhöht die Widerstandsfähigkeit gegen Trockenheit, Temperaturschwankungen und Frost.
(Mg) Magnesium	ist der zentrale Baustein des Chlorophylls und somit maßgeblich an den verschiedenen Stoffwechselvorgängen beteiligt (Photosynthese, Stärke- und Eiweißbildung).
(Fe) Eisen	dient als Katalysator bei der Atmung, ist wichtig für den Energiestoffwechsel und die Photosynthese.
(Mn) Mangan	ist beteiligt an der Aktivierung von Enzymen, an der Photosynthese und ist wichtig für die Funktion von Fermenten.
(Cu) Kupfer	beeinflußt die Eiweißbildung und die Photosynthese.
(B) Bor	wirkt mit beim Aufbau der Zellwände und bei der Wurzelentwicklung.
(Zn) Zink	ist an der Chlorophyllbildung beteiligt und wichtig für den Phosphorsäure-Stoffwechsel.

Nährstoffbedarf der Graspflanze

Warum Rasen gedüngt werden muß: Gesunder Rasen wächst im Laufe eines Jahres so stark, daß pro Quadratmeter 3 - 6 kg Schnittgut anfallen. Rasen entzieht dem Boden laufend Nährstoffe und laugt ihn dadurch aus. Das Nährstoff-Reservoir im Boden erschöpft sich, und der Rasen verkümmert. Es entstehen kahle Stellen, Moos und Unkraut breiten sich aus.

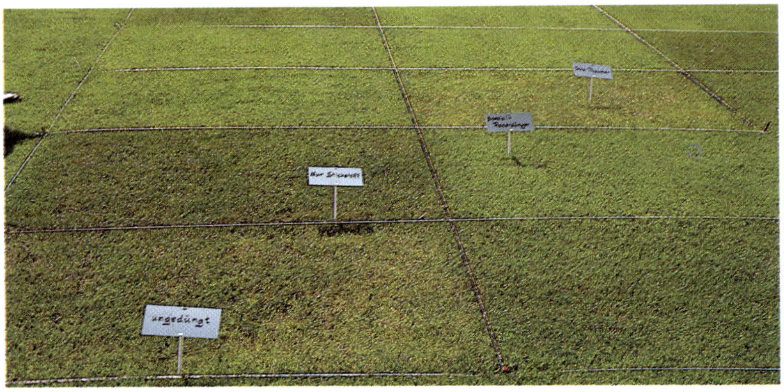

Merk-Ecke

Nur eine ausreichende Nährstoffversorgung des Rasens führt zu kräftiger Wurzelbildung und gesundem Wachstum. Landwirtschaftliche Dünger sind von ihrer Zusammensetzung her nicht geeignet.

Was gibt´s Neues?

Rasen-Spezialdünger bieten zwei wesentliche Fortschritte. Sie fördern das Breiten- und mindern das Höhenwachstum. Sie ermöglichen naturgerechtes Düngen, denn das Nährstoff-Bindeverfahren dieses Spezialdüngers verhindert, daß Nährstoffe ungenützt freigesetzt werden. Nur Rasen-Spezialdünger haben eine rasengerechte Zusammensetzung.

Verdichteter Rasen: Vertikutieren ist angesagt, denn ein verdichteter Rasen verhindert den Luft- und Wasseraustausch und damit ein gesundes Wachstum der Graswurzel. Beim Vertikutieren schneiden vertikal angeordnete Messer die verbliebenen Pflanzenteile heraus. Durch tiefere Messereinstellung wird der Boden etwas angeritzt, so daß er vom Rasenfilz und von Moos befreit wird.

Filzschicht im Rasen

Rasenverdrängende Unkräuter: Mit einem von Klee, Löwenzahn und Hahnenfuß durchzogenen Rasen und Kahlflächen läßt es sich natürlich leben. Wenn der Wildpflanzenwuchs allerdings überhand nimmt, hilft nur eine Erneuerung von Grund auf.

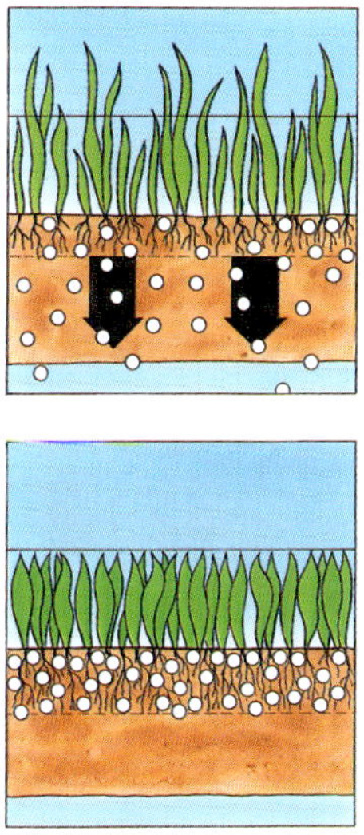

Keine Auswaschverluste mit Spezial-Rasendünger

Rasen schneiden - aber richtig!

Keine andere Tätigkeit wird von Gartenbesitzern so häufig und regelmäßig verrichtet, wie das Schneiden des Rasens. Etwa die Hälfte aller Rasenmäher in Deutschland sind Elektromäher. Das Durchschnittsalter der Rasenmäher liegt bei 13 bis 15 Jahren. So ist es nicht verwunderlich, daß laut Statistik die Mehrzahl aller Rasenmäherbesitzer zum Ausdruck gebracht hat, daß Rasenmähen kaum Freude bereitet, sondern vielmehr als notwendiges Übel angesehen wird.

Unkraut im Rasen

Neue Geräte: leise und leicht. Worüber ärgern sich 80 Prozent aller Rasenmäherbesitzer? Beim Elektromäher regen sich die Hobbygärtner am meisten über das Kabel auf. Bei Benzinmähern stört sie besonders der problematische Start mit dem hohen Geräuschpegel. Kein Wunder, daß Hobbygärtner beim Mähen fluchen und sich ein Gerät wünschen, das mit diesen Problemen nicht behaftet und trotzdem allen Anforderungen gewachsen ist. Ein Rasenmäher, der bei feuchtem Gras perfekt mäht und das Schnittgut auffängt, leicht in der Handhabung und vor allem höhenverstellbar ist. Ein Rasenmäher, der ohne großen Kraftaufwand sofort anspringt und spielend leicht ganz leise über die Rasenfläche gleitet. Ein Wunschdenken? Nicht unbedingt! So wissen die wenigsten Hobbygärtner, daß das umweltbewußte Denken auch zu einer bemerkenswerten Entwicklung auf dem Sektor der Rasenmäher geführt hat. Durch neuartige, leistungsstarke Batterien und eine aufwendige Elektronik gibt es erstmals Akku-Rasenmäher, die Rasenflächen bis zu 250 m^2 perfekt mähen, das Schnittgut sauber fangen und einer minimalen Wartung bedürfen. Endlich können Sie kabellos bei geringem Gewicht des Mähers den Rasen mähen. Das Aufladen des Batteriemähers wird automatisch gesteuert. Auf dieses neue Gerät gibt der Hersteller fünf Jahre Garantie. Selbstverständlich gibt es auch für die Batterien eine geregelte Entsorgung sowie ein Recycling für das Chassis.

einem Schlüssel starten können - wie beim Auto. Wer sich an den herkömmlichen Seilzug gewöhnt hat, kann getrost dabei bleiben; ein- oder zweimal Ziehen genügt, und der neue Rasenmähermotor startet auf Anhieb.

Wie oft muß der Rasen gemäht werden? Auch hier hat die Entwicklung von Rasen-Neuzüchtungen Fortschritte gebracht. Neue Gräserzüchtungen, die zunächst nur auf Golf- und Sportrasenflächen eingesetzt wurden, ermöglichen heute, den Schnittgutanfall um 50 % und mehr zu reduzieren. Neuzüchtungen wachsen nämlich weniger in die Höhe und bewirken statt dessen eine dichte und widerstandsfähigere Grasnarbe.

Links: Akku-Mäher
Unten: Oeco-Mäher

Ratterton - das war einmal: Als Krachmacher waren bisher die Benzinmotorrasenmäher verschrien. Eine Unmenge solcher Geräte rattern zum Ärgernis vieler Bürger, in Deutschlands Gärten. Neu auf dem Markt sind Benzinmäher, die so leise wie Elektromäher arbeiten. Beeindruckend mag vielleicht folgender Vergleich sein: Ein herkömmlicher Benzinmäher entwickelt die gleiche Lautstärke wie jetzt zehn der neuen Mähergeneration. Dieser enorme Fortschritt wurde u. a. durch eine neue OHV-Motorentechnik ermöglicht, durch die es gelang, ein Gerät zu entwickeln, das trotz größter Kraftreserven extrem leise arbeitet. Dieser Fortschritt läßt durchaus den Vergleich mit der Entwicklung in der Motorentechnik beim Pkw zu. Angenehm ist natürlich auch, daß Sie ab sofort Ihren Rasenmäher mit

Bodendecker

Wo kein Gras mehr wächst, sind Bodendecker der richtige Rasenersatz. Jeder Garten hat seine Problemzonen, so unter dichten Gehölzen, wo flachwurzelnde Pflanzen und dichter Schatten dem Rasen keine Chance lassen. Doch brauchen solche Stellen nicht kahl zu bleiben; hier sind Bodendecker angebracht. Aber auch dort, wo das Mähen schwierig ist, sind Sie mit Bodendeckern gut beraten. Die Auswahl an solchen Pflanzen ist groß. Unter den Bodendeckern gibt es Pflanzen mit unscheinbaren und solche mit recht ansprechenden Blüten. Es gibt flach- und höherwachsende, sommer- und wintergrüne Bodendecker. Zur besseren Orientierung habe ich für Sie eine kleine Auswahl zusammengestellt. Den *Cotoneaster dammeri* möchte ich nicht unerwähnt lassen, da er Sonne, Halbschatten und Schatten verträgt und dieses Allerweltsgehölz sich bodendeckend auf jedem Erdreich ausbreitet. Die Pflanzen lassen sich gestalterisch schön mit Wurzeln und Steinen kombinieren. Vorschlagen kann ich Ihnen auch eine Begrünung mit diesen Pflanzen neben den Platten der Garageneinfahrt. Natürlich müssen Sie dafür sorgen, daß jede Pflanze ihren Lebensraum mit dem für sie erforderlichen Erdreich erhält.

Bodendecker: *Echeveria* und Steinbrech

Sonnige Standorte:

Stachelnüßchen (*Acaena buchananii*): immergrüne Pflanze mit borstigen Fruchtständen im Herbst, liebt volle Sonne, Wuchshöhe 10 cm.

Katzenpfötchen (*Antennaria diocia*): bildet einen silbergrauen Laubteppich, braucht einen vollsonnigen Standort, erreicht 10 - 15 cm Höhe.

Bleiwurz (*Ceratostigma plumbaginoides*): mit blauen Blüten von August bis Oktober und einer roten Herbstlaubfärbung, Wuchshöhe 20 cm, sonniger bis halbsonniger Standort.

Goldkörbchen (*Chrysogonum virginianum*): mit gelben Blüten von Mai bis Juli und rauhem, behaartem Laub, Wuchshöhe 20 cm, voll- bis halbsonniger Standort.

Laugenblume (*Cotula diocia*): mit unscheinbaren Blüten. Dichte Teppichbildung bei einer Höhe von nur 15 cm. Voll- bis halbsonniger Standort.

Habichtskraut (*Hieracium x rubrum*): ist ein etwas höherer teppichbildender Bodendecker (20 - 30 cm hoch), der nur für einen vollsonnigen Standort geeignet ist. Von Juni bis August schmückt sich die Pflanze mit orangeroten Blüten.

Indische Erdbeere (*Duchesnea indica*): die Pflanze trägt ab Juni bis September gelbe Blüten, die zu roten Früchten heranreifen. Sie verträgt Sonne wie Schatten und wird etwa 10 cm hoch.

Johanniskraut (*Hypericum*): Dieser schöne Bodendecker bringt auffallend goldgelbe Blüten von

Mai bis Juni, wird etwa 15 cm hoch und braucht volle Sonne.

Ziest (*Stachys byzantina* 'Silver Carpet'): mit silbrig filzendem Laub, eine gut bodendeckende Pflanze. Erreicht je nach Standort 5 - 30 cm Höhe und braucht volle Sonne.

Thymian (*Thymus*): Etliche Arten sind rasenbildend und immergrün mit weißen und purpurnen Blüten von Juli bis September. Allerdings braucht auch der Thymian - wie der Rasen - volle Sonne. Er erreicht die gleiche Wuchshöhe von 5 cm wie ein gut geschnittener Rasen.

Halbschattige bis schattige Standorte:

Scheinbeere (*Gaultheria procumbens*): Wenn auch die Blüten unscheinbar sind, so ist die immergrüne Pflanze mit ihren lachsroten Früchten (Juli bis August) ein Gewinn für viele Gärten. Sie wird nur etwa 20 cm hoch.

Goldnessel (*Lamiastrum galeobdolon*): mit silbrigem Laub von Mai bis Juni, gelbblühend. Die Goldnessel wird 20 cm hoch und liebt einen halbschattigen bis schattigen Standort.

Pfennigkraut (*Lysimachia nummularia*): ein schöner, niedrig bleibender Bodendecker von 5 cm mit kriechendem Wuchs. Blüht von Mai bis Juli gelb und fühlt sich im Halbschatten geborgen.

Mutterkraut (*Matricaria caucasia*): äußerst widerstandsfähig, immergrün, gedeiht nur in voller Sonne. Bringt von Juni bis August weiße, kleine Blüten und wird 10 cm hoch.

Bingelkraut (*Mercurialis perennis*): Wenn im tiefen Schatten nichts mehr wächst, dann ist das Bingelkraut genau richtig. Zwar bleiben die von Mai bis Juni erscheinenden Blüten unscheinbar, aber die Pflanze wird immerhin 30 cm hoch, und das in vollem Schatten.

Scheinbeere

Ysander (*Pachysandra terminalis*): Wohl einer der bekanntesten Bodendecker, immergrün mit unscheinbaren, weißen Blüten von April bis Mai, für Halbschatten und Schatten geeignet. Die Höhe beträgt zwischen 15 und 30 cm.

Knöterich (*Polygonum affine*): hat rosa und rote Blüten von Juli bis September. Für Sonne und Halbschatten geeignet, erreicht dieser kriechende Knöterich 25 cm Höhe.

Fetthenne (*Sedum*-Arten): brauchen volle Sonne, es gibt sie mit weißen, gelben, rosa und purpurnen Blüten. Je nach Sorte werden die Pflanzen 5 - 15 cm hoch.

Beinwell (*Symphytum grandiflorum*): für feucht-sumpfige Lagen, gedeiht bei halbschattigem bis schattigem Standort bestens. Die Pflanze trägt von April bis Mai blaßgelbe Blüten und wird etwa 30 cm hoch.

Schaumblüte (*Tiarella cordifolia*): mit gelb-weißen Blüten, ist beliebt für die Einfassungen von Beeten und Wegen. Die Pflanze verträgt gleichermaßen Halbschatten wie Schatten und wird 20 - 30 cm hoch.

Waldsteinie (*Waldsteinia ternata*): ein Bodendecker für Halbschatten und Schatten mit gelben Blüten im April/Mai und zum Teil immergrün, wird 10 - 20 cm hoch.

BUNTE BLÜTENPRACHT

Zwiebelblumen sind neben Frühlingsgeophyten die ersten, die im zeitigen Frühjahr mit ihren Blüten aufwarten. Die Flexibilität in der Gestaltung mit dieser Pflanzengruppe mit ihren Formen und Farben ist mit keiner anderen Pflanzenfamilie vergleichbar. Wenn Stauden und Einjährige die Blütentöne im Garten bestimmen, ist es meist schon Sommer, und die Zwiebelblüher haben sich dann bereits diskret unter die Erdkrume zurückgezogen. Doch bleiben wir zunächst noch ein wenig bei der Blüte. Von dieser Blüte müssen wir nämlich eine Vorstellung haben, wenn wir im Herbst die nächste Blumenzwiebelgeneration setzen. Zu berücksichtigen sind bei den Pflanzen nicht nur die Farben, sondern vor allem die Wuchshöhen und die Blütezeiten. Nur eine richtige Kombination unter Berücksichtigung dieser Kriterien schafft einen zufriedenstellenden Erfolg, der den Garten - ob groß oder klein - über viele Wochen in ein Blütenmeer verwandelt.

Merk-Ecke

Achten Sie beim Kauf auf feste, prall gefüllte, unbeschädigte Zwiebeln. Finger weg von weichen Zwiebeln ohne schützende Schale oder solchen, die bereits Schimmel angesetzt haben. Und denken Sie daran, je größer und kräftiger die Zwiebel, desto schöner wird die Blüte.

Pflanzzeit

Wenn Ende August/Anfang September noch alles im Garten treibt und blüht, schmiedet der vorausschauende Hobbygärtner bereits Pläne für die Frühjahrsblüte. Selbstverständlich wird die Auswahl sorgfältig getroffen und bei dem Pflanzplan Farben, Wuchshöhen und Blütezeiten bedacht.
Im Herbst gepflanzt, wird Ihr Garten, die Terrasse oder der Balkonkasten mit diesen Blumen im Frühjahr abwechslungsreicher und farbenprächtiger: Schneeglöckchen, Anemonen, Knollenkalla, Mormonentulpe, Frühlings-Zeitlose, Wildalpenveilchen, Winterling, Kaiserkrone, Kiebitzei, Wild-Gladiole, Zwerg-Schwertlilie, Berglilie, Märzbecher, *Ixia,* Lilie, Krokus, die niedrigbleibende *Iris reticulata,* Botanische Narzissen, alle niedrigen Botanischen Tulpen, Traubenhyazinthe, Hyazinthe, Trompetennarzisse, Darwin-Hybrid-Tulpen, Lilienblütige Tulpen, Holländische *Iris,* Milchstern, Zierlauch, Präriekerze, *Scilla,* Steppenkerze.

Schneeglöckchen

Gladiolen

Bodenvorbereitung

Natürlich müssen Sie die Pflanzstellen entsprechend vorbereiten, d. h. der Boden sollte zuvor gut gelockert werden. Damit die Zwiebeln bei Frösten, die in den kommenden Wochen nicht auszuschließen sind, keinen Schaden nehmen, empfehle ich Ihnen, etwas Laub bzw. mineralische Katzenstreu aus Meeresschaum als unterste Lage auf die Pflanzfläche zu streuen. Dadurch wird bei strengem Frost das Austrocknen des Bodens verhindert. Setzen Sie die Zwiebeln immer in Gruppen, und lassen Sie zwischen den Gruppen einen kleinen Abstand. Für alle Zwiebelgewächse gilt, daß der Boden etwas sandig sein sollte. Sie sind gut beraten, wenn Sie dem ausgehobenen Boden ein Drittel feinen Sand beifügen. Decken Sie die ausgegrabene Erde anschließend über die Blumenzwiebeln, und geben Sie den Pflanzen gleich Wasser, damit das Wachstum beginnen kann. Die genannten Blumenzwiebeln eignen sich aber nicht nur zum Auspflanzen in den Garten, sie sind auch ein beliebter Schalenschmuck.

Merk-Ecke

Faustregel beim Blumenzwiebelpflanzen: Grundsätzlich doppelt so tief wie hoch. Große Zwiebeln, z. B. Narzissen, müssen mindestens so tief gelegt werden, daß ungefähr zwei Zwiebeln übereinander liegen könnten. Zwiebeln lieben die Nähe; sie werden also dicht und immer in Gruppen gelegt. Nach dem Pflanzen muß, wie bei anderen Blumen auch, angegossen werden. Dann können sie bis zum Frühjahr im Erdreich schlummern. Nach den grauen Wintertagen sind die fröhlichen Farben der Zwiebelblumen eine Wohltat für Auge und Gemüt.

Traubenhyazinthe, *Muscari*

Wie wird gepflanzt?

Es gibt zwei Möglichkeiten. Entweder legen Sie jede Blumenzwiebel einzeln in das Pflanzloch, oder Sie heben ein Pflanzbeet aus. Entscheiden Sie sich für das letztere, muß die Erde je nach Zwiebelart 10 bis 15 cm tief abgetragen werden. Für die Pflanztiefe der Zwiebeln gibt es eine weitere Regel: große Blumenzwiebeln sollten mit der flachen Unterseite 15 bis 20 cm tief eingepflanzt werden sollten. Zu den großen Zwiebelblumen gehören z.B. Narzissen, Tulpen, Zierlauch und Hyazinthen. Kleinere Zwiebeln wie Schneeglöckchen, Krokusse und *Scilla* werden nur 10 cm tief gepflanzt. Schneeglöckchen, Krokusse, Schneestolz und kleinblütige Narzissen verwandeln den grünen Rasen in einen blühenden Teppich. Dazu werden kreisrunde Löcher mit dem Blumenzwiebelpflanzer in die Grasfläche gestochen, in die die Zwiebeln gelegt werden. Sie können aber auch eine Grassode (Platte) anheben, um die Kleinzwiebeln darunter zu legen.

Schneeglöckchen verbreiten sich schnell auf der Wiese.

Merk-Ecke

Schneeglöckchen, Krokusse und Narzissen verwildern im Garten, vorausgesetzt, Sie gönnen den Pflanzen nach der Blüte eine ca. sechswöchige Erholungsphase, die sie brauchen, um Kräfte zu sammeln. Danach können Sie das trockene Laub vorsichtig entfernen. Durch das Einziehen des Laubes gewinnt die Zwiebel an Umfang und bildet Brutzwiebeln, die zu einer Vermehrung der Pflanzen führen. Bei einer Rabattenbepflanzung mit diesen Zwiebelblumen sollten Sie nicht knauserig sein, ein dichter Blütenteppich ist Ihr Lohn.

Mein Tip

Die ersten Frühlingsblüher werden gerne als blühender Teppich in die Rasenfläche eingebettet. Das Vertikutieren muß natürlich dort, wo Blumenzwiebeln gepflanzt sind, unterlassen werden. Für große Terrassenkübel sind empfehlenswert das Indische Blumenrohr (*Canna indica*), die Schopflilie (*Eucomis bicolor*) und die Zephirblume (*Zephyranthes candida*).

Zwiebelblumen in Vor-und Steingarten

Zum Steingarten passen vor allem kleinblütige botanische Arten: Schneeglöckchen, Botanische Krokusse, kleine Tulpen (*Tulipa tarda*) oder die Mini-Iris (*Iris reticulata*). Iris, in diesem Fall die Wasser-Iris, und die japanischen Irisarten sind in Teichnähe ideal aufgehoben. Auch Winterling und Schachbrettblumen fühlen sich in der feuchten Umgebung wohl.

Frühblüher

Die schon im Winter blühenden Blumenzwiebeln sind das Schneeglöckchen (*Galanthus nivalis*), der Winterling (*Eranthis hyemalis*), der Schneestolz (*Chionodoxa luciliae*), die Zwergschwertlilie (*Iris reticulata*) und die Schachbrettblume (*Fritillaria meleagris*). Die frühen Krokusse blühen noch außer Konkurrenz, ebenso der Frühlingsverkünder, genannt Märzbecher (*Leucojum vernum*). Die später blühenden Zwiebelblumen, wie Narzissen (*Narcissus*), Tulpen (*Tulipa*), Traubenhyazinthen (*Muscari*) oder Kaiserkrone (*Fritillaria imperialis*) blühen gemeinsam mit den ersten Stauden und Gehölzen. Es folgen Buschwindröschen (*Anemone blanda*), Blaustern (*Scilla sibirica*), Sommerbecher (*Leucojum aestivum*), Hyazinthen, Glockenblaustern (*Hyacinthoides hispanica*) und Zierlauch (*Allium giganteum*).

Tulipa tarda

Zwiebelblumen im Heidegarten

Im Heidegarten sieht *Iris danfordiae* gut zur *Erica carnea* aus, für die Sternmagnolie (*Magnolia stellata*) ist die Narzisse 'Ice Follies' eine schöne Ergänzung. Und zu dem lilablütigen Seidelbast (*Daphne mezereum*) passen Krokusse ('Remembrance').

Merk-Ecke

Zwiebelblumen haben einen großen Vorteil: Sie können schnell und leicht umgepflanzt werden und verleihen auf diese Weise dem Garten Jahr für Jahr neue Akzente.

Frühlingsboten im Ziergarten

Zwiebel- und Knollengewächse sind nicht nur unter sich gut aufgehoben. Sie sind auch eine schöne Ergänzung zu tonangebenden Stauden. Schon im Mai erblüht die Traubenhyazinthe (*Muscari armeniacum*). Diese anmutige Pflanze gesellt sich gern zur Wolfsmilch (*Euphorbia polychroma*) oder Frauenmantel (*Alchemilla mollis*). Ende Mai, wenn sich der erste Blütenflor dem Ende zuneigt, sind die unterschiedlichen Zierlaucharten erwünschte Übergangsblüher. Unverwüstlich sind die gelben Zierlaucharten (*Allium moly*), interessant aber auch die silbrigen Kugelblüten von *Allium karataviense*, die violetten Blütenbälle der *Allium aflatunense* oder der Gigant unter den Zierlaucharten, *Allium giganteum*. Einen abwechslungsreichen Akzent der unterschiedlichsten Blau-, Gelb- oder Weißtöne bringen die *Iris*-Arten. Sie blühen von Ende Mai bis Mitte Juni.

Merk-Ecke

Wenn auch das Blattwerk der abgeblühten Zwiebel- und Knollengewächse alles andere als attraktiv ist, müssen Sie die Rückbildung der Blätter abwarten, da sie für die Entwicklung der Zwiebel und deren Blüte im kommenden Jahr entscheidend ist. Bei guter Planung haben Sie die Zwiebeln so angeordnet, daß später das welkende Blattwerk z. B. von einer großblättrigen Funkie (*Hosta sieboldiana* 'Elegans') verdeckt wird.

Zu den größten Zwiebelgewächsen des Frühjahrs gehört die Kaiserkrone (*Fritillaria imperialis*). Ihre auffallend großen Blütenstände in Orange oder Gelb machen ihrem Namen alle Ehre. Die weitverbreitete Mär, daß die Kaiserkrone Wühlmäuse fernhält, entbehrt jeder Grundlage. Erwähnenswert ist ihre kleine Verwandte, die Schachbrettblume (*Fritillaria meleagris*). Das Muster auf den Blüten gab ihr auch den Namen Kiebitzei. Sie ist für den Steingarten gut geeignet. Die frühblühende Schachbrettblume entfaltet sich besonders schön auf nahrhaften, leicht feuchten Böden. Eine fast unverwüstliche Zwiebelblume ist die duftreiche Hyazinthe, die mit ihren stolzen Blütenkolben in Weiß, Rosa, Gelb und Blau über mehrere Jahre im Garten blüht. Aber meist entfaltet sie bereits in zweiten Jahr nicht mehr den dichten Blütenstand. Das resultiert aus der Tatsache, daß die Zwiebeln nach der ersten Blüte nicht absterben und es mehrere Jahre dauert, bis neue Blumenzwiebeln entstehen. Unscheinbarer, aber deshalb nicht weniger attraktiv sind Traubenhyazinthen (*Muscari*), deren schönster Rahmen der Rasen ist.

Kiebitzei, auch unter dem Namen Kiebitzblume bekannt.

Trompetennarzissen, bekannt unter dem Namen Osterglocken.

April und Mai - Wonnemonate für Zwiebelblumen: Narzissen läuten mit ihren gelben Glocken den Frühling ein. Neben den Klassikern, den sogenannten Trompetennarzissen, gibt es neuerdings ausgefallene Sorten wie die duftenden Jonquillen, 'Geranium' und 'Cragford'.

Bemerkenswert sind auch die botanischen Tulpen mit ihrem dekorativ gezeichneten Laub. Einige gefüllte Sorten blühen schon im April.

Merk-Ecke

Traubenhyazinthen vermehren sich von selbst, wenn die wie Grashalme anmutenden Blätter nach der Blüte stehen bleiben. Auf keinen Fall den Rasen mähen, bevor die Hyazinthen vollständig eingezogen sind.
Zwiebel- und Knollengewächse sind vielfältig zu verwenden: in Beeten, Rabatten, Rasenflächen, Steingärten, Heidegärten, am Ufer des Gartenteiches und natürlich auch für Balkon- und Terrassengefäße.

Zwiebelblumen in Kübelgefäßen oder Balkonkästen

Für einen 1 m langen und 30 cm breiten Balkonkasten reichen 35 Botanische Tulpenzwiebeln. Die farbenfreudige Tulpenpracht blüht 5 - 6 Wochen. Durch die dichte Bepflanzung entstehen kaum Lücken. Empfehlenswert sind für Blumenkästen kurzstielige Botanische Tulpen mit schöngestreiftem Laub, z.B. die altbewährten Sorten 'Rotkäppchen' oder 'Guiseppe Verdi', 'Sparkling Fire', 'Indian Sweet' oder interessante Wildtulpen, wie 'Tarda', 'Jeantine', 'Plaisir' bzw. die Zwergsorte 'Pulchella Persian Pearl'. Für Tulpenliebhaber ist das schöngezeichnete Blattwerk der mehrblumigen Botanischen Tulpe 'Praestans Unicum' etwas Besonderes.
Blumenzwiebeln für Balkonkasten und Schale: Alle niedrigbleibenden Blumenzwiebelarten sind für den Balkonkasten zu empfehlen. Allerdings sollten Sie bei Schalen und Balkonkästen berücksichtigen, daß diese einen Mindestdurchmesser von 20 cm haben und einen zusätzlichen Frostschutz in Form von Styroporplatten erhalten, indem Sie den Balkonkasten ringsherum von innen und auf dem Boden damit auskleiden.
Die Tonschalen werden mit Styroporflocken oder -chips ausgelegt, und erst dann wird die Pflanzerde, der ein Drittel feiner Sand beigemengt wurde, eingefüllt. Auf alle Fälle empfehle ich Ihnen, die Pflanzung noch zusätzlich mit Tannenreisig vor Frost zu schützen.

Die Schmucklilie eignet sich hervorragend für ein großes Kübelgefäß, wegen ihrer Höhe jedoch nicht für Balkonkästen.

Tulpen

Merk-Ecke

Botanische Tulpen eignen sich vorzüglich zur Schalen- und Balkonkastenbepflanzung. Allerdings müssen die Zwiebeln etwas höher als üblich gesetzt werden, d. h. sie dürften nur etwa 2 cm mit Erde bedeckt werden.

Was gibt's Neues?

Nicht nur Rosen duften, neu sind duftende Tulpensorten, z. B. 'Prinzeß Charmante', eine prachtvolle *Tulipa-Greigii*-Hybride, vornehm proportioniert mit dezent geflecktem Laub, und 'Sylvestris', eine duftende Wildtulpe. Die Knospen dieser Tulpe hängen an dünnen Stielen, die sich bei geöffneter Blüte hochstellen.

Mein Tip

Beim Pflanzen ist dafür zu sorgen, daß Sie in das Pflanzloch eine gute Drainageschicht einarbeiten. Katzenstreu, Styroporflocken oder Rheinsand im Verhältnis 1: 3 sind dafür ideal.

Neben den Blumenzwiebeln, die Sie im Garten auspflanzen können, gibt es auch einige, die auf der Fensterbank vorgetrieben werden müssen, um später rechtzeitig zu blühen. Dazu zählt die Prachtlilie (*Gloriosa rothschildiana*), ein Liliengewächs. Schon im Februar werden ihre Knollen zu zweit in Dreizehner-Töpfe gelegt, und zwar waagerecht, so daß die Knolle nur 3 bis 6 cm tief in der Erde liegt. Die treibende Spitze muß nach oben zeigen. Der Keim soll in der äußersten Biegung nicht tiefer als fingerbreit unter der Erde sein. Damit der empfindliche Keim nicht abknickt, empfiehlt sich, sehr vorsichtig zu sein. Die Pflanzerde sollte sandig/lehmig und reichlich mit organischer Substanz durchsetzt sein. Die *Gloriosa* wird nur mit einer schwachen Flüssigdüngerlösung ernährt. Während der Wachstums- und Blütezeit braucht die Pflanze regelmäßig und reichlich Wasser. Die aparte Prachtlilie, Ruhmeskrone oder *Gloriosa* kann sowohl im Zimmer wie im Wintergarten oder im Freien an einer Rankhilfe hochgezogen werden. Vielen Blumenfreunden ist diese Pflanze sicherlich auch als haltbare Schnittblume bekannt.

Auch Knollenbegonien werden ab März angetrieben. In einer mit Torf gefüllten Pflanzkiste können die flachen Knollen mit der runden Seite nach unten, mit Substrat leicht bedeckt, in einem kühlen, aber hellen Raum vorgetrieben werden. Ab April sollten die ausgetriebenen Pflanzen an einen etwas wärmeren Standort gebracht und nach den Eisheiligen in den Balkonkasten bzw. Garten ausgepflanzt werden.

Zwiebelblumen für den Sommer- und Herbstgarten

Wenn sich die Blütenpracht der Tulpen allmählich dem Ende zuneigt, wird es Zeit, an die Zwiebelblumen zu denken, die von Sommerbeginn bis in den Winter hinein blühen. Diese Blumenzwiebeln können Sie von Mai bis Juni pflanzen.

Neben Dahlien (*Dahlia*-Hybriden) und Gladiolen (*Gladiolus*), die sich großer Beliebtheit erfreuen, sollten Sie Abessinische Gladiole (*Acidanthera*), Anemone (*Anemone blanda*), Knollenbegonien-Hybriden, Hängebegonie, Freilandalpenveilchen (*Cyclamen purascens*), Freesien (*Freesia*-Hybriden), Sommerhyazinthe (*Galtonia candicans*), Ruhmeskrone (*Gloriosa rothschildiana*), Lilien (*Lilium*), Montbretien (*Crocosmia*-Hybriden), Tigerblume (*Tigridia pavonia*), Blumenrohr (*Canna*) und Gartenranunkeln (*Ranunculus*) nicht vergessen.

Viele dieser Sommerblüher zeichnen sich besonders dadurch aus, daß sie eine Knospe nach der anderen aufblühen lassen und sich als Schnittblume lange in der Vase halten.

Zu den dankbarsten Zwiebel- und Knollengewächsen zählt die Dahlie. Sie blüht länger als alle anderen. Da Dahlien aus dem tropischen Mexiko stammen, ist es verständlich, daß sie viel

Gladiolen

Wärme, aber nicht unbedingt einen vollsonnigen Platz brauchen. Für den richtigen Pflanzzeitpunkt bedeutet das, Sie müssen die letzten Nachtfröste abwarten, denn die Knollen liegen flach im naßkalten Boden. Erst wenn Dahlien ihre arteigene Mindesttemperatur erreicht haben, fangen sie an zu treiben. Es ist deshalb hilfreich, wenn Sie die Pflanzflächen bis zu einem halben Meter tief mit reichlich abgelagertem Pferdemist, anderem Dung oder Kompost mischen und eine schwarze Mulchfolie darüber decken, das wärmt die Erde an.

Ansonsten ist die Dahlie genügsam. Die Knollen werden so flach in die Erde gelegt, daß die abgetrockneten Stielenden noch sichtbar sind, genauer gesagt, die knolligen Wurzelstöcke sollen 7,5 bis 10 cm hoch bedeckt sein. Die Zwergformen für Beete und Rabatten brauchen nicht mehr als 5 cm Pflanztiefe. Werden sie tiefer gelegt, bilden die Wurzelknollen neue Vorratsbehälter. Der unnötige Energieverbrauch geht meistens auf Kosten der Blüte.

Dahliensorten in normaler Größe brauchen etwa 60 bis 75 cm Abstand, für Beetformen genügen 35 cm, Babydahlien wie die Top-Mix-Sorten kommen mit 20 bis 30 cm aus. Nach dem Pflanzen werden sie kräftig angegossen und mit einer Humusdecke überzogen. Weil sie so flach im Erdreich liegen, könnte es passieren, daß sie sonst austrocknen. Daher müssen Dahlien in trockenen Sommerwochen ausreichend gegossen werden. Sollen sich die Dahlienbüsche reich verzweigen und viele mittelgroße Blüten tragen, wird der Austrieb, sobald er 15 cm lang ist, mit einem scharfen Messer zurückgeschnitten. Im Juli/August bekommt jede ausgewachsene Staude eine Handvoll Blumendünger.

Keine andere Staude des Hochsommers blüht so lange wie die Dahlie. Sie fängt bereits im Juli an und hört erst auf, wenn die ersten Nachtfröste kommen. Sie können die Blütezeit sogar noch etwas verlängern, wenn die Dahlien in den ersten kühlen Septembernächten mit Folie geschützt werden. In den milden Wochen des Altweibersommers gehen dann für einige Zeit immer noch Dahlienblüten auf.

Die lange Saison erfordert geeignete Begleitpflanzen. Hervorragend zu Dahlien passen Begonien in der richtigen farblichen Ergänzung.

Aber auch Dahlien sind als Begleitpflanzen beliebt:

Zwergdahlien sind eine Zierde für jedes Blumenbeet, dabei sind anemonenblütige Sorten, Colorette- und Mignondahlien vorzuziehen. Die Spezialisten unter den Dahlienfreunden setzen auf die braunblättrige 'Bishop of Landaf' mit ihren dunkelroten Blüten. Diese Sorten sind ebenso wie die großen Kaktus-, Halbkaktus- und Pompondahlien ausgezeichnete Schnittblumen, die sich lange in der Vase halten, aber nur, wenn sie in voller Blüte geschnitten werden.

Kaktusdahlie 'Border Princess'

Typologie der Dahlie: Die riesige Familie der Dahlien - über 20 000 verschiedene Varianten sind bekannt - läßt sich in folgende Gruppen einteilen:

Kaktusdahlien bauen sich nach dem Spinnenmodell auf. Das kommt dadurch zustande, daß die Blütenblätter zu kleinen Röhren zusammengerollt sind. Die meisten Kaktusdahlien, die große Blüten mit einem Durchmesser von 20 bis 25 cm haben, werden bis 1,5 m hoch. Kleinblütige Kaktusdahlien - Blütendurchmesser etwa 10 cm - sind wesentlich seltener.

Semikaktusdahlien zeigen weniger stark zusammengerollte Blütenblätter, d.h. die „Kaktusstacheln" sind weniger spitz. Diese Dahlien, die bis zu 1,5 m hoch werden, bilden die größte Gruppe. Es ist nicht immer einfach, Kaktusdahlien von Semikaktusdahlien zu unterscheiden.

Schmuckdahlien zeigen gefüllte Blüten, die manchmal extrem groß (bis 30 cm) sind. Die Blütenblätter sind an der Spitze rund und an den Enden flach bzw. etwas nach innen gebogen.

Dekasplitdahlien sind durch eine Kreuzung aus Kaktus- und Schmuckdahlien entstanden. Ihr wichtigstes Merkmal ist, daß die Blütenblätter an den Enden gespalten und eingeschnitten sind.

Pompondahlien haben mehrere kugelrunde Blüten mit einem Durchmesser von 5 bis 8 cm. Die vielen kleinen Blütenblätter sind vom Zentrum aus in Längsrichtung zusammengerollt und bilden kleine Trichter. Sie sind sehr wetterbeständig und erreichen eine Höhe von 100 - 125 cm.

Kugeldahlien haben, was ihre Blütengröße betrifft, ihren Platz zwischen Pompon- und Dekorativdahlien. Für die Verwendung als Schnittblumen sind sie ideal.

Halskrausendahlien haben einfache Blüten, die sich aber durch einen farblich unterschiedlichen Kranz kleiner Blütenblätter auszeichnen. Sie werden 75 bis 100 cm hoch, aber es gibt auch niedrigere Sorten.

Anemonenblütige Dahlien blühen wie Anemonen. Das Innere ist voller, die äußeren Blütenblätter treten mehr zurück, so daß so etwas wie eine buschige Röhrenblüte entsteht, die innen meist anders gefärbt ist. Sie werden 40 bis 50 cm hoch.

Mignondahlien haben einfache Blüten und werden 30 bis 50 cm hoch. Sie blühen reich und lange und eignen sich für Rabatte, Beete und Blumenkasten.

Miniatur- oder Top-Mix-Dahlien sind kleinblumig und niedrig (etwa 25 bis 30 cm hoch). Fast alle Sorten haben einfache Blüten und deutlich ausgeprägt ein gelbes Herz.

Pompondahlien

Einjährige Gartenblumen

Jungfer im Grünen

Die meisten dieser liebenswerten Pflanzen stammen aus den Tropen oder Subtropen. Ihre Samen sind sehr kälteempfindlich, so daß sie erst nach den Eisheiligen im Freien gesät oder gepflanzt werden können. Deshalb müssen viele von ihnen im März auf der Fensterbank vorgezogen werden: z. B. Salvien, Studentenblumen, Sommerlevkojen, Nelken, Margeriten, Sommerastern, Löwenmäulchen, Kokardenblumen, Zinnien, Leberbalsam, Fuchsschwanz, Hahnenkamm, Begonien, Männertreu, Petunien, Aschenkraut, Fleißiges Lieschen, Verbenen, der einjährige *Phlox*, Rudbeckia usw.
Die einjährigen Sommerblumen sollten in keinem Garten fehlen. Sie wachsen in wenigen Wochen vom Samenkorn zum blühenden Gartenschmuck heran und erfreuen uns bis weit in den Herbst hinein. Einige unter ihnen können im Mai auch direkt ins Freiland gesät werden, wie z.B. die Ringelblumen, Sonnenblumen, Jungfer im Grünen, Kapuzinerkresse, Wandelröschen usw. Ob nun auf der Fensterbank oder im Garten, schon 8 - 14 Tage nach der Aussaat zeigt sich bei vielen das erste zarte Grün, das natürlich ständig beobachtet und gegossen werden muß.
Nach 6 Wochen wird pikiert. Der richtige Zeitpunkt ist dann erreicht, wenn die Pflanzen im Dreiblatt-Stadium sind.

Merk-Ecke

Die einjährigen Sommerblumen sind übrigens auf der Samentüte durch einen Kreis um einen Punkt hinter den Pflanzennamen gekennzeichnet.

Hohe Erwartungen werden an die einjährigen Gartenblumen gestellt. In einer Vegetationsperiode (6 - 9 Monate) sollen sie keimen und blühen und fruchten. Es kann sich folglich bei den Einjährigen nur um anspruchsvolle und nicht - wie irrtümlich oft angenommen wird - um genügsame Pflanzen handeln. Die Grundvoraussetzung für Erfolg und Freude mit den liebenswerten einjährigen Gartenblumen ist eine gute Bodenvorbereitung. In nahrhaftem Boden und sonniger Lage gedeihen Kornblumen, Kapuzinerkresse, Jungfer im Grünen usw. Viele unter ihnen blühen von Mai bis zum Frost.

Phlox

Zweijährige Blumen

Botanisch werden sie mit „Bienne“ bezeichnet. Zu den zweijährigen Blumen gehören die bekanntesten und beliebtesten Gartengewächse. Die Zweijährigen benötigen etwa 18 Monate, bis sie zur Blüte kommen. Dazu gehören: Nelken, Islandmohn, Stiefmütterchen, Vergißmeinnicht, Goldlack, Glockenblume u. a.

Stauden

Stauden wiederum blühen über viele Jahre. Stauden werden in Fachkreisen auch ausdauernde Pflanzen genannt. Als Bezeichnungen tauchen oft die Worte Prachtstauden, Polsterstauden, Schnittstauden und Solitärstauden auf. Es geht hierbei um krautige, mehrjährige Blütenpflanzen, deren oberirdischer Teil im Winter abstirbt, während die Wurzeln den Winter im Erdreich überdauern. Bei einem Großteil der Stauden werden Stengel, Blätter und Blüten jedes Jahr neu gebildet. Nur bei wenigen Stauden bleiben die oberirdischen Pflanzenteile den Winter über erhalten. So bei den robusten rosettenbildenden Polsterstauden wie Hauswurz. Oft werden auch Halbsträucher, die zum Teil verholzen, wie Lavendel und Sonnenröschen, zu den Stauden gezählt. Wenn Sie etwas Besonderes suchen, dann sollten Sie sich an eine spezialisierte Staudengärtnerei wenden. Die Auswahl der Stauden ist riesig; für jeden Standort können Sie die richtige Staude finden.

Durch ihre lange Lebensdauer unterscheiden sich Stauden von Einjährigen, die, wie bereits erwähnt, in einem Jahr keimen, blühen, fruchten und vergehen, während Zweijährige sich in einem Jahr entwickeln, um dann im folgenden Jahr zu blühen und abzusterben. Im Unterschied zu den Einjährigen und in gewisser Weise auch zu den Zweijährigen sind die Wurzeln der Stauden über viele Jahre hinweg dauerhaft und fähig, kalte Winter zu überstehen.

Prachtstauden: Schafgarbe (gelb) und Rittersporn (blau)

Riesen-Chinaschilf

Mit Stauden den Garten bereichern: Unübertroffen sind in der Gestaltung von Staudenbeeten bis zum heutigen Tage die Engländer. Selbst in den kleinsten Gärten der Insel sind diese ausdauernden Schmuckpflanzen in Gruppen vor Hecken, Sträuchern und Bäumen beispielhaft präsentiert. Stauden sind attraktive Pflanzen, die über viele Jahre an ihrem Platz bleiben können und, sofern sie richtig ausgewählt werden, in bunter Reihenfolge blühen. Zu den Stauden zählen u. a. viele Kräuter und Farne sowie die meisten Gräser bis hin zum Riesen-Chinaschilf mit über 3 m Höhe. Auch die anspruchslose Akelei gehört zu den Stauden. Sie ist für Steingärten und Beete geeignet und braucht einen sonnigen bis halbschattigen Standort. Die ersten Akeleien blühen bereits im frühen Mai, die letzten noch Ende Juli. Bemerkenswert ist das schöne Farbspiel der verschiedenen Arten. Von Weiß bis Blauviolett reicht ihre Farbskala.

Der Nektar der Akelei befindet sich so tief im Verborgenen der Blüte, daß er von Bienen nicht erreicht, aber von Hummeln um so intensiver besucht wird. Die

Akelei zählt, ebenso wie die Edelmargerite, zu den standfesten Gartenstauden mit festem Stiel. Beide Pflanzen eignen sich hervorragend als Schnittblumen. Recht farbenfroh sind auch Lupinen: von einem zarten Creme-Ton über Gelb, Rosa, Rot und Blau bis hin zu den zweifarbigen Blüten leuchten sie im Garten. Vor grünen Hecken oder dunklen Koniferenhecken kommt ihr Farbspiel noch besser zum Ausdruck.

Für manche Blumenliebhaber ist die Nelke vor allem als Schnittblume langweilig; nicht so die ausdauernde Alpennelke, eine beliebte Steingartenstaude mit rosaroten Blüten, oder die gartenschöne Federnelke 'Sonate'. Sie blüht in kräftigen Rosétönen, aber auch in Weiß, und duftet hinreißend.

Aus dem Kaukasus und dem Iran kommt der Türkische Mohn (*Papaver orientale*). Seine riesigen knallroten Blüten mit den dunklen Staubgefäßen erfreuen sich einer Leuchtkraft, die mit anderen Pflanzen kaum vergleichbar ist. In der Regel erscheinen die ersten Blüten schon im Herbst des Aussaatjahres. Aber seine volle Kraft entfaltet der Türkische Mohn erst im folgenden Frühjahr. Zum Mohn paßt der Staudenrittersporn mit seinen markanten Blüten, den es in weißen, rosa und hellblauen wie dunkelblauen Tönen gibt.

Merk-Ecke

Nur wer den Fruchtstand nach der Blüte entfernt, wird nach der Frühjahrsblüte mit einer zweiten Blütezeit im Herbst belohnt.

Türkenmohn, Schwertlilien und Lilienschweif

Stauden kaufen oder aus Samen selbst heranziehen? Die Aussaat von Stauden kann ich nur empfehlen. Stauden sind für viele Gartenbereiche ein langjähriger Schmuck. Ob es sich nun um niedrige, fast bodendeckende handelt, wie Heidenelke, Schleifenblume und Steinkraut, oder hochwachsende, wie Rittersporn, Fingerhut, Tränendes Herz, Prachtspiere, Herbstaster, Schleierkraut, Sonnenhut und Lupine. Stauden können Sie in Gartencentern oder Gärtnereien kaufen. Es gibt zwei Pflanzzeiten im Jahr: für herbstblühende Stauden das Frühjahr (März bis Mitte Mai), für frühjahrs- oder sommerblühende der August und September.

Schleifenblume

Zu den Frühjahrs- und Sommerblühern zählen:
Veilchen, Schleifenblume, Trollblumen, Primeln, Wildalpenveilchen, Adonisröschen, Akelei, Enzian, Mohn, Leberblümchen, Gemswurz, Pfingstrose, Fingerkraut, Taglilie.

Zu den im Sommer und Herbst blühenden Stauden zählen:
Astilbe, Sonnenblume, Eisenhut, Herbstanemone, Akelei, Salbei, Bartfaden, Gelenkblume, Lampionblume, Rittersporn, Perlkörbchen, Sonnenauge, Herbstanemone, Gartenchrysantheme, Wildalpenveilchen, Herbstaster, Christrosen.

Da die meisten Stauden viele Jahre am gleichen Ort im Garten stehen, muß der Boden gut vorbereitet sein, denn nur ein nährstoffreicher Boden garantiert, daß die Pflanzen ausreichend versorgt sind, und ihre volle Blühkraft und Schönheit entfalten können. Schon einige Tage vor der Pflanzung sollten Steine und Unkräuter entfernt und dem Boden Kompost oder Torf und Rindenhumus zugefügt werden. Beim Pflanzen werden noch Hornspäne, Knochenmehl oder mineralischer Volldünger untergearbeitet.
Die meisten Stauden sind sehr robust, äußerst blühfreudig und

Taglilie

neigen nur selten zu Krankheiten. Besonders widerstandsfähig sind sie vor allem dann, wenn Sie schon bei der Pflanzung die unterschiedlichen Lichtbedürfnisse der einzelnen Stauden berücksichtigen. Läßt nach einiger Zeit die Blühfreudigkeit nach, so kann die Mehrzahl der Stauden verjüngt werden. Zur Verjüngungskur gehört das Teilen des Wurzelballens, wobei gleichzeitig ein Wechsel der Pflanzstelle erfolgen muß. Bei teppichbildenden Polsterstauden, wie Steinkraut, Blaukissen oder Moossteinbrech, ist eine Teilung nach einigen Jahren empfehlenswert. Hochwüchsige Arten wie Glockenblume, Chrysantheme, Fingerhut, Steppenkerze, Fackellilie, Prachtscharte, Pfingstrose, Lupine und *Phlox* sollten Sie jedoch ungestört an den Stellen weiterwachsen lassen, wo sie sich mittlerweile eingewöhnt haben.

Attraktiv wirken Stauden mit kontrastierenden Farbtönen wie eine Mischung aus violettem Storchschnabel (*Geranium*) und gelber Goldrute (*Solidago*), aber auch zarte Blütenfarben, wie rosaroter *Phlox* oder weiße Akelei, sind äußerst wirkungsvoll. Sobald es sich um die Farbzusammenstellung bei Stauden handelt, sollte man immer nach der bewährten Regel verfahren: Die richtige Mischung macht's! So lassen sich warme Farbtöne wie Gelb und Orange sehr schön miteinander kombinieren. Zu starke Farbkontraste können beispielsweise durch Zugabe von Schleierkraut oder Silberdisteln gemildert werden.

Wichtig bei der Beetgestaltung ist der geeignete Hintergrund. Stauden brauchen eine räumliche Begrenzung durch Bäume oder Sträucher. Entscheidend ist auch eine Höhenabstufung. Daß Stauden nur in der Gruppe schön aussehen, versteht sich von selbst. Als Regel gilt: Je kleiner die Pflanze, desto mehr werden gebraucht. Wichtig ist auch, die Blütezeiten der Stauden aufeinander abzustimmen. Durch die Anlage eines gezielten Pflanzplans können Sie vermeiden, daß alle Stauden gleichzeitig blühen.

Merk-Ecke

Nur mit Hilfe einer durchdachten Staffelung - hohe Stauden nach hinten, halbhohe in die Mitte, niedrige nach vorne - wird eine optimale Wirkung erzielt.

Rittersporn

ROSEN

„Oh, wer um alle Rosen wüßte, die rings in stillen Gärten stehen, oh, wer um alle wüßte, müßte wie im Rausch durchs Leben gehn.“ (Christian Morgenstern)

Wohl kaum eine andere Blume ist in Poesie, Musik und Malerei so verehrt worden wie die Rose. Zu Homers Zeiten war die Rose Aphrodite gewidmet, in Rom galt sie als Symbol sowohl der Liebe als des Lasters, während die Christen mit ihrer Namensgebung rosa mystica die Jungfrau Maria ehrten. Rosen fehlen weder auf den Gemälden von Leonardo da Vinci, noch bei Rubens und Breughel.

Die Rose wurde gemalt, gezeichnet, in Stein gehauen und als Sinnbild verwendet. Im Kölner Dom ist das Mittelschiff mit einer stilisierten Fensterrosette geschmückt. Das Wappen von Martin Luther zeigt ein rotes Herz auf einer weißen Rose liegend. Jedes Zeitalter sieht die Rose anders. Botticelli mit den Augen der Renaissance: Wer kann den Rosenregen in seiner Geburt der Venus in den Uffizien je vergessen?

Wenn heute von Rosen gesprochen wird, so sind es die Beetrosen, Strauchrosen, Teehybriden oder das Blütenmeer der Kletterrosen an Spalieren, Bögen, Säulen oder Hauswänden. Oft verbindet sich der Begriff Rose mit der Vorstellung eines zauberhaften Duftes, obwohl längst nicht alle Rosen duften. Rosenzüchter haben in den letzten Jahren bemerkenswerte Farben und Formen geschaffen, wobei der Duft meistens das Geheimnis der Rosen blieb, denn er läßt sich nicht so leicht züchten. Dennoch gibt es sie noch, die Rosen mit dem betörenden Duft. Garten und Rose stehen als Symbol für die Träume der Menschheit, und die Rose, Königin aller Blumen, ist die auserkorene Lieblingsblume der Deutschen. Fast in jedem Garten ist sie zu finden. Jährlich werden weltweit mehrere Millionen Rosen gepflanzt, wobei es über 20 000 Rosensorten gibt.

Leider haben längst nicht alle Rosen einen optimalen Standort, frei und sonnig. Wenn aber der Standort nicht stimmt oder die Vorbereitung des Bodens nicht rosengerecht durchgeführt wurde, wenn bei der Sortenwahl der Blumen, beim Pflanzen oder Düngen Fehler unterlaufen sind, dann reagiert die Rose wie alle Gartenpflanzen mit Krankheit oder Schädlingsbefall. Dieses Problem können Sie durch Beachtung aller Kulturmaßnahmen und durch die Auswahl geeigneter Rosenarten und -sorten in den Griff bekommen. Dazu ist es allerdings nötig, daß Sie die verschiedenen Rosenarten erst einmal kennenlernen.

Einteilung der Rosen

Beetrosen:
Teehybrid-, Floribunda-, Polyantha-, Miniatur-, Bodendecker-Rosen.

Strauchrosen:
a) Wildrosen
b) Strauchrosen-Hybriden; einmalblühend und öfterblühend
c) Historische oder „Alte Rosen": Damascener-, Portland-, Centifolia-, Rugosa-, Alba-, Gallica-, Bourbon-, Rubiginosa-, Remontant-, Moos-Rosen.

Kletterrosen:
a) Wildrosen; einmalblühend.
b) Kletterrosen-Hybriden; einmalblühend und öfterblühend.

Hochstamm-Rosen:
a) Kaskadenrosen; Stammhöhe 140 cm; Stämme, auf denen Kletterrosen veredelt wurden; einmalblühend und öfterblühend.
b) Hochstammrosen, auf denen Beetrosen veredelt wurden; Stammhöhe 40 cm für Miniatur- und nichtrankende, niedrigbleibende Bodendeckerrosen; Stammhöhe 90 cm für alle anderen Beetrosen.

Floribundarosen

Strauchrose 'Westerland'

Polyantharose

Zu der großen Gruppe der Gartenrosen zählen Teehybridrosen, Floribundarosen, Polyantharosen, Zwergrosen sowie Bodendeckerrosen.
Bei den Kletterrosen unterscheiden wir zwischen einmal- und öfterblühenden Rosen.
Ferner gibt es die Klasse der Strauchrosen. Zu ihnen zählen die Wildrosen, einmal- und öfterblühende Rosen. Wildrosen sind robust und widerstandsfähig, z. B. die remontierende *Rosa rugosa*, eine Bienennährpflanze. Schön ist auch der Hagebuttenschmuck im Herbst, der im Winter als Vogelfutter dient. Fast alle Wildrosen duften.

Gartenrosen sind Individualisten

Edelrosen

Alle Gartenrosen sind Abkömmlinge der botanischen Rosen oder Wildrosen, von denen sie den strauchartigen Charakter geerbt haben. Aus den meist schalenförmigen, offenen Blüten der Wildrosen züchteten die Gärtner im Laufe der Jahrhunderte Blütenformen mit einer Vielzahl von Blütenblättern. Die *Rosa centifolia*, die „hundertblättrige Rose", ist ein Beispiel für historische Rosen. Da historische Gartenrosen in der Regel nur einmal jährlich blühen und hohe Ansprüche an Standort und Pflege stellen, sollten sich nur wirkliche Kenner an folgende Arten heranwagen:
Rosa centifolia, Rosa damascena, Rosa chinensis, Rosa alba usw.
Mit den neuerdings vermehrt aufkommenden Kleinstrauchrosen z. B. 'Climbing Baby Baccara', 'Eyepaint' usw. ist die Verwendung von Strauchrosen vielseitiger geworden.
Zu den Gartenrosen zählen Edelrosen, auch Teehybriden genannt. Edelrosen werden zu der bedeutendsten Rosenklasse gezählt. Sie sind begehrt und beliebt wegen ihrer eleganten Blütenform, ihres Farbreichtums und der Duftnote. Sie sind einfach der Inbegriff der Rose.Diese Aristokraten unter den Rosen werden durchschnittlich 50-100 cm hoch. Sie wachsen straff aufrecht und tragen pro Stengel eine Blüte. Bekannte Vertreter in dieser Rubrik sind die Sorten 'Burgund', eine Rose in samtig-dunkelroter Blütenfarbe mit intensivem Duft, oder 'Aachener Dom', die meistgekaufte und höchstdekorierte Rose der Welt.

Wildrose

Pflanzweise: In kleinen, exklusiven Gruppen mit Begleitpflanzen, wie z. B. Lavendel. Diese Rosen eignen sich besonders für den Schnitt.
Beetrosen sind Polyantha- und Floribundarosen. Zu den letzteren zählen z. B.: 'Frisia', 'Amber Queen', 'Bayerngold', 'Edelweiß', 'Duftwolke'. Polyantha kommt aus dem Griechischen und heißt „vielblumig". Ihr langes Blühen hat ihr den Beinamen „Monatsrose" verliehen. Diese niedrigbleibende, buschige Art wirkt in Gruppen gepflanzt besonders schön. Auch als Wegbegrenzung in Verbindung mit Stauden ist sie sehr zu empfehlen. Beetrosen sind auch schöne Schnittblumen für kleine Vasen.

Zwergrosen sind im Garten wie auch in Schalen gleich schön anzusehen. Miniaturrosen machen sich gut in geschlossenen Beeten. Durch ihre zahlreichen, fingernagelgroßen Blüten sind sie sehr beliebt und eignen sich ebenso für Balkonkästen und Schalen wie für Steingärten, so z. B. 'Zwergkönig' oder 'Zwergkönigin', 'Guletta', um nur einige zu nennen.

Durch bodendeckende Rosen entsteht ein schmückender Rosenteppich. Es gibt wurzelechte und veredelte Rosen. Die wurzelechten Rosen sind frostunempfindlicher. Der Übergang von den bodendeckenden Rosen zu den niedrigen Strauch- oder Girlandenrosen ist fließend. Sie werden häufig zur Hangbepflanzung an Böschungen oder in Vorgärten vor Gehölzen eingesetzt.

Ein typischer Bodendecker ist die Rose 'Immensee'. Sie blüht von Juni bis August und ist gleichzeitig eine beliebte Bienenweide. Bekannt sind auch 'The Fairy' oder 'Swany'.

Kletterrosen wollen hoch hinaus. Zu einem stilechten Rosengarten gehören Kletterrosen. Es gibt zwei Gruppen von Kletterrosen, die öfterblühenden am einjährigen Holz, mit einer enormen Farbwirkung und die einmalblühenden, die am zwei- oder mehrjährigen Holz mit einer überschwenglichen Blütenfülle erfreuen. Kletterrosen werden zur Hausverschönerung, zum Überranken von Zäunen, Mauern, Pergolen und Spalieren gepflanzt. Sie bedürfen dazu allerdings eines Rankgerüstes.

Anwendungsbeispiele: Als Säule, als Rosenbogen und an einer Pergola rankend. Beliebt ist z. B. die Rose 'New Dawn'; sie ist öfterblühend.

Merk-Ecke

Vor allen Dingen brauchen Rosen Sonne und einen freien Standort. Rosen wollen den Wind spüren.

Kaskadenrosen (früher Trauerrosen) vereinen Anmut und Demut. Die langen und überhängenden grünen Triebe der Hochstammrose sehen nach der Blüte nicht sehr attraktiv aus; die Frage ist, ob sie überhaupt beschnitten werden dürfen und wenn, wie weit?

Bei jeder Rose, die am zweijährigen Holz blüht, müssen die Triebe stehenbleiben. Wenn Sie die langen Triebe abschneiden, die wie Wildtriebe aussehen, dann schneiden Sie damit schon die Blüten für das nächste Jahr ab.

Rosen brauchen einen guten Start und deshalb spielt die Bodenvorbereitung eine wichtige Rolle. Nach wie vor ist einjähriger, gut verrotteter Pferdemist, der bekanntlich sehr stickstoffhaltig ist, beim Pflanzen die beste Basis für Rosen. Zu Großmutters Zeiten konnten die „Pferdeäpfel" noch am Wegesrand aufgelesen werden. Der sogenannte warme Fuß ist bei Rosen und Tomaten die

Merk-Ecke

ADR ist die Abkürzung für „Anerkannte deutsche Rose". Diese Rosen sind besonders resistent gegen Krankheiten. Sie wurden in neun verschiedenen Prüfgärten Deutschlands drei bis vier Jahre lang auf unterschiedlichen Standorten geprüft. In allen Prüfgärten werden die Rosenzüchtungen ohne Einsatz von Pflanzenschutzmitteln von Rosenspezialisten auf Herz und Nieren geprüft. Es geht hierbei nicht nur um Blütendauer, Fülle, Schönheit und Duft, sondern vor allem auch um robuste, gesunde Sorten.

Hochstammrosen 'Gloria Dei'

Grundvoraussetzung für einen Erfolg.
Hochstammrosen entstehen durch Veredlung von Beet- oder Kletterrosen auf Stämmen in einer Höhe von 60 - 140 cm, darunter sind auch die beliebten Kaskadenrosen. Eine empfehlenswerte Neuzüchtung ist 'Super Dorothy', geeignet zur Solitärpflanzung, aber auch für Kübelgefäße. Mit Rosenbäumchen können Sie Akzente im Garten setzen.
Jetzt, da Sie die Rosen kennengelernt haben, kommt die Qual der Wahl. Einerseits ist die Auswahl natürlich Geschmackssache, anderseits sollten Sie die folgenden kleinen Hinweise beachten, um noch mehr Freude an Ihren Rosen zu haben.
Die edle Rose ist eine der vielseitigsten Zierpflanzen. Es gibt elegante und schlichte, rankende und buschige, niedrige und hochwachsende Sorten. Bevor Sie Ihre Wahl treffen, sollten Sie die Rosen während der Blütezeit in öffentlichen Rosengärten oder auf Gartenschauen näher betrachten. Bei Gefallen notieren Sie Namen und Züchter. Letzte Neuheiten sind nicht unbedingt zu empfehlen, denn erst nach etwa fünfjähriger Anbauzeit läßt sich sagen, ob sich die Rosensorte bewährt hat.

Mein Tip

Mit Tagetes oder Ringelblumen können Sie rosenmüden Boden aktivieren. Die Geruchsstoffe dieser Pflanzen machen den Nematoden den Garaus. Wenn die Rosen trotz ausreichender Düngung nicht mehr so üppig blühen wollen, können Sie, bevor Sie den Rosenstock herausreißen, Ihr Glück noch mal mit Tagetes oder Ringelblumen versuchen. Dies gilt vor allem, wenn Sie Rosen nach Rosen pflanzen möchten.

Merk-Ecke

Achtung! Es gibt eine spezielle Methode, um der Bodenmüdigkeit bei Rosenpflanzung zu beheben: verrotteter, einjähriger Stallmist (nicht gegen Nematoden). Nach neuesten Erkenntnissen ist nämlich der Bodenmüdigkeit bei Rosen mit einer ganz natürlichen Maßnahme zu begegnen.
Seit 4 Jahren wird im Deutschen Rosarium in Dortmund vor jeder Rosennachpflanzung die Erde mit verrottetem, einjährigen Pferdemist vermischt. Wenn Sie keinen Pferdemist bekommen, können Sie auch anderen Mist verwenden. Nach Roden der Rosenstöcke ist darauf zu achten, daß alle Wurzeln aus dem Boden entfernt sind.

Merk-Ecke

Abgestorbene Rosenwurzeln von alten Rosensträuchern entwickeln beim Zerfall Giftstoffe, die die Saugwurzeln der neugepflanzten Rosen schädigen und sie sogar vernichten können.
Nach dem gründlichen Roden der Rosen wird auf ca. 4 m^2 Pflanzfläche eine Schubkarre (ca. 120 Liter) verrotteter Stallmist ausgestreut und untergegraben. Beim Pflanzen selbst wird nochmals etwas verrotteter Stallmist mit der Pflanzerde vermischt und in das Pflanzloch eingebracht. Wenn Sie nur einzelne Rosen in einem Rosenbeet nachzupflanzen haben, reicht es, den verrotteten Stallmist mit dem Aushub der Pflanzgrube zu mischen. Rosen, die diesen natürlichen Startdünger mit auf den Weg bekommen, wachsen sehr viel besser und auch kräftiger heran, als Rosen, denen der „wärmende Fuß" fehlt.

Rosen und Katzenminze

Rosen und ihre Begleitpflanzen

Bei den Begleitpflanzen ist zunächst an die Ästhetik und das Farbspiel zu denken. Wenn Sie den Rosen blaue Blüten zuordnen möchten, also eine Farbe wählen, über die die Rose selbst nicht verfügt, kommen hierfür Glockenblume, Rittersporn, Katzenminze, Salbei, Skabiose und Prachtscharte in Betracht. Es gibt aber auch gelb- und weißblühende Begleiter wie Schafgarbe, Madonnenlilie, Margeriten und Schleierkraut. Gut geeignet sind auch Bodendecker, die Sie an den Rand des Rosenbeetes pflanzen können, wie z. B. Schleifenblume, Fetthenne, Hornkraut. Aber nicht allein das ästhetische Farbenspiel ist der Grund für die Bildung von Pflanzengemeinschaften, sondern auch der dadurch wirksam werdende biologische Schutz vor Ungeziefer. Was bereits im guten alten Bauerngarten praktiziert wurde, wird heute wieder von Rosenexperten empfohlen. So soll Lavendel eine Hemmschwelle für Läuse und Ameisen sein. Tagetes und Rosmarin zeigen ebenfalls schädlingsabwehrende Wirkungen und ersparen Ihnen so den Griff zur Giftspritze.

Rosen und Rittersporn

Standort

Rosen brauchen einen sonnigen und besonders freien Standort, der von allen Seiten Wind zuläßt. Bei 5 - 6 Stunden Sonne pro Tag ist die Blütenentwicklung besonders gut. Die sanfte Luftbewegung sorgt außerdem dafür, daß der Morgentau auf den Blättern trocknet und beugt dadurch Mehltau vor. An diese Kriterien sollte man bei der Plazierung von Rosen immer denken. Ein Rosenbäumchen macht sich zwar optisch an der Südseite des Hauses gut, aber vom biologischen Standpunkt aus ist ein Standort unter dem Dachvorsprung ohne Windbewegung ungünstig.

'Bingo Meidiland'

Bodenqualität

Der Boden soll nahrhaft, gut durchlüftet und wasserdurchlässig sein, denn Rosen sind Tiefwurzler. Alte Gartenböden, auf denen über Jahrzehnte hinweg Gemüse kultiviert wurde, sind nicht zu empfehlen, es sei denn, Sie versorgen den Boden - wie schon beschrieben - mit verrottetem einjährigen Stallmist (ca. eine Schubkarre auf 4 m^2). Rosen lieben einen unverbrauchten Boden, am besten ist Ackererde. Auch stark tonhaltige Erde, z. B. in Neubaugebieten, ist ungeeignet für Rosen. In diesem Falle muß die alte Erde 50 - 60 cm tief gegen gesunde Ackererde ausgewechselt werden. Pflanzplätze auf felsigem Grund oder solche mit Wurzeldruck von größeren Bäumen sind zu vermeiden. Kleinere Steine brauchen nicht entfernt zu werden, sie lockern den Boden und regulieren die Bodentemperatur. Wichtig ist es, 60 cm tief auszuschachten und die Bodensohle zu lockern, damit der Wasserabzug gewährleistet ist, denn im Boden stagnierendes Wasser läßt Chlorose, also das Gelbwerden der Blätter, aufkommen, und die Rosen verkümmern bald.

Pflege und Düngung

Ihre Rosen blühen länger und schöner, wenn Verblühtes stets mit der Rosenschere entfernt wird.

Leider erhalten Rosen oft zuviel Stickstoff. Das führt dazu, daß sich sehr mastige Triebe entwickeln, die bis zum Herbst nicht mehr genügend ausreifen. Durch ein Stickstoffüberangebot verringert sich außerdem auch die Widerstandskraft gegen Krankheiten.

Ein Zuviel an Stickstoff bedeutet aber nicht, daß die Rose nicht gedüngt werden muß. Meistens fehlt ihr Kalium. Kalium reguliert den Wasserhaushalt der Pflanze und erhöht indirekt auch ihre Widerstandskraft gegen Pilzkrankheiten. Es ist also sehr wichtig, auf einen Spezialdünger für Rosen zurückzugreifen. Die erste Nährstoffgabe wird im Frühjahr zu Beginn des Austriebes verabreicht, die zweite und letzte Mitte Juni. Ab Juli darf nicht mehr gedüngt werden, außer Kali im August.

Vergessen Sie nicht den Kalk, denn der pH-Wert im Boden sollte nicht unter 6 sinken.

Rosenschädlinge und -krankheiten

Vorbeugend gegen Mehltau oder Grauschimmel können Sie Rosen im Frühjahr und Herbst mit Schachtelhalmjauche übergießen. Bei Blattläusen hilft eine Tinktur von Brennesseln (setzen Sie 1 kg Blätter mit 10 l Wasser an). Sie dürfen natürlich bei diesen relativ harmlosen Mitteln nicht so lange abwarten, „bis die Blattläuse so grün, so still, so friedlich an den Knospen saugen", um mit Wilhelm Busch zu sprechen. Übrigens: Marienkäfer gelten als natürliche Feinde der Blattläuse.

Krankheitsbilder

Echter Mehltau: Beim Auftreten dieser Krankheit sofort an drei aufeinanderfolgenden Tagen mit Schachtelhalmbrühe spritzen und befallene Triebe direkt in den Hausmüll verbannen. Eine Behandlung ist auch mit den biologischen Pflanzenschutzmitteln von Neudorff möglich.

Rosenrost: Bei Rosenrostbefall müssen die Blätter unbedingt eingesammelt und vernichtet werden, andernfalls überwintern die Pilzsporen, und im nächsten Jahr bricht die Krankheit erneut aus.

Sternrußtau: Sobald Sie dunkle Flecken an Rosenblättern entdecken, sollten Sie die entsprechenden Blätter absammeln und vernichten. Vermutlich stehen die Rosen zu dicht nebeneinander.

Grauschimmel: Ein Pilz, der auf abgestorbenen Pflanzenteilen lebt. Pflanzen zurückschneiden, damit Licht und Luft an die Rosen kommt. Knoblauch dazwischen pflanzen und auf richtige Düngung achten. Einseitige Stickstoffdüngung begünstigt die Grauschimmelbildung.

Grüne Rosenblattlaus

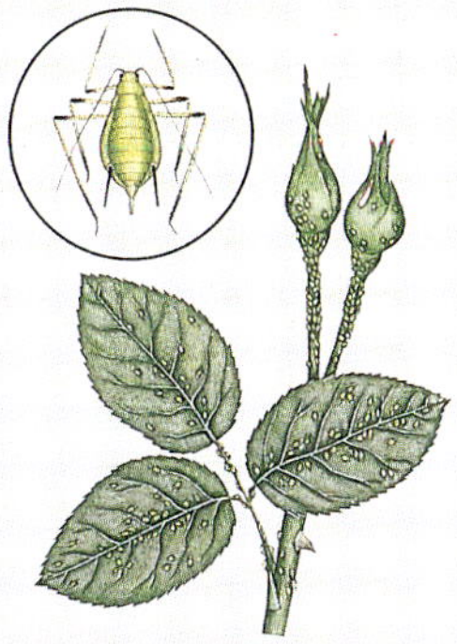

Merk-Ecke

Zur Frage, wie alt Rosen werden können: Der angeblich tausendjährige Rosenstock an der Domkapelle in Hildesheim beweist, daß Rosen eine erstaunlich lange Lebensdauer haben.

Von den befallenen Knospen und Trieben hinaus werden die neuen Blätter, Triebe, Blüten und Knospen infiziert. Blätter fallen vorzeitig ab.

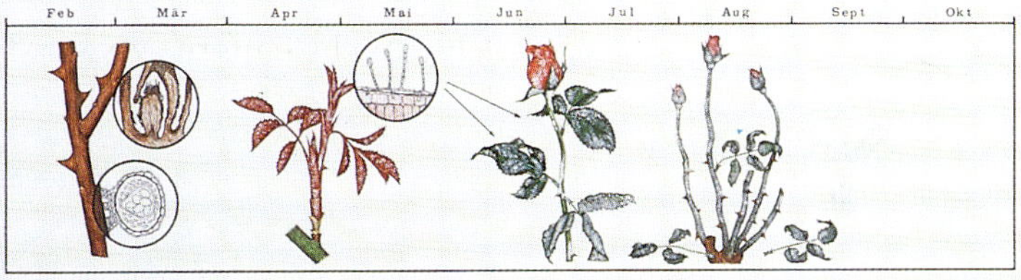

Starker Schnitt.

Ausgewogene, kalibetonte Düngung.

Pflanzen sollen vorbeugend oder spätestens sofort bei Befallsbeginn im Abstand von 8 - 14 Tagen mit PILZFREI SAPROL behandelt werden.

An den Rosenblättern treten sternförmige, dunkle Flecken auf.
Befallene Blätter vergilben und fallen ab.

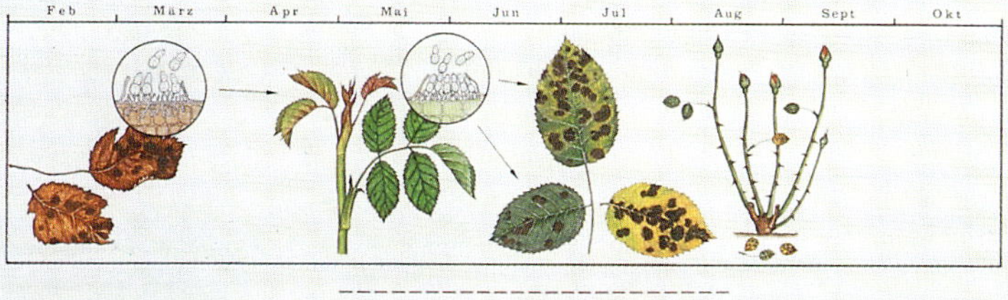

Resistente Sorten wählen. Stickstoffüberdüngung vermeiden.

Rosen sollen vorbeugend oder spätestens ab Befallsbeginn im Abstand von 8 - 14 Tagen mit PILZFREI SAPROL behandelt werden.

Der Einkauf

Rosen werden angeboten:
- als Containerpflanzen, d. h. mit eingewurzeltem Ballen;
- balliert, d. h. daß die Wurzeln mit Erde in einem Gitterbeutel stehen;
- folienverpackt in Tüten, Boxen und Kartons;
- unverpackt mit nackten Wurzeln.

Kaufempfehlung: Mitglieder des Bundes deutscher Baumschulen bürgen für Qualität. Sie bieten Güteklasse A und B an. Minderwertige Qualitäten kommen hier nicht zum Verkauf. Pflanzen der Güteklasse A müssen drei kräftige Triebe besitzen, die der Güteklasse B nur zwei Triebe. Rosen können natürlich auch per Post aus Rosenbaumschulen direkt bezogen werden. Versandfirmen sollten vorher auf ihre Bonität geprüft werden, denn Papier ist geduldig.

Merk-Ecke

Vorsicht vor Rosen, die schon in der Verpackung ausgetrieben haben! Auch Rosenstöcke, bei denen eine Wurzel um die Veredlungsstelle wächst, sind unbrauchbar!
Ebenso sind Rosen mit verknoteten Wurzeln minderwertig, die Wurzeln müssen vor dem Einpflanzen gelöst werden.

Erfolgreich Rosen pflanzen

Pflanzzeit für Ballenware ist mit Ausnahme der Frostzeit das ganze Jahr. Günstig ist der Spätherbst, dann ist die Auswahl noch am größten und der Boden warm. Die frostempfindlichen Sorten und Hochstammrosen allerdings sollten im Frühjahr gepflanzt werden. In dieser Jahreszeit können Rosen von Mitte März bis Anfang April gepflanzt werden. Containerrosen kann man sogar das ganze Jahr über, außer in der Frostperiode, pflanzen. Oft wird das Anhäufeln im Frühjahr als überflüssig angesehen, aber auf den Erdhügel kann auf keinen Fall verzichtet werden. Er beugt Frostschäden und dem Austrocknen durch Wind und Sonne vor.
Wichtig ist die Bodenvorbereitung. Damit die tiefwurzelnde Rose, die bekanntlich 20 Jahre und länger am gleichen Standort wachsen kann, optimale Bodenverhältnisse vorfindet, sollten Sie zunächst den pH-Wert des Bodens überprüfen. Ein pH-Wert von 5 ist z. B. zu sauer, also muß

Rose 'Polareis'

Rose 'Aachener Dom'

der saure Boden mit Algenkalk verbessert werden. Ideal sind Werte zwischen 6,0 und 6,5. Zu schwere Lehmböden werden mit Kompost oder Sand verbessert.
Als Pflanzvorbereitung die Rosensträucher mit den Wurzeln für 2 - 3 Stunden - besser über Nacht - in einen Eimer mit Wasser stellen. Dann die Wurzeln etwa um ein Drittel kürzen. Oberirdische Triebe dürfen Sie nur etwas einkürzen, sie werden im Frühjahr auf die richtige Länge zurückgeschnitten.
Pflanztiefe: Die Veredelungsstelle muß handbreittief in die Erde, weil sie die frostempfindlichste Stelle ist.

Das Pflanzloch wird spatenstichtief geräumig ausgehoben, so daß die ausgebreiteten Wurzeln genug Platz haben. Unter den Erdaushub eine Handvoll Hornspäne und Knochenmehl oder verrotteten Stallmist bzw. Komposterde als Vorratsdünger mischen. Nach dem Pflanzen den Strauch leicht antreten, einschlämmen, anhäufeln und mit Kompost oder Rindenhumus oberflächlich bestreuen.

Mulchen - ja oder nein? Rindenmulchmaterial wirkt stark stickstoffzehrend, wodurch bei Rosen ein akuter Stickstoffmangel auftreten kann. Bei der Verwendung von Rindenhumus entsteht dieser Mangel kaum. Falls es die Optik nicht stört, kommt auch Strohmulch in Betracht. Vorteile des Mulchens sind Bodengare, Unkrautunterdrückung und Feuchtigkeitsspeicherung.

Mein Tip

Beschriften Sie die Etiketten mit einem wasserfesten Stift und binden Sie sie an den Rosenzweig. Auf diese Weise schließen Sie Namensverwechslungen aus.

Winterschutz: Beetrosen müssen Sie anhäufeln oder mit Tannenreisig abdecken. Dazu werden die Zweige kreuzweise rechts oder links vom Rosenstock flach in die Erde gesteckt. Bei Hochstämmchen wird die Veredelung mit Stroh oder Tannenreisig eingebunden. Hochstämmchen, Kletter- und Strauchrosen können mit Jute oder Leinen gegen die im Februar/März scheinende Sonne schattiert werden.

Rosenpflege im Frühjahr: Zunächst muß der Winterschutz entfernt werden, anschließend kommt die Rosenschere zum Einsatz. Grundsätzlich erfolgt der eigentliche Rückschnitt erst im Frühjahr etwa Mitte April, wenn die Gefahr tiefer Fröste vorüber ist. Dazu ist eine gute Gartenschere und, für starke Triebe bis 4,5 cm Durchmesser, eine Astschere mit langem Hebelarm erforderlich. Altes, krankes, dürres, quer und zu dicht stehendes Holz sollten Sie zuerst entfernen.

Regeln für den richtigen Schnitt: Ausschlaggebend sind die sogenannten Augen. Die Schere wird etwa 5 mm über dem Auge angesetzt. Bei zu dichtem Schnitt wird das Auge durch Austrocknen gefährdet.
Beetrosentriebe etwa auf 3 - 4 Augen einkürzen. Ein stärkerer Rückschnitt bringt nämlich längere Schnittblumen und größere Blüten hervor.
Strauchrosen, einmal- wie öfterblühende, sollten dagegen nur ausgelichtet werden, da sie erst nach einigen Jahren zu schönen Gehölzen heranwachsen.
Vorsicht bei den jährlich nur einmal blühenden Strauchrosen, weil sie am zweijährigen Trieb blühen. Es darf nur überaltertes Holz entfernt werden. Ein Rückschnitt erfolgt nur nach der Blüte. Bei öfterblühenden Kletterrosen altes, abgestorbenes Holz bis kurz über dem Boden zurückschneiden. Neue, starke Triebe nicht schneiden, nur neue Seitentriebe auf 2 - 5 Augen zurückschneiden. Einmalblühende Kletterrosen sind auch nur nach der Blüte zu schneiden.
Stammrosentriebe mit Beetrosenveredelung müssen auf 3 - 5 Augen zurückgeschnitten werden. Kaskadenrosen nur nach der Blüte schneiden. Wenn Sie einen alten Trieb entfernen, biegen Sie dort vorsichtig einen neuen Trieb herunter (jährlich fortsetzen).

Alternativer Düngeplan auf biologischer Basis

Im ersten Jahr nach der Pflanzung wird nicht gedüngt, wenn Sie verrotteten Stallmist in die Pflanzgrube gegeben haben. Mitte August erhalten die Rosen dann eine Kalimagnesiadüngergabe von 40 g/m^2.
Ab dem zweiten Jahr sieht die Düngung folgendermaßen aus:
- Februar/März: 240 g/m^2 Hornspäne ausstreuen und leicht einbringen.
- Mitte Mai: Nochmals 120 g/m^2 Hornspäne ausstreuen und leicht in den Boden einbringen.
- Nach dem Blütenflor, also Ende Juni/Anfang Juli: Ca. 20 g/m^2 Kalimagnesia ausstreuen.
- Mitte bis Ende August: nochmals 40 g/m^2 Kalimagnesia ausstreuen.

Außerdem zugeben, falls nötig:
- Phosphor: 100 g/m^2 Knochenmehl,
- Kalk: pH - 6 = 1 pH = 100 g/m^2 kohlensaurer Kalk.

Prickelnde Rosenbowle

Eine von duftenden Rosenblütenblättern angesetzte Rosenbowle ist ein ganz besonderer Genuß. Die Blüten dürfen natürlich nicht gespritzt sein. Und so wird die Bowle angesetzt:
Wählen Sie aus Ihrem Garten zehn duftende, vollerblühte Rosen, spülen Sie die Blütenblätter vorsichtig unter kaltem Wasser ab. Übergießen Sie die gewaschenen Blätter mit 1/8 l Cognac, rühren Sie um, und lassen Sie den Bowlen-Sud zugedeckt etwa eine Stunde ruhen. Fügen Sie dann je 1 Flasche Weiß- und Rotwein hinzu, und lassen Sie die Bowle weitere 30 Minuten ziehen. Zum Schluß abseihen und mit einer Flasche gekühltem Sekt auffüllen. Sehr zum Wohl!

DER TEICH

Wenn Sie Natur aus nächster Nähe erleben möchten und sich dazu einen pflegeleichten Garten wünschen, der voller Leben ist, dann sollten Sie eine Wasserfläche einplanen. Ob Teich, murmelnder Bach oder Vogeltränke, Wasser bringt Bewegung und ist ein Anziehungspunkt. Individuelle Gestaltungsformen läßt vor allem ein Folienteich zu, allerdings bedarf es hierzu einer Grundfläche von mindestens 5 m^2, das Umfeld für die Teichlandschaft nicht einberechnet. Beste Erfahrungen habe ich mit meinem natürlichen Zierteich gemacht, der die meiste Zeit sich selbst überlassen bleibt. Ein- oder zweimal im Jahr muß er gereinigt werden. Kurz vor Jahresende sind die Schilf- und Röhrichtbestände zu reduzieren. Besonders üppig wachsen die Sumpf- und Wasserpflanzen am und im Teich heran. Spätestens im dritten Jahr entsteht bei richtiger Pflanzenwahl der Eindruck einer natürlichen Wasserlandschaft. Sie verändert nachhaltig Flora und Fauna der unmittelbaren Umgebung.

Selbst in einem kleinen Garten kann ein passender Teich angelegt werden.

Lage und Größe des natürlichen Zierteiches

In Teichnähe sollten nach Möglichkeit keine Bäume stehen, denn das fallende Laub trägt zu hohem Schlammanfall im Teich bei, durch den sich bildenden Humus wird der pH-Wert verändert. Die Blätter von Eichen und Kastanien enthalten zudem Gerbsäure, die die Kiemen der Fische verätzen kann. 5 - 10 m^2 Fläche sind das Minimum für einen Teich, da sonst die erforderliche Wassertiefe nur durch eine steile Böschung erreicht werden kann. Das Gefälle der Teichmulde sollte im Verhältnis 1 : 3 angelegt werden. Pro Meter Wasserspiegel gewinnen Sie bei dieser Stufung etwa 30 cm an Tiefe. Die Wassertiefe beträgt in der Mitte 60 - 70 cm. Bei Fischbesatz rate ich zu 1 m Wassertiefe, da in flacheren Teichen die Gefahr besteht, daß das Wasser im Winter bis zum Grund zufrieren kann und die Tiere dann keinen Lebensraum mehr haben. Im Sommer dagegen heizt sich das Wasser eines flachen Teiches zu schnell auf, wodurch das biologische Gleichgewicht gestört wird.

Die Teichform

Einen Folienteich können Sie ganz nach Ihren Vorstellungen gestalten: rund, eckig, nierenförmig oder frei von herkömmlichen Formen. Lassen Sie Ihrer Phantasie freien Lauf ! Bei weniger als 5 m^2 Wasserfläche ist ein Fertigteich aus stabilen Materialien dem Folienteich vorzuziehen.

Achten Sie bei Fertigteichen auf Sumpfzonen am Rand, ebenso auf einen Durchfluß zur Tiefzone und Standflächen mit Trennwulst, auf dem Pflanzkörbe einen sicheren Stand haben. Für größere Teiche, ebenso für Bachläufe und Wasserfälle, habe ich beste Erfahrung mit Folie gemacht. Es muß sich allerdings um eine Spezial-Teichfolie handeln, die es neuerdings auch als „erdige" Folie oder aus Kautschuk für besondere Ansprüche gibt.

Der Folienteich

1,5 mm stark sollte die PVC-Folie schon sein, damit sie den mechanischen Belastungen von Eis, Stein- und Wurzeldruck gewachsen ist. Weitere Qualitätsmerkmale der Folien sind Beständigkeit gegen UV- Licht und gegen Frost. Außerdem müssen sie unbedingt wurzel- und verrottungsfest sowie ungiftig und mehrschichtig sein. Achten Sie beim Kauf auf eine Dichtigkeitsgarantie.

Dieser Teich fügt sich harmonisch in die Umgebung ein.

Was gibt's Neues?

PVC-Folien mit leichter Oberflächenprägung, durch die eine bessere Bodenhaftung erreicht wird.

Die Folienfarbe kann dem Erdreich angepaßt sein. Bei richtiger Anlage darf die Folie nach Fertigstellung der Teichmulde nicht zu sehen sein. Das geschieht nicht nur der Optik wegen, sondern auch, um die Folie in den Randzonen vor aggressiven UV-Strahlen zu schützen.
Mit dem Erdaushub, Findlingen, Steinen, Grobkies und Flußkieseln kann die Uferzone auf ganz natürliche Weise in die Gesamtgestaltung einbezogen werden.

Das Teichvlies: Bei einer gut vorbereiteten und mit Sand - ohne Steine - geglätteten Teichmulde können Sie getrost auf die schützende Vliesschicht verzichten. Ist der Untergrund jedoch steinig, betoniert oder mit Füllboden aufgeschüttet, rate ich zu einer zusätzlichen Vlieslage von 300 g/m^2 in gut vernadelter Qualität. Das Vlies bietet einen zusätzlichen Schutz vor Steinspitzen und anderen Fremdkörpern.

Pflanzen rund um den Teich

Ob sich ein Teich harmonisch in die Umgebung einfügt, hängt wesentlich von der Bepflanzung ab. *Phlox* oder Rittersporn, Mohn, Kiefern und Lärchen sind sicherlich attraktive Gartenpflanzen, aber unpassend für Sumpf- und Wasserlandschaften. Dagegen sind Sumpfdotterblumen, Wasserminze, Blutweiderich, Seggen, Binsen, Vergißmeinnicht, Hirse usw. natürliche Pflanzen der Sumpfzone.

Was gibt's Neues?

Eine neue Teichbautechnik, Folienteiche mit Sandwich-Aufbau. Folienteiche wirken um so natürlicher, je harmonischer Wasser, Sumpf und Randzonen durch eine aufeinander abgestimmte Bepflanzung miteinander verbunden werden. Eine Hilfe für den Hobbygärtner ist die Randbepflanzung mit dem Sandwich-Aufbau. Über das

Teichvlies, das dem Schutz der Folie dient, wird die „erdige" Teichfolie verlegt. Die Ränder werden durch eine Uferbepflanzungsmatte aus natürlicher Jute gefestigt. Sie gibt der Bepflanzung zunächst den nötigen Halt, verrottet aber nach und nach, so daß die Uferbepflanzung im Bedarfsfall gelichtet werden kann, ohne dabei die kritische Uferzone zu beschädigen.

Teichbau - Anlage eines Biotops

Sobald das Teichbett die gewünschte Form erlangt hat, muß es mit einer 5 -10 cm hohen Sandschicht nachmodelliert werden. Die erstellte Teichform wird mit Sand nachgeformt und festgeklopft. Je glatter der Untergrund, desto dünner können Sie die Sandschicht auftragen.

Wie wird die Folie verlegt? Wählen Sie einen warmen Tag, dann ist die Folie geschmeidiger und leichter zu verarbeiten. Achten Sie beim Verlegen darauf, daß die Folie sich überall dicht an das Sandbett anschmiegt. Beginnen Sie an der tiefsten Stelle - das wird etwa die Teichmitte sein - am besten barfuß mit dem Andrücken. Achten Sie darauf, daß die Folie sich nicht spannt und die Falten so übereinander gelegt werden, daß sie so wenig wie möglich auffallen.

Merk-Ecke

Nehmen Sie richtig Maß! Meist wird der Folienbedarf zu knapp bemessen. Eine breite Randbepflanzung gewährleistet einen natürlichen Übergang vom Wasser zum „Festland".

Welche Erdmischung ist geeignet? Um von vornherein den Algenwuchs einzugrenzen, rate ich zu einer nährstoffarmen Sand-Lehm- oder Sand-Kiesmischung, im Verhältnis von 4 Teilen Sand und 1 Teil Lehm bzw. Kies. Beim Einfüllen beginnen Sie an der tiefsten Stelle des Teiches. Eine 10 cm hohe Substratschicht ist ausreichend, für die flache Uferzone brauchen Sie allerdings etwa 20 cm.

Merk-Ecke

Weder Wasser noch Substrat dürfen eine direkte Verbindung zur umgebenden Gartenerde haben. Damit das Teichsubstrat keine Verbindung zum umliegenden Erdreich bekommt (sonst würde ständig Wasser verlorengehen), wird der Teichrand mit Steinen, Kies oder Gartenplatten belegt.

Wasserpflanzen

Zu den bekanntesten zählen die Seerosen.

Sumpfpflanzen: Schilf, Binsen, Iris, Hechtkraut, Blumen- und Teichbinse, Kalmus, Froschlöffel, Sumpfschachtelhalm, Scheincalla, Wasseriris, Zwergbinse, Blutauge, Zypergras, Fieberklee, Igel- und Rohrkolben, Kanadischer Reis.

Schwimmpflanzen: z.B. Froschbiß, Krebsschere, Wasserknö-

Ausschachtung

Die Folie wird verlegt.

Erdmischung kommt auf die Folie.

Wasser wird eingefüllt.

Seerose, *Nymphaea* 'Escarboucle'

Seerose, *Nymphaea alba*

terich (der Wasserstand sollte 20 - 80 cm betragen), schwimmendes Laichkraut, Wasseraloe (eine imposante und für jede Wassertiefe geeignete Schwimmpflanze), Wassernuß (geeignet für einen Teichstand von 20 - 25 cm), etwas Ausgefallenes ist die hellila Wasserhyazinthe. Der Unterwasserhahnenfuß (eine wertvolle Wasserpflanze) benötigt eine Wassertiefe von 30 - 100 cm.

Unterwasserpflanzen: Wasserfeder, Wasserschlauch, eine fleischfressende Unterwasserpflanze (Mückenlarven), Tausendblatt (wirkt wasserreinigend), Wasserpest (Vorsicht! Die Pflanze breitet sich schnell aus und ist somit nur für große Teiche geeignet).

Pflanzen für den Teichrand: Hierbei geht es um Pflanzen, die dem Teichufer eine gute Decke geben und einen idealen Übergang von der Wasserfläche zum Garten bilden. Sumpfdotterblume (Höhe 30 cm, Wasserstand bis 20 cm), die Gauklerblume (für den sonnigen Standort in Teichnähe geeignet), *Iris kaempferi* und *Iris laevigata* .

Für schattige, feuchte Uferbereiche eignet sich der rundblättrige Steinbrech. Er blüht ab April in zartweißem Blütenschleier. Ein guter Farbkontrast dazu ist die Rosenprimel, sie fühlt sich in feuchtem, humosem Boden wohl. Auch die Etagenprimeln bringen durch zahlreiche Pastelltöne Farbe in die Uferzone. Einen schönen Kontrast dazu bildet das blaue Sumpfvergißmeinnicht (kann 30 cm am sumpfigen Teichrand erreichen), auch die Sumpfcalla wirkt sehr dekorativ.

Teichbepflanzung mit Binsen, Froschlöffel und Sumpfvergißmeinnicht.

Merk-Ecke

Seerosen und Schwimmpflanzen lieben ruhiges Wasser. Verzichten Sie deshalb auf Springbrunnen oder Wasserspiele.

Teichbepflanzung mit Binsen.

Üppige Teichbepflanzung.

Bepflanzung

Nachdem Sie die Teichmulde entsprechend der Bauanleitung erstellt und ausgelegt haben, kann es an die Bepflanzung gehen. Den Unterwasserpflanzen kommt eine große Bedeutung zu, denn sie entziehen dem Teichwasser die zu ihrem Wachstum erforderlichen Nährstoffe, womit sie gleichzeitig das Algenaufkommen in Grenzen halten. In geringen Mengen gehören Algen zu einem gesunden Teich. Wie die Unterwasserpflanzen sind auch sie Sauerstoffproduzenten, bieten sie den vielen Teichbewohnern Nahrung und Verstecke. Leider ist die aktive Wachstumsphase der Algen kurz, und die anschließende Zersetzung abgestorbener Algen verbraucht viel Sauerstoff. Der natürliche Kreislauf bedingt, daß die in den Algen enthaltenen Nährstoffe sich im Wasser lösen. Damit setzt neues, rapides Algenwachstum ein, dessen Sie nur Herr werden können, wenn Sie die abgestorbenen Pflanzen, die an ihrer gelbgrünen Verfärbung zu erkennen sind, von der Wasseroberfläche abfischen.

Binsen kurz vorm Einpflanzen.

Merk-Ecke

Algenvertilgungsmittel schädigen oft andere Wasserpflanzen und vernichten dabei auch die an den Algen haftenden Sporen und Knospen junger Pflanzen. Ein in der Bepflanzung ausgewogener Naturteich braucht keinerlei Chemie, aber dafür Geduld, wenn der Teich durch plötzliche Wassererwärmung und die dann auftretende „Wasserblüte" unklar wird. Bei trübem Wasser sollten Sie den pH-Wert messen. Liegt dieser über 8, rate ich, einen mit Schwarztorf gefüllten Perlonstrumpf für 4 - 6 Wochen ins Wasser zu legen. Bleibt der Erfolg aus, kann die Prozedur wiederholt werden. Der pH-Wert sollte zwischen 6,5 und 7 liegen. Wechseln Sie auf keinen Fall das Wasser, sondern warten Sie, bis die Klärung von selbst eintritt.

Teichanlage mit Brücke.

Mein Tip

Wasserpflanzen vermehren sich rapide. Kaufen Sie daher nur wenige, dafür aber unterschiedliche Pflanzen. So bleibt Ihnen das Ausreißen erspart.
„Impfen" Sie Ihren neuen Teich mit etwas Schlamm und einem Eimer Wasser aus einem Tümpel. Auch Wasserflöhe, die Sie in der zoologischen Handlung erhalten, können zur Wasserklärung beitragen. Denken Sie bitte daran, daß unsere Umwelt unversehrt bleiben sollte. Besorgen Sie sich also bitte die Pflanzen nicht in der freien Natur.

Wenn der Teich Wasser verliert

Ein Alptraum, wenn der Wasserstand fällt und fällt und das Nachfüllen nur kurzfristig hilft. Beim Absinken des Wasserstandes um 20 - 30 cm sollten Sie zunächst die Feuchtigkeitssperre des Teichrandes überprüfen. Selbst eine korrekt angelegte Saugsperre kann sich im Laufe

Teich mit Fischbesatz.

der Zeit verändern. Durch Erd- und Wurzelverbindungen wird die Grenze zwischen Teich und Ufer wasserdurchlässig. Durch Verdunstung ist im Sommer ein Wasserverlust von 2 und 5 mm pro Tag normal. Durch die erwähnte Sogwirkung des umgebenden Erdreichs kann der Wasserverlust um das Zehnfache ansteigen. Wenn weder diese Kapillarität noch Wärme für den sinkenden Wasserstand in Betracht kommen, dann kann nur die Folie undicht sein. Lassen Sie den Wasserspiegel sinken, bis er konstant bleibt. Markieren Sie die Wassergrenze, und füllen Sie zur genauen Überprüfung den Teich noch einmal um einige Zentimeter auf. Sinkt der Wasserstand wieder bis zur Markierung, muß dieser Bereich rundherum freigelegt und die Folie auf Beschädigung hin überprüft werden. Die größte Schwierigkeit ist immer, das Leck zu entdecken, die Reparatur ist dann schnell durchgeführt. Die schadhafte Stelle wird mit einem Folienpflaster zugeklebt.

Fische im Teich

Pro Quadratmeter Teichfläche können Sie einen fingerlangen Fisch einsetzen; berücksichtigen Sie aber, daß ein ausgewachsener, 20 cm großer Fisch etwa 1000 l Wasser braucht, um das ökologische Gleichgewicht nicht zu gefährden. Grundsätzlich sollten Sie mit dem Fischbesatz 2 bis 3 Monate nach der Bepflanzung warten, dann ist der Teich klar. Goldfische sind gefräßige Räuber, die sich täglich von Eiern und Larven anderer Kleinlebewesen, darunter Amphibien, ernähren. Deshalb rate ich Ihnen zum Goldorfen, einem Oberflächenfisch.

Merk-Ecke

Schilfhorste, Rohrkolben und Gräser sind im Teich mit Schornsteinen zu vergleichen. Trotz gefrorener Eisdecke entweichen über ihre Halme Faulgase. Um den Teich für den Gasaustausch mindestens an einer Stelle eisfrei zu halten, können Sie auch Styroporstücke einsetzen. In einen bereits zugefrorenen Teich können Sie mit heißem Wasser ein Loch schmelzen, um dann Styropor hineinzustecken. Auf keinen Fall dürfen Sie ein Loch in die Eisdecke schlagen, durch die Erschütterung kann die Schwimmblase der Fische platzen. Wichtig ist auch, schneebedeckte Eisflächen regelmäßig freizulegen, damit die Sauerstoff produzierenden Unterwasserpflanzen Licht bekommen; denn diese Pflanzen sind jetzt das Lebenselixier für Fische und andere Tiere.

Bewegtes Wasser

In der Natur wird Wasser ständig in Bewegung gehalten, sei es durch Zu- oder Abflüsse, durch Regen, Wind oder Grundwasserströmungen. Dadurch bleibt das biologische Gleichgewicht erhalten und das Wasser gesund. Im Gartenteich müssen diese Ströme durch eine ausgewogene Bepflanzung erst geschaffen werden. Aber auch mit einer Umwälz-Pumpe können Sie der Natur etwas nachhelfen. Diese Pumpe hält das Wasser in Bewegung und reichert es mit Sauerstoff an. Auch lassen sich mit Pumpen eine Vielzahl von Wasserspielen betreiben, die dem Garten Atmosphäre verleihen.
Aber nicht jede Teichpumpe ist geeignet. Die Inbetriebnahme eines Wasserfalls oder eines Bachlaufs erfordert weitaus stärkere Pumpen als beispielsweise ein Quellstein oder eine kleine Fontäne im Springbrunnenbecken.

Am leistungsstärksten sind Wasserpumpen, die in der Minute mehr als 150 Liter Wasser fördern. Markenhersteller rüsten solche Pumpen serienmäßig mit elektronischer Drehzahlregulierung aus, die bequem mit einem Schalter bedient werden kann. Es gibt ausreichend Pumpen für jeden Zweck: Bachlauf-, Wasserspiel-, Quellstein- und Flachwasserpumpen. Letztere eignen sich besonders gut zum ufernahen Einsatz in Flachwasser- bzw. Sumpfzonen. Sie besitzen ein extrem flaches Gehäuse, das in diesen Gebieten kaum auffällt, und zeichnen sich durch ein besonderes Dichtungssystem aus, das selbst feinste im Wasser schwebende Schmutzteile fernhält. Mit einer Förderleistung von maximal 70 Litern in der Minute ist der Einsatz der Pumpe geradezu ideal bei Wasserspeiern, Wasserspielen oder Quellsteinen.

Licht und Farbe

Wasser ist als solches schon ein Erlebnis. Kommt Licht hinzu, sorgt das nicht nur für Atmosphäre, sondern verschafft auch Einblick in das Innenleben des Teiches. Licht ist ein Anziehungspunkt für Fische und viele andere Teichbewohner, wie Süßwasserkrebse und Mückenlarven; aber auch verschiedenartige Libellen und unzählige Nachtfalter sind in dem Lichtkegel zu erkennen. Geeignete Lichtquellen sind vor allem Unterwasserscheinwerfer, angefangen beim einfachen Halogenstrahler bis hin zum schwenkbaren Spot-Light mit auswechselbaren Farbscheiben. Mit Licht lassen sich stimmungsvolle Bilder schaffen. Wurzeln oder Skulpturen sind Gestaltungselemente am Teichrand, die, ins rechte Licht gerückt, noch besser zur Geltung kommen.

Was gibt´s Neues?

Schwimmleuchten. Bei Tage gleichen sie einer aufsteigenden Seifenblase und nachts einer schwimmenden Glaskugel.

Fontänen und andere Wasserspiele sollten auf die Teichgröße abgestimmt werden, damit ein harmonisches Bild entsteht. Selbst die Unterwassertechnik (vor allem die Pumpen) muß nach dem Fassungsvermögen des Teiches ausgewählt werden, damit sie optimal zur Aufrechterhaltung des biologischen Gleichgewichts beitragen kann.

Bachlauf-Wasserspiele

Hier gibt es viele Arten der Gestaltung mit Wasser. Sie sollten die verschiedenen Gewässer voneinander trennen, obwohl sie optisch immer eine Einheit bilden müssen. So mündet ein Bach z. B. in ein kleines Vorbecken, in dem die Tauchpumpe untergebracht ist, wogegen der Springbrunnen in einem eigenen Becken steht. Der Grund ist: Bachwasser würde z. B. im Sommer beim Durchfließen eines Teiches die Temperaturschichtung des Wassers verändern. Höhere Wassertemperaturen beschleunigen den Stoffwechsel der Mikroorganismen zu starkem Algenwuchs. Unterwasser-Farb- und Scheinwerfergläser verlieren durch Algenansiedlung schnell an Brillanz.

Anlage eines Bachlaufs

Legen Sie den Bach terrassenförmig mit unterschiedlichen Tiefen und Breiten an. Auf diese Weise bleibt immer etwas Wasser im Bach, selbst dann, wenn die Pumpe nicht läuft. Ein Bach mit gleichmäßigem Gefälle kann leerlaufen und austrocknen. Größere Höhenunterschiede lassen sich durch mehrere Terrassenstufen ausgleichen. Die Bachtiefe beträgt zwischen 15 und 20 cm, die Breite ist zwischen 60 und 90 cm anzulegen. Die an den Bachseiten hochgeführte Folie wird wie beim Teich mit Erde bedeckt und mit Steinen befestigt. Für die Teichtreppen empfehle ich Natursteinplatten, deren Kanten etwa 5 - 10 cm überstehen. Auf diese Weise wird die senkrecht stehende Vorderseite der Stufe unsichtbar. Steinplatten - wie seitliche Abschlußsteine - werden in ein Silikonbett gelegt. So wird das Wasser gezwungen, über Steinplatten und Steine zu fließen und kann nicht dazwischen versikkern. (Verwenden Sie nur transparentes Silikon in Kartuschen.) Selbstverständlich darf auch die Tauchpumpe die Optik nicht stören, sie muß also durch Steine oder Wurzeln kaschiert werden. Die Szenerie am Bachlauf ist wie geschaffen für einen Steg oder eine kleine Brücke. Wasser verlangt nach kreativer Gestaltung unter Einbeziehung des Umfeldes. Ob spiegelnde Wasserfläche, plätschernder Bach, Wasserfontäne oder sprudelnder Stein, ist nicht nur Geschmackssache, sondern hängt im wesentlichen auch von der Art und Größe des Gartens ab. Selbst im kleinsten Garten findet sich ein Platz für eine Vogeltränke.

DER RICHTIGE SCHNITT

Obstbäume und Sträucher schneiden

Schöne Äpfel, saftige Birnen, Stachelbeeren und Johannisbeeren in Hülle und Fülle - kein unrealistischer Wunschtraum, sondern durchaus zu verwirklichen. Jedoch nur gutgepflegte Obstbäume und Beerensträucher bleiben dauerhaft ertragreich. Ein wichtiger Beitrag zur Pflege ist deshalb der Schnitt von Bäumen und Sträuchern. Der günstigste Zeitpunkt sind die frostfreien Wintermonate von Dezember bis zum Frühjahr.

Merk-Ecke

Auf alle Fälle sollte der Schnitt vor dem Austrieb der Knospen erfolgen. Geschnitten werden darf erst, wenn das Thermometer um 0 °C liegt und keine tiefen Fröste mehr zu erwarten sind. Bei niedrigeren Temperaturen besteht die Gefahr, daß das Holz der Zweige und Äste aufbricht und zur Brutstätte für Krankheitserreger wird.

Warum überhaupt schneiden?
Die Natur hat Form und Wuchs einer Pflanze sinnvoll aufeinander abgestimmt. Ein Baum, der nicht zurückgeschnitten wird, kann schon im zweiten Jahr nach der Pflanzung Früchte tragen. Das Problem hierbei ist nur, daß er sich bald erschöpft. Seine Triebe hängen durch und sind der Last der Früchte nicht gewachsen. Zudem tragen nicht beschnittene Bäume sehr unregelmäßig, in einem Jahr viel und im nächsten fast nichts. Je älter der Baum wird, desto kleiner werden seine Früchte. Das regelmäßige Schneiden ist also Voraussetzung für einen üppigen Fruchtansatz.

Mit dem richtigen und regelmäßigen Schnitt erreichen Sie einen reichen Fruchtertrag.

Die wichtigsten Schnittechniken

Der Fachmann unterteilt den Baumschnitt in vier Schnittarten:
- Pflanzschnitt
- Erziehungsschnitt
- Auslichtungsschnitt
- Verjüngungsschnitt

Pflanzschnitt: Bäume werden in der Regel als zweijährige Veredelungen von den Baumschulen geliefert. Da sie beim Roden einen großen Teil ihrer Wurzeln eingebüßt haben, müssen die Triebe der Krone nach dem Pflanzvorgang zurückgeschnitten werden. Alle Seitentriebe, die in einem Winkel von etwa 45 Grad zum Mitteltrieb stehen, werden um zwei Drittel ihrer Länge eingekürzt. Dabei ist es wichtig, die Schere leicht schräg anzusetzen, so daß die darunterstehende Knospe (das Auge) erhalten bleibt. Anschließend wird der Mitteltrieb um 15 - 20 cm über dem Anschnitt des Seitenleittriebes angeschnitten. Steiltriebe werden ganz entfernt.

Erziehungsschnitt: Damit der Baum eines Tages die Last der Früchte tragen kann, wird ein Erziehungsschnitt vom 2. bis zum 5. Lebensjahr schrittweise durch-

Profi-Astsäge „multi-star"

geführt. Dabei sind die Seiten- und Konkurrenztriebe um ein Viertel ihrer Länge zurückzuschneiden. Die Steiltriebe werden völlig entfernt. Der Haupttrieb wird während des Erziehungsschnittes auf eine Scherenlänge über der „Saftwaage" zurückgeschnitten, so bleibt er höher und somit dominierender als die Seitentriebe. Alle anderen Triebe dürfen nicht geschnitten werden. Die Zweige immer nach außen ableiten, damit möglichst viel Licht in die Krone fällt. Auch Spreizhölzer, die die Leitäste auseinanderdrücken, dienen der sogenannten Kronenerziehung.

Merk-Ecke

Blütenknospen können Sie leicht von Blattknospen unterscheiden. Blütenknospen sind rundlich, Blattknospen sind spitz und liegen eng am Zweig an.

Auslichtungsschnitt: Der Auslichtungsschnitt sorgt für eine ausreichende Lichtzufuhr im Inneren des Baumes, denn auch die unteren Kronenpartien benötigen viel Licht, damit sich die Triebe, Blätter und Früchte entwickeln können und einer Verkahlung der Äste durch Lichtmangel vorgebeugt wird.

Merk-Ecke

Beim Auslichtungsschnitt ist es wichtig, daß die Äste alle gut verteilt um den Stamm sind, damit jeder Zweig genügend Licht und Sonne bekommt.

Das bedeutet: Störende Steiltriebe, Konkurrenztriebe und Seitentriebe sind zu entfernen. Zögern Sie nicht, falls erforderlich, auch mal ganze Äste oder Astteile wegzuschneiden.

Verjüngungsschnitt: Wenn die Triebbildung nachläßt und das Ernteergebnis immer schlechter wird, kann ein Verjüngungsschnitt Wunder wirken. Wichtig dabei ist, daß der Mitteltrieb seine dominierende Stellung behält. Die Seitenleittriebe können bis zum untersten gut sichtbaren Auge zurückgeschnitten werden. Der Mitteltrieb wird erst anschließend beschnitten, und zwar so, daß nach dem Auslichten die Seitentriebe und der Mitteltrieb einen spitzen bis rechten Winkel bilden. Sinn des Verjüngungsschnittes ist, daß alle Kronenteile wieder ausreichend Licht erhalten. Alte Triebe erkennen Sie an der dunkleren Rinde mit einer meist stark überhängenden Verzweigung.

Merk-Ecke

Bei starker Überalterung wird die Baumkrone um 1/3 ihres Volumens verjüngt.

Spätsommerschnitt: Bei Apfel- und Birnenbäumen müssen die sogenannten Steiger (senkrecht nach oben wachsende Jungtriebe) im August ausgeschnitten werden, um so die Früchte freizustellen und ihre volle Reife zu garantieren.
Wenn nach dem Blühen oder im Sommer spitzendürre Zweige bei Sauerkirschen auftreten, ist das ein sichtbares Zeichen für Monilia. Dann müssen die befallenen Zweige bis zum gesunden Holz zurückgeschnitten werden. Auch ein Korrekturschnitt zur Freistellung der fruchttragenden Äste kann nach der Ernte erfolgen. Halbhohe Kirschbäume bekommen jetzt einen Korrekturschnitt in Pyramidenform, wobei zu

kräftig gewordene Seitenäste ausgeschnitten werden.

Merk-Ecke

Waagerechtes Binden führt zu besserem Fruchtertrag. Triebe, die nicht für den Kronenaufbau erforderlich sind, werden mit Hilfe von kleinen Betonklötzen und Wäscheklammern in der Waagerechten gehalten und so zu Fruchtholz umerzogen. Diese Korrektur kann ab April durchgeführt werden.

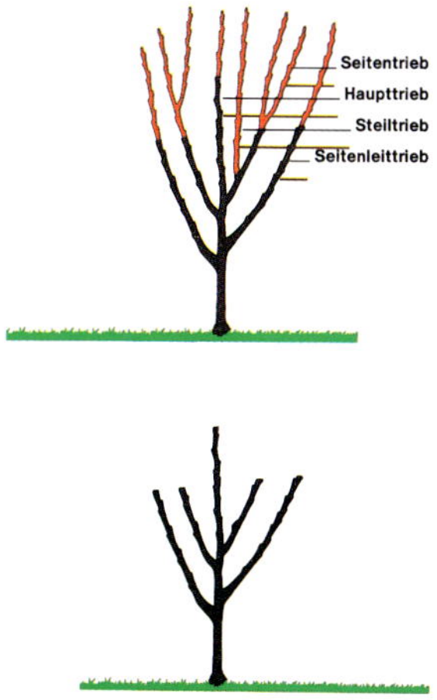

Pflanzschnitt

Auslichtungsschnitt bei Sträuchern: Nicht nur Obstbäume, sondern auch Sträucher müssen ausgelichtet werden, damit sie mehr Früchte tragen. Bei Himbeeren ist das Entfernen von Altruten ganz wichtig, denn Himbeeren tragen nur an den zweijährigen Ruten, die nach dem Fruchten absterben. Wer diese nicht entfernt, blockiert den Austrieb neuer Ruten, riskiert Rutenkrankheiten und muß mit einer schlechteren Ernte rechnen. Daher werden nach der Ernte die abgetragenen Triebe (Altruten) dicht über dem Boden abgeschnitten. Von den Jungtrieben bleiben pro laufendem Meter acht bis zehn kräftige Ruten stehen. Auch schwache Triebe werden jetzt zurückgeschnitten, um den Fruchtansatz im kommenden Jahr zu fördern. In Gegenden mit strengem Frost können die Jungtriebe auch über Winter stehen bleiben, müssen aber spätestens im Mai reduziert werden.

Erziehungsschnitt

Mein Tip

Himbeeren gedeihen besonders gut, wenn der Boden mit Mulchmaterial bedeckt ist. Das hält auch den Unkrautwuchs zurück und spart Wasser.

Bei Johannis- und Stachelbeeren werden nach der Ernte die ältesten Triebe ausgeschnitten, nur kräftige Jungtriebe bleiben stehen.

Bei den Schwarzen Johannisbeeren ist die Schnittechnik eine andere, denn der Beerenstrauch bringt den größten Ertrag am einjährigen Trieb. Aus diesem Grunde können Sie es sich beim Ernten bequem machen und die behangenen Zweige dicht über dem Boden bzw. über einem seitlichen Jungtrieb abschneiden und im Sitzen die Früchte ernten. Bei Brombeeren werden nach der Fruchternte die in den Blattachseln sich entwickelnden Geiztriebe bis auf 4 - 5 Blätter zurückgeschnitten.

Auslichtungs- und Verjüngungsschnitt

Wundbehandlung

Wundverschluß: Bei jedem Schnitt, ob mit Säge oder Schere, entsteht eine Wunde. Wenn sie größer als ein Fünfmarkstück ist, muß sie trotz eines sauberen Schnittes einen Wundverschluß bekommen. Zunächst müssen die Ränder der Reißwunde mit der Hippe (das ist ein Gärtnermesser mit leicht gebogener Klinge, das zum Nachschneiden von Sägewunden benötigt wird) angeglichen werden. Anschließend ist die Wunde mit einem Wundverschlußmittel, wie z. B. Tervanol (Rindengrün), LacBalsam oder Bayletonpaste, zu bestreichen. Die meisten Wundverschlußmittel sind graugrün und passen sich so der natürlichen Rindenfarbe gut an. Der auffällig rote Wundverschluß heizt sich zusätzlich auf, was oft dazu führt daß die Wunde sich nur sehr langsam schließt. Die Schnittstellenbehandlung läßt die Wunden rascher heilen und verhindert, daß sich Krankheitserreger ansiedeln.

Wundnachbehandlung: Bei unsachgemäßem Rückschnitt von Zweigen muß eine Wundnachbehandlung erfolgen, um so Faulstellen vorzubeugen. Mit der kurzen Baumsäge wird dann die Schnittstelle von oben nach unten nachgesägt und mit der Hippe gleichmäßig abgerundet. Zum Auftragen des Wundschutzmittels sollten Sie Schutzhandschuhe anziehen.

Das richtige Werkzeug

Wer nur Bäume bis 2,50 m Höhe zu schneiden hat, dem empfehle ich die Vario-Astschere. Dank ihrer doppelten Hebelübersetzung kann man mit ihr auch bis zu 5 cm dicke Äste mühelos schneiden.
Bei höheren Bäumen bis zu einer Höhe von 5,50 m müssen Sie Baumscheren mit einem dreieinhalbfachen Flaschenzugmechanismus - wie bei der Baumschere „multi-star" - einsetzen. Baumscheren gibt es auch mit variablen Stielen bis zu 3,80 m. Bei stärkeren Ästen sollten Sie eine Astsäge oder eine praktische kleine Handsäge verwenden. Bedenken Sie immer, daß man durch richtiges Schneiden z. B. von Obstbäumen den Ernteerfolg merklich verbessern kann. Eine weitere Verbesserung des Ernteerfolgs erreichen Sie durch die richtige Düngung: Etwa vier Wochen vor der Blüte werden Obstbäume zum ersten Mal gedüngt, im Spätsommer dann ein zweites Mal. Ungefähr einen Meter über die Kronentraufe hinaus wird der Dünger ausgestreut, damit auch die Wurzelspitzen mit Nährstoffen versorgt werden.
Richtig dosiert, brauchen Sie etwa 40 - 60 g/m^2.

Wo und wie wird geschnitten?
Für höhere Bäume und dickere Äste ab 5 cm Durchmesser gibt es die neue Profi-Astsäge „multi-star". Sie ist für die oberen Etagen des Baumes genau richtig und erleichtert die mühevolle Arbeit, hochgelegene Äste zu entfernen. Dank des besonders geformten Sägeblattes mit Spezialschliff in Zick-zack-Form, das den Kraftaufwand gering hält, wird das anstrengende Ausschneiden von starken Ästen leichtgemacht. Diese Profisäge ist vom TÜV abgenommen, und mit geprüfter Sicherheit können Sie sich dann auch beruhigt ans Werk machen. Übrigens läßt sich das Sägeblatt, falls nötig, leicht nachschleifen. Durch ein Rindenschneidemesser, das unterhalb des Sägeblattes angebracht ist, wird das Einreißen der Baumrinde am Aststumpf verhindert. Der Profi-Haken, eine Verlängerung des Sägeblattes, hat sich beim Herausziehen des Schnittgutes aus hohen Bäumen bewährt. Übrigens, der zum „multi-star" gehörende Gerätestiel läßt sich individuell von 1,75 m bis 2,80 m verlängern.

Baumschere „multi-star"

Ziersträucher schneiden

Neben den fruchttragenden Gehölzen und Sträuchern gibt es eine ganze Reihe von Ziergehölzen, die ebenfalls geschnitten werden müssen, denn der Schnitt sorgt für Blütenvielfalt.

Kleine Handsäge

Vario-Astschere

Merk-Ecke

Die natürliche, oft malerische, ganz individuelle Wuchsform der Ziersträucher muß erhalten bleiben. Der Einsatz der Schere darf da nicht nach Gutdünken erfolgen. Im Zweifelsfall werden abgestorbene, durch Frost geschädigte Zweige entfernt. Ein Rückschnitt wird notwendig, wenn im Laufe der Jahre die Blühwilligkeit nachläßt.

Auch Ziergehölze werden älter, ein Teil der Zweige stirbt ab, aus dem Wurzelstock aber bilden sich neue Triebe. Nur wenn dann die Schere kräftig in Aktion tritt, um alle Energie der Pflanze auf die jungen Triebe zu leiten, behält die Pflanze ihre Blühvitalität.

Nun lassen sich natürlich nicht alle Bäume und Sträucher über einen Kamm scheren. Der Schnittzeitpunkt richtet sich nach der Blütezeit der Pflanzen. Frühjahrsblüher wie Flieder, Forsythien, Schneeball und Zierkirschen sind vorzugsweise gleich nach der Blüte zu schneiden. Grundsätzlich werden nur alle abgeblühten Triebe entfernt. Da viele Frühjahrsblüher ihre Blüten am einjährigen Holz entwickeln, kommt ein Rückschnitt vor der Blüte ohnehin nicht in Betracht, denn er würde die ganze Blütenpracht vernichten. Nachlassende Blühfähigkeit, zu üppiger Wuchs, macht den Schnitt, der unmittelbar nach der Blüte erfolgen sollte, erforderlich.

Frühsommerblüher, wie Deutzien, Weigelien und Falscher Jasmin, bilden ihre Blüten an Kurztrieben entlang der vorjährigen Ruten. Ein Auslichtungsschnitt erfolgt nur im Bedarfsfall bei nachlassender Blühvitalität oder zu üppigem Wuchs.

Ziergehölze, die im Spätsommer an den Zweigspitzen blühen wie die Rispenhortensie, der Hibiskus, der Schmetterlings- und der Trompetenstrauch, sollten im März kräftig zurückgeschnitten werden. Bei dem Auslichtungsschnitt wird nicht nur das alte, zurückgefrorene Holz entfernt, sondern auch ein Großteil der einjährigen Ruten, die bis auf wenige basale Augen zurückgeschnitten werden. Nur einige wenige für den Kronenaufbau benötigte Triebe bleiben stehen.

Hecken schneiden

Um bei höheren Hecken beim Schnitt die Orientierung zu behalten, wird mit Hilfe von Bohnenstangen um die Hecke herum eine Schnur gespannt und dann erst geschnitten.
Alte Buchenhecken werden Ende August mit der elektrischen Heckenschere geschnitten. Nur wenn Sie Hecken regelmäßig in Form schneiden, erhalten Sie im Laufe der Zeit eine undurchdringbare Barriere, einen natürlichen Sicht- und Windschutz. Berberitze wird nach der Blüte geschnitten, damit es im Herbst zu einer zweiten Blüte kommt.

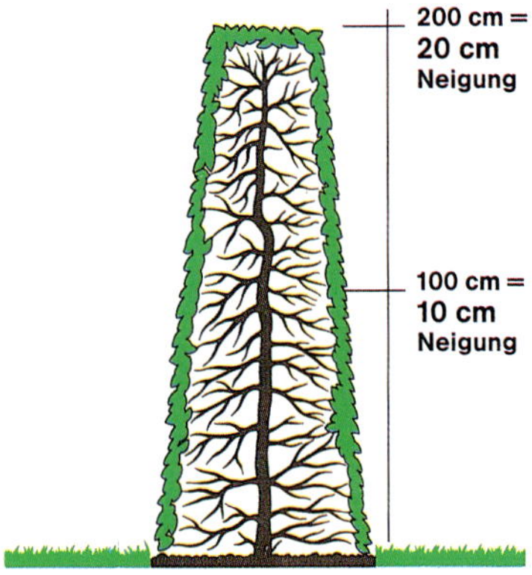

Heckenschnitt

Merk-Ecke

Hecken müssen stets trapezförmig geschnitten werden, so daß sie unten breiter sind als oben. Dadurch bleibt die Basis dicht, und die Hecke ist Schnee und Sturm besser gewachsen. Mit Ausnahme von Nadelgehölzen, wie Scheinzypresse, Eibe und *Thuja*, werden alle anderen Hecken nach dem Einpflanzen um die Hälfte gekürzt.

Rosen: Für Rosen gibt es eine Spezialschere mit Haltevorrichtung für den dornigen Stengel, so daß der piekende Stachel zur Legende wird. Verblühtes muß ohnedies stets ausgeschnitten werden, um die Blütenentwicklung zu fördern. Alle Garten- und Beetrosen sind jährlich zu schneiden. Gartenrosen werden im Frühjahr auf 3 - 5 Augen zurückgeschnitten. Zu beachten ist, daß das obere Auge nach außen zeigt. Dies gewährleistet ein aufgelockertes Wachstum der Pflanze. Beetrosen werden nur auf maximal 5 Augen zurückgeschnitten.

Koniferen: Bei zu üppig gewordenen Koniferen wie *Thuja* und *Taxus* ist der verdeckte Schnitt im Spätherbst durchzuführen, d. h. die Schnittfläche wird über der Triebspitze schräg angelegt und mit Lehm verstrichen.

Freiland-Azaleen: Zu groß oder aus der Form geratene Exemplare vertragen nach der Blüte einen kräftigen Rückschnitt. Bei allen Azaleen und Rhododendren müssen, abgesehen vom Rückschnitt, die Fruchtstände ausgebrochen werden, damit die Folgeblüte im kommenden Jahr wieder kräftig wird.

Kleinsträucher: Johanniskraut, Lavendel und Sonnenröschen blühen reicher, wenn sie im Frühjahr radikal heruntergeschnitten werden.

Rankgehölze und Klettergehölze: Schlingknöterich und Geißblatt sind Lianen, die keinen Stamm bilden, sie können ganz nach Bedarf kräftig zurückgeschnitten werden, denn sie bilden sofort wieder meterlange Triebe. Während Sie sich bei Selbstklimmenden wie Efeu und Wildem Wein auf das Entfernen der Spitzen- und Seitentriebe beschränken sollten. Bei Lianen wie Glyzinen und Baumwürger, die erst an älterem Holz blühen, dürfen nur die Spitzen entfernt werden. Am Seitenholz der Glyzinen darf nicht geschnitten werden, da sich hier die Blütenknospen bilden. Bei der Clematis gibt es frühjahrs- und sommerblühende Sorten. Im Frühling blühende Clematissorten dürfen im Sommer nur mäßig ausgelichtet werden, während bei den im Sommer blühenden Sorten ein kräftiger Rückschnitt bis ins ältere Holz vertretbar ist.

Erikaarten und Callunen: Die meisten Heidegewächse werden nach der Blüte bis zur Hälfte zurückgeschnitten, damit sie kräftig und robust bleiben. In der Natur besorgt diese Arbeit das Schaf.

Rosengreifschere

KRÄUTER

Für Kräuter findet sich immer ein Platz, ob im Garten, auf dem Balkon oder auf der Fensterbank. „Ein Kräutergärtchen gehört zu jedem Haushalt", besser als diese überlieferte alte Bauernweisheit kann es kaum ausgedrückt werden.
Schon Karl der Große ließ in Kloster- und Burggärten aromatische Kräuter anpflanzen, um die Speisen zu bereichern. Frische Kräuter verbessern den Geschmack der Speisen, außerdem enthalten sie wertvolle Mineralstoffe und Vitamine. Küchenkräuter können Sie nicht nur im Garten, sondern auch auf kleinstem Raum in Balkonkästen oder Blumentöpfen anpflanzen. Hier einige, die sich mühelos auf Balkon und Terrasse ziehen lassen.

Kräuterporträt

Basilikum (*Ocimum basilicum*): Ein Würzkraut, das in keiner Küche fehlen darf, im Volksmund auch unter Königskraut, Balsam, Josefskräutlein, Basilienkraut, Hirnkraut, Pfefferkraut bekannt. Die Aussaat dieser frostempfindlichen Gewürzpflanze erfolgt Ende Mai, vorzugsweise in einem sandig-humosen Boden. Die subtropische Pflanze liebt die Wärme. Sie sollte einen sonnigen, windgeschützten Platz bekommen. Bekanntlich entwickelt die Mehrzahl der Kräuter ihr Aroma am besten in sonniger Südlage. Basilikum ist Pfefferersatz. Sein intensives Aroma wird gerne in der Diätküche verwendet. Die Blätter können sofort nach dem Entfalten geschnitten werden. Folgende Gerichte sind ohne Basilikum kaum denkbar: Tomatensuppe, Hirnsuppe, Pizza - und viele italienische Nudelgerichte, aber auch zu Fleisch und Geflügel wird dieses Universalgewürz gerne benutzt.

Basilikum

Merk-Ecke

Generell ist für Kräuter auf dem Balkon die Süd-Ost- oder Westlage am günstigsten, weil sich der eingeschränkte Bodenraum bei starker Sonneneinstrahlung zu stark aufheizt und die Pflanzen vertrocknen.
Für den Anbau im Garten sind die großblättrigen Arten (Höhe bis zu 60 cm) widerstandsfähiger als die kleinblättrigen (15-20 cm).

In nassen und kühlen Jahren steht Basilikum besser im Schutze eines regengeschützten Dachvorsprungs oder auf der Fensterbank. Wenn Sie die Spitzen der Pflanze regelmäßig abzwicken, verzweigt sie sich besser. In kalten Gegenden, im Balkonkasten oder Kübelgefäß auf der Terrasse, erfriert Basilikum im Winter. Es muß daher ab Mitte Mai zum gleichen Zeitpunkt wie Majoran und Portulak erneut ausgesät werden. Basilikum verträgt sich übrigens auch gut mit diesen Pflanzen.

Was gibt's Neues?

Kennen Sie schon das dunkelrote Opalbasilikum mit seinen farbenprächtigen Blättern? Eine Schmuckpflanze für Balkon und Garten.
In milden Gegenden bestehen gute Chancen für die Überwinterung. Voraussetzung ist, daß Sie Ihren Basilikumpflanzen einen sonnigen, trokkenen und gut drainierten Boden bieten, sie im Herbst ganz zurückschneiden und mit Tannenreisig vor Frost schützen.

Mein Tip

Mit dem Basilikumtopf auf der Fensterbank halte ich mir im Sommer die lästigen Fliegen fern.

Bohnenkraut (*Satureja hortensis*): Im Volksmund auch Sommerbohnenkraut, Wein-, Aal- oder Wurstkraut genannt. Dieses Bohnenkraut ist einjährig und sollte je nach Bedarf immer wieder neu ausgesät werden. Daneben gibt es das mehrjährige Bergbohnenkraut *Satureja montana*.

Bohnenkraut

Mein Tip

Im Garten und überall da, wo mehr Platz zur Verfügung steht, rate ich zum Anbau von Bergbohnen- oder Winterbohnenkraut (*Satureja montana*). Dieses Staudenbohnenkraut muß allerdings alle 3 - 4 Jahre im Garten einen neuen Platz bekommen.
Das Würzkraut steht auch im Winter zur Verfügung, wenn Sie die Pflanze im Oktober ins Haus holen und auf die Fensterbank setzen.

Die Staude wird 35 cm hoch, wächst aber trotz ihrer Höhe problemlos im Balkonkasten oder Kübelgefäß. Beide Arten haben schmale, längliche, dunkelgrüne, leicht behaarte Blättchen mit Öldrüsen. Von Juli bis Oktober blüht das Bohnenkraut mit kleinen, weißen bzw. blaßrosa oder lilafarbenen Blüten, die gerne von Bienen besucht werden. Bergbohnenkraut ist auch in den sonnenarmen Monaten jederzeit zum Schnitt bereit.

Merk-Ecke

Es gibt einjähriges Sommerbohnenkraut (*Satureja hortensis*) und das im Geschmack kräftigere, mehrjährige Bergbohnenkraut (*Satureja montana*).

Das Bohnenkraut entfaltet sein volles Aroma erst, wenn ein Teil des Krautes in den Bohnen mitgekocht wird. Man sollte darauf nicht verzichten, denn Bohnenkraut fördert die Verdauung und verhindert die blähende Wirkung von Bohnen, Erbsen und verschiedenen Eintöpfen. Es paßt auch gut zu Bratkartoffeln, Hammelfleisch sowie in die Hausmacherwurst.

Boretsch (*Borago officinalis*): Man nennt ihn auch Gurkenkraut, Blauhimmelstern oder Liebäuglein. Die großen Samen, die sich gut dosieren lassen, werden ab Ende April in Töpfe oder direkt ins Freie ausgesät. Ein späteres Verpflanzen ist aufgrund der Pfahlwurzeln schlecht. Der Standort sollte hell und sonnig sein, denn zum optimalen Gedeihen braucht Boretsch Wärme.
Die leuchtend blauen Blüten der Pflanze sind nicht nur dekorativ, sondern auch ein gutes Bienenfutter.

Merk-Ecke

Boretsch braucht viel Platz im Freiland, etwa 30 cm. Eine zu dichte Pflanzung führt leicht zu Mehltau oder Blattläusen. Zum Düngen empfehle ich die Pflanze alle vier Wochen mit Brennessel- oder Beinwellbrühe zu gießen.

Dill (*Anethum graveolens*): Im Volksmund auch Gurkenkraut, Hochkraut oder Dillfenchel genannt. Das in Mittelmeergebieten, Vorderasien und Indien beheimatete und bereits im alten Ägypten als Heil- und Würzpflanze kultivierte Gewächs ist einjährig und gehört zur Familie der Doldenblütler. Charakteristische Merkmale sind der bläuliche, bis zu 1,20 m lange, feingerillte Stengel mit feingefiederten Blättchen, die großen Blütendolden mit kleinen, grünlichgelben, stark duftenden Blüten und später mit langen, schmalen Samen.

Boretsch

Ab April bis Juni kann Dill im Freien im Abstand von jeweils 4 bis 6 Wochen immer wieder ausgesät werden. Er benötigt einen lockeren, humosen Boden, der stets feuchtgehalten werden sollte, aber ohne stauende Nässe. Die Samen werden in Reihen mit 25 - 30 cm Abstand nur leicht in die Erde gedrückt. Dieser Abstand ist nötig, wenn die Pflanzen reifen und Samen bilden sollen. Wollen Sie nur die Blätter verwenden, dann genügt ein Abstand von 20 - 25 cm.

Merk-Ecke

Dill ist launisch und keimt nicht immer! Die Aussaat darf nie trocken werden. Die Pflanze wünscht sich viel Sonne, aber möglichst wenig Wind. Das Umsetzen ist nur bei kleinen Pflanzen möglich (Pfahlwurzel).
Geerntet werden seine zarten Triebspitzen, Blütendolden; die Körner möglichst in den Morgenstunden, damit nicht zu viele ausfallen.

Dill hilft gegen Blähungen, macht Speisen leicht verdaulich, wirkt appetitanregend und verdauungsfördernd. Dillspitzen sollten in der Küche sparsam Verwendung finden, da ihr intensives Aroma die Speisen leicht übertönen kann.
Im Gegensatz zu Bohnenkraut darf Dill niemals mitgekocht werden, mit Ausnahme von der Dillsauce. Hierzu wird nur ein Teil der Dillspitzen mitgekocht. Der Rest wird zum Schluß dazugegeben, um der Sauce eine frische Farbe zu verleihen. Fein dosiert, gibt Dill den Speisen eine aromatisch dezente Note. Dill wird vorwiegend für Kräutersaucen, Kräuterbutter, Gurkensalat, Rührei, Gemüsesuppen, Kartoffelspeisen, Aal und sauer eingelegtes Gemüse verwendet.

Mein Tip

Dillblüten binden unangenehme Gerüche. Bei mir steht ein Dillblüten-Strauß in der Toilette, in der Küche und vor allem im Raucherzimmer.

Estragon (*Artemisia dracunculus*): Im Volksmund auch Schlangenkraut, Dragon, Kaiserkraut oder Eierkraut genannt. Estragon bevorzugt einen warmen, windgeschützten Standort und gedeiht bei nahrhaftem, lockerem Boden problemlos. Die Staude braucht viel Feuchtigkeit. Im Winter sollten Sie die Pflanze mit Stroh oder trockenen Kiefernadeln bedecken.
Wenn Sie ihn im Frühjahr bis auf 15 cm zurückschneiden, treibt der Estragon wieder besser durch. Die Vermehrung des echten deutschen Estragons erfolgt durch Pflanzenteilung. Der deutsche Estragon ist dem russischen vorzuziehen, da er das feinere Aroma mit einem süßlichen Nachgeschmack besitzt. Blätter und Triebe des Estragons gehören zu den *fines herbes*, den feinen Kräutern der französischen Küche. Er hat ein so gutes Aroma, daß er u.a. Salz, Pfeffer und Essig ersetzen kann. Entsprechend fein müssen Sie ihn dosieren. Estragon läßt sich trocknen und einfrieren.

Mein Tip

Zum Trocknen schneide ich immer ganze Pflanzen ab und hänge sie gebündelt an einem schattig-trockenen Platz auf. Übrigens, Estragonessig stelle ich preiswert selbst her. Frische Blätter vom Stengel zupfen, waschen, abtropfen und zwischen Kreppapier trocknen und in ein Einmachglas geben. Mit kochendem Weinessig übergießen, das Einmachglas verschließen und eine Woche an einem dunklen Ort ziehen lassen. In trockene Flaschen filtrieren und diese luftdicht verschließen.

Estragon

Kapuzinerkresse (*Tropaeolum majus*): Die „Schöne" aus Peru gehört nicht dem unmittelbaren Kreis der Küchenkräuter an. Geschätzt werden nicht nur die farbenfrohen, dekorativen Blüten der Kapuzinerkresse. Freunde scharfer Speisen wissen, daß ihre Blätter den Salat würzig machen und den Quark aufwerten. Außerdem enthalten ihre Blätter und Blüten viele Mineralstoffe und Vitamine. Wenn die Pflanze einen sonnigen Platz und einen leichten, sandigen Boden vorfindet, wächst sie problemlos. Im Frühjahr nach Mitte Mai wird an Ort und Stelle ausgesät. Kapuzinerkresse gedeiht auch in Balkonkästen und Blumentöpfen.

Kapuzinerkresse

Gartenkresse (*Lepidium sativum*): Gartenkresse ist ein schnell wachsendes Kraut mit hohem Vitamin-C-Gehalt. Folgeaussaaten sollten in Abständen von 3 - 4 Wochen erfolgen. Die einjährige Gartenkresse wird reihenweise ausgesät.
Kresse wird glatt- und krausblättrig angeboten. Jung schmeckt sie ganz vorzüglich, deshalb sollte sie bei einer Höhe von 5 - 6 cm geerntet werden.

Merk-Ecke

Wer Kresse als Vorkultur zu den Gurken sät, hat schon nach kurzer Zeit absterbende Gurkenpflanzen, denn Kresse ist ein sehr aggressives Heilkraut. Kressesamen dürfen nie ein zweites Mal in der gleichen Saatreihe ausgesät werden. Die Pflanze ist nicht nur aggressiv gegen andere, sondern auch gegen sich selber. Gartenkresse wirkt antibiotisch (bakterientötend). Daher resultiert auch ihre Unverträglichkeit mit vielen Gartenpflanzen. Die Kresse ist reich an Vitamin C, wirkt blutreinigend und ist ein beliebtes Würzmittel für frische Salate und Quarkbrote.

Mein Tip

Kresse eignet sich hervorragend zum Reifetest bei Aussaat auf Gartenkompost. Wird sie gelb, ist der Kompost noch nicht reif, bleibt sie grün, kann der Kompost entnommen werden.

Kresse

Kerbel (*Anthriscus cerefolium*): Für Kenner ist Kerbel, auch Küchenwürze, Karwell, Körfel oder Suppenkraut genannt, eine Delikatesse. Der einjährige Dunkelkeimer - die Pflanze benötigt den Halbschatten - wird aus Samen vermehrt und kann schon Anfang April ausgesät werden. Kerbel gedeiht ebenso in Kästen und Schalen auf dem Balkon, der Terrasse oder Fensterbank wie im Freiland. Kerbel wird im Handel als glatt- oder krausblättrige Pflanze angeboten. Er muß ständig feuchtgehalten werden, sonst färben sich die Blätter rot und die Pflanze kommt vor der Ernte zum Blühen. Durch das Blühen verliert Kerbel an Aroma.

Merk-Ecke

Kerbel können Sie im Winter wie Kresse auf der Fensterbank ziehen. Konserviert wird er durch Einfrieren.

Kerbel

Knoblauch (*Allium sativum*): In Zentralasien ist diese anspruchslose, sonnenhungrige Pflanze beheimatet. Die beste Zeit der Vermehrung ist der Oktober. Dazu kaufen Sie eine möglichst frische Knoblauchzwiebel und teilen diese in ihre Zehen. Knoblauch bevorzugt einen nährstoffreichen Boden. Die Knoblauchzehen werden 4 - 5 cm tief in den Boden gesteckt. Möglich ist auch die Vermehrung aus Samen im März/April. Wenn dann im August die Blätter abgestorben sind, können die Knoblauchzwiebeln geerntet werden. Luftig aufgehängt, halten sie sich über Monate. Knoblauch ist einer der größten Vitamin-C-Träger.

Knoblauchblüten

Mein Tip

Sie können einzelne Knoblauchzehen im Abstand von je 15 cm in den Balkonkasten oder das Kübelgefäß stecken, so daß sie mit den kaum sichtbaren Wurzelansätzen etwa 2 cm tief in der Erde sind und die Spitze 1 cm herausragt.
Die Zehe treibt noch im selben Jahr aus, das frische Grün kann wie Schnittlauch geerntet werden. Es ist geschmackverbessernd z. B. bei Quark und Gemüsesuppe.

Lavendel (*Lavandula angustifolia*): Lavendel ist eine mehrjährige Pflanze, die ich im Herbst winterfest mache. Ich schneide sie zurück und gebe ihr eine schützende Decke aus Kiefernreisig.
Diese blau blühende Duftpflanze ist u. a. ein idealer Badezusatz. Ihr Name kommt vom lateinischen *lavare* (waschen). Lavendel ist im Garten wie im Balkonkasten eine ideale Begleitpflanze für Rosen. Er hält sie schädlingsfrei und läßt den Rosenduft intensiver werden. Jungpflanzen werden ab Mitte Mai auf 40 x 40 cm gepflanzt. Die stark duftenden Lavendelblüten werden gerne getrocknet und als Duftspender zwischen die Wäsche gelegt. Gleichzeitig sind sie ein guter Schutz gegen Fliegen, Mücken und Motten. Eine andere Art, die Blüten zu konservieren, ist das Einzuckern. Dazu stampfen Sie die Blüten im Verhältnis 1 : 3 mit Zucker ein und erhalten dann den früher in England sehr beliebten Lavendelzucker, mit dessen Hilfe Sie wiederum Lavendelwein herstellen können. Setzen Sie eine Flasche Weißwein mit 100 g Lavendelzucker an, schütteln Sie ihn gut durch und lassen ihn eine Woche stehen. Dann kann er abgeseiht und getrunken werden.
Als Gewürz ist Lavendel bei uns zu Lande weniger bekannt, obwohl die Blätter - und ausschließlich diese - durchaus als Zutat zu Hammelbraten, gedünstetem Fleisch und Fischspeisen zu empfehlen sind.

Lavendel

Liebstöckel (*Levisticum officinale*): Liebstöckel, der im Volksmund auch Maggikraut, Stecklaub, Leppstock, Leberstock oder Suppenlob genannt wird, hat einen sellerieartigen, aromatischen Geruch. Der mehrjährige Doldenblütler liebt feuchten, nährstoffreichen Boden und einen etwas schattigen Standort. Er bedarf auch einer gelegentlichen Gabe an organischem Dünger bzw. Kompost. So gepflegt, wird die Pflanze garantiert üppig wachsen. Durch ihre außergewöhnliche Höhe von bis zu 2 m ist sie eine reine Gartenpflanze und höchstens noch für Kübelgefäße geeignet. Ältere

Pflanzen sollten ab und zu geteilt werden. Von der Pflanze lassen sich Blätter wie Wurzeln, letztere aber erst nach dem zweiten Anbaujahr, ernten. Die Wurzeln werden vorzugsweise zur Teeherstellung verwendet. Dazu brauchen Sie 1 TL für zwei Tassen kochendes Wasser. Liebstöckel gilt als hervorragendes Hausmittel bei Bronchitis, Verschleimungen und Verstopfung, aber auch gegen Blähungen wird Liebstöckeltee empfohlen. Um Menge und Aroma zu steigern, werden die Blütentriebe rechtzeitig, und zwar direkt am Wurzelhals, abgeschnitten. Liebstöckel besitzt eine starke Würzkraft, daher müssen die Blätter sparsam verwendet werden. Das Gewürz ist beliebt für Suppen, Tunken und Braten, aber auch für Gemüse, Omelettes und Fleischgerichte.

Liebstöckel

Majoran (*Origanum majorana*): Man nennt den Majoran auch Wurstkraut, Mairan, Badkraut, Blutwürze oder Kranzkraut.

Die ausdauernde Pflanze wird hier nur einjährig durch Samen ab Mitte Mai vermehrt. Etwa 3 - 4 Wochen müssen Sie warten, bis sich das erste Grün zeigt. Schatten und Wind sind bei dieser frostempfindlichen Pflanze zu vermeiden. Sie liebt einen humusreichen Boden sowie einen sonnigen, windgeschützten Standort. Wollen Sie sich im Winter mit frischem Majoran versorgen, säen Sie im Juli und vereinzeln ihn in einem Topf, in dem er auf der Fensterbank gut weiterwächst. Majoran gehört zur Familie der Lippenblütler und kann eine Höhe von 20 bis 40 cm erreichen. Er hat dünne, zähe, oft graugrüne, weißliche, filzig behaarte Stengel, die sich stark verzweigen und ebensolche längliche Blättchen, die viele Öldrüsen tragen. Die kleinen, weißen oder rosa Blüten erscheinen im Hochsommer und werden gerne von Bienen besucht.

Zum Würzen verwendet werden frische und getrocknete Blättchen und Triebspitzen, bevor die Blüten sich öffnen. Majoran besitzt ein starkes Aroma und ist daher sparsam zu dosieren. Er paßt zu allen Wurst-, Fleisch- und Geflügelgerichten, aber auch zu Hülsenfrüchten und Kartoffeln, Salaten und Suppen. Um Majoran selbst zu trocknen, schneiden Sie die Triebe frühmorgens oder spätabends ab. Die gebündelten Zweige hängen Sie an einen luftigen, schattigen Ort, streifen später die trockenen Blättchen ab und verwahren sie in gut schließenden Gläsern.

Dost

Majoran

Dost (*Origanum vulgare*): Im Volksmund bekannt als Wilder Majoran, Brauner Dost, Mutterkraut, Wohlgemut, Berghopfen, Schuster- und Ohrkraut. Boden- und Standortansprüche wie beim Majoran. Die Pflanze ist in Mittelmeerländern, in Kleinasien, im Iran, am Himalaya, in Taiwan und Südsibirien beheimatet, in Mitteleuropa und Nordamerika eingebürgert. Ihr aus dem Altgriechischen stammender Name bedeutet „Freude der Berge".

Der Wilde Majoran ist nicht frostempfindlich und mehrjährig. Sein Aroma verstärkt sich durch Sonneneinfluß. Dost ist unentbehrlich für alle Freunde der italienischen Küche. Er wird sowohl zu Pizza, Pasta asciutta, Osso buco (Kalbshaxe), Tomatensuppen und -saucen verwendet.

Petersilie, (*Petroselinum crispum*): Im Volksmund Silk, Bittersilchen, Peterlein, Peterle, Felswurzel oder auch Suppenkraut genannt. Die meisten Hobbygärtner haben bei der Aussaat dieses bekannten Küchenkräutleins Probleme. Wenn das Frühjahr zu naß und kühl ist, geht die Saat gar nicht erst auf. Kalter und nasser Boden ist der größte Feind des Petersiliensamens. Deshalb ist der August der günstigste Monat zur Aussaat: Das warme Erdreich sorgt in dieser Jahreszeit für schnelles Aufgehen der Saat, das Wachstumsklima ist in der Regel optimal, so daß Pilzbefall nicht auftritt. Darüber hinaus bilden sich im kommenden Jahr keine Schosser, wodurch die Erntezeit wesentlich verlängert wird.

Durch folgende Tricks erhalten Sie ein besonders gutes Keimergebnis: Sie brauchen eine durchsichtige Plastiktüte, eine Handvoll feinen Sand, der zuvor mit dem Wäschesprüher angefeuchtet wurde, und natürlich eine Tüte Samen. Der Petersiliensamen wird nun in den feuchten Sand gesät, die Tüte mit einem Knoten verschlossen und auf die Fensterbank gestellt bzw. am Fensterrahmen befestigt. Auf diese Weise keimt die Petersilie innerhalb von 14 Tagen. Um das notwendige Feuchthalten des Samens brauchen Sie sich keine Sorgen zu machen, denn er wächst ja sozusagen in seinem eigenen Ökosystem auf.

Petersilie mit ihren Pfahlwurzeln braucht einen tiefgründigen, nahrhaften Boden und eine sonnige bis halbschattige Lage. Ab Mitte Mai müssen regelmäßig die Blütenstiele ausgeschnitten werden, damit die Blattmasse kräftiger austreibt. Staunässe ist für die zweijährige Pflanze tödlich, ebenso frisch gedüngtes Land. Im Aroma milder ist die einfache aromatische Petersilie, etwas kräftiger die Sorte 'Mooskrause'. Petersilie enthält viel Vitamin C.

Mein Tip

Verschieben Sie die Aussaat auf den August. Im Spätsommer gesäte Petersilie bleibt kompakt und bildet selten Schößlinge.

Mit folgender Methode habe ich beste Erfahrungen gemacht: Petersiliensamen auf einen flachen Teller ausstreuen, mit zimmerwarmem Wasser knapp bedecken und 24 Stunden quellen lassen. Danach überschüssiges Wasser abgießen und den Samen aussäen. Nach der Aussaat bekommt der empfindliche Petersiliensamen als schützende Decke einen Leinen- oder Jutesack. Zum Schluß wird durchdringend angegossen und die Decke mit Steinen oder Holzlatten ringsherum so befestigt, daß sie bei stärkerem Wind nicht weggetragen wird. In den nächsten Wochen ist lediglich dafür zu sorgen, daß der Jutesack stets feucht ist. So geschützt, wird der Samen weder Schnecken noch Vögeln zum Opfer fallen. Sobald sich das erste Grün zeigt, kann die schützende Decke abgenommen werden. Sie werden staunen, wie gleichmäßig die Petersilie keimt. Dieser Tip ist auf die Aussaat anderer Küchenkräuter ebenfalls anwendbar.

Wird die Petersilie im Garten ausgesät, sollte der Gartenboden locker und nahrhaft sein, aber frischer Dung ist zu vermeiden. Petersilie braucht einen sonnigen bis halbschattigen Standort. Mit der ersten Ernte sollten Sie warten, bis die Pflanzen etwa 10 cm hoch sind. Beim Schnitt achten Sie unbedingt darauf, daß das Messer oder die Schere nicht zu tief angesetzt werden, denn sobald die Herzblätter in der Mitte der Pflanze verletzt sind, ist das weitere Wachstum der Pflanze gefährdet.

Mein Tip

Der kluge Hobbygärtner schlägt seine vitaminreichen Petersilienpflänzchen mit Wurzeln für den Winterbedarf in Sand ein und stellt sie so zur täglichen Ernte in den Keller, um sie bei den ersten Sonnenstrahlen im Frühling wieder in den Balkonkasten oder Garten umzusetzen.

Merk-Ecke

Petersilie kann sich selbst nicht riechen! Setzen Sie die Pflanze deshalb nie wieder in die gleiche Erde.

Und: Petersilie grünt im Folienbeutel problemlos.

Petersilienkraut darf nicht mitgekocht werden. Es wird erst zum Schluß, und dann kleingehackt, den frischen Salaten oder Fleischgerichten hinzugefügt. Sie können die Blätter samt Stielen trocknen. Aromaschonender ist aber das Einfrieren:

Nach gründlichem Waschen wird ein Teil der Stiele entfernt

und das Kraut mit der Küchenschere zerkleinert (das Kleinhacken mit dem Messer oder Wiegemesser auf dem Holzbrett nach Großmutters Sitte kann ich nicht empfehlen, denn dabei gehen wertvolle Säfte verloren). Es wird nun portionsweise im Eiswürfelbehälter eingefroren, aber auch in luftdicht schließenden Kunststoffdosen oder Gefrierschläuchen läßt sich die Petersilie portionieren.

Pfefferminze (*Mentha piperita*): Sie bevorzugt einen feuchten Standort mit humosem, leichtem bis mittelschwerem Boden. Durch Wurzelteilung läßt sie sich am einfachsten vermehren. Die Pfefferminze neigt zum Wuchern, deshalb sollten Sie ihren Platz mit Plastikrahmen 25 cm tief eingrenzen.
Die Blätter der Minze dürfen nur trocken geerntet werden: bei Sonnenschein besitzen sie den höchsten Ölgehalt. Eine zehntägige Pfefferminzkur wirkt laut Pfarrer Kneipp bei nervösem Herzklopfen und Depressionen äußerst beruhigend.

Merk-Ecke

Wer über den Winter frische Pfefferminze trinken möchte, sollte einige Wurzelstöcke ausgraben und in der Keimbox bei 16 °C überwintern lassen.

Pfefferminze

Merk-Ecke

Die Pfefferminze zählt zu den Lichtkeimern, sie darf also nicht mit Erde abgedeckt werden, ihre Samenkörner sind lediglich anzudrücken. Eine Vorkultur in Töpfen oder Schalen auf der Fensterbank ab März/April ist empfehlenswert. Die Pfefferminze können Sie auch als Staude kaufen.

Rosmarin (*Rosmarinus officinalis*): Im Volksmund bekannt als Hochzeitsblümchen, Anthos- und Krankenkraut, Meertau, Maria Reinigung, Schießstock, Braut- und Marienkraut, Weihrauchkraut.
Der Strauch ist in den Mittelmeerländern beheimatet und seit der Pharaonenzeit im Gebrauch. Die Römer widmeten den Strauch der Aphrodite, daher stammen auch die Volksnamen, die mit Liebe, Treue und Brautstand zu tun haben.
Die Pflanze ist in ihrer Heimat ein ausdauernder Strauch aus der Familie der Lippenblütler, der bis zu 1,50 m hoch und 20 Jahre alt werden kann. Hierzulande muß er wie jede Kübelpflanze im Haus überwintern. Da er im Alter seine Ruhe liebt, pflanzen Sie ihn am besten gleich in einen

Rosmarin

größeren Topf oder Kübel. Im Winter darf Rosmarin nicht zu warm stehen, sonst bekommt er lange Geiltriebe, die leicht von Ungeziefer befallen werden.
Der Strauch treibt zuerst weiche Triebe, die lange, schmale Blättchen tragen und später verholzen. Ab März entwickeln sich kurze Seitentriebe mit blaßblauen, hellvioletten oder weißen Blüten, die sehr gerne von Bienen besucht werden. Die frisch geernteten Blätter riechen nach Kampfer, sie erinnern auch an Tannengeruch oder Weihrauch. Rosmarin bevorzugt einen mittelschweren, humosen Boden. Er gedeiht richtig nur in der Sonne. Dennoch möchte der immergrüne Strauch windgeschützt stehen, am besten vor einer Südwand. Die Überwinterung der aus Ägypten stammenden Pflanze sollte in frostfreien Räumen erfolgen. Rosmarin kann durch Stecklinge, Teilung oder Aussaat ab Mai vermehrt werden. Da das Anziehen aus Samen sehr viel Geduld erfordert, kaufen Sie am besten schon eine etwas größere Pflanze. Junge Pflanzen wachsen langsam und das dauernde Abernten der Blättchen und Triebspitzen bekommt ihnen schlecht.

Salbei (*Salvia officinalis*): Salbei wird im Frühjahr ab März ausgesät und die Jungpflanzen im Frühsommer auf 40 cm vereinzelt. Die Pflanze liebt eine gut drainierte, kalkhaltige Erde und einen trockenen, sonnigen, windgeschützten Standort. Auf feuchtem Grund gedeiht sie nicht. Der Halbstrauch kann bis zu 60 cm hoch werden und ist nicht nur nützlich, sondern auch recht attraktiv. Geschnitten werden die ölhaltigen Blätter vor der Blüte im Mai und Juni. Salbeibäder helfen bei Entzündungen. Frisch geerntete Blätter wirken gekaut gegen Zahnfleisch- und Halsentzündungen.

Merk-Ecke

Salbei friert in höheren Lagen bis zum Wurzelstock zurück, treibt aber im Frühjahr erneut aus. Nach 4 - 5 Jahren sollten Sie den Salbei austauschen, denn dann läßt seine Würzkraft nach.

Schnittlauch (*Allium schoenoprasum*): Schnittlauch ist anspruchslos bezüglich der Bodenqualität. Für jeden Hobbygärtner ist Schnittlauch ganz einfach zu ziehen. Ausgesät wird im Freiland ab April, der Samen braucht bis zum Keimen 14 - 16 Tage. Die Pflanzen sollten einen sonnigen bis halbschattigen Standort bekommen. Schnittlauch braucht viel Wasser. Es gibt fein-, mittel- und grobröhrige Sorten. Die feinröhrigen haben einen milderen Geschmack. Dieses bekannte Gewürz muß regelmäßig geschnitten werden. Dabei sollten Sie darauf achten, daß immer 1/3 der röhrenartigen Stengel stehenbleibt.

Merk-Ecke

Die Stauden müssen alle 2 - 3 Jahre geteilt und umgesetzt werden, am besten im Frühjahr oder Herbst. Wichtig ist, daß Sie die Pflanze während der Wachstumszeit regelmäßig düngen. Nur so bleiben die Stauden kräftig. Schnittlauch wirkt blutdrucksenkend, magenstärkend und fördert die Verdauung. Es ist ein Universalheilmittel gegen Blutarmut. Dieser hohe Vitamin-A-, -B- und -C-Träger schmeckt frisch am besten, kann aber auch eingefroren werden. Außerdem enthält Schnittlauch Schwefel, Jod, Silizium und Eisen. Keinesfalls darf er gekocht werden.

Thymian (*Thymus vulgaris*): Im Volksmund bekannt als Wilder, Römischer oder Welscher Quendel, Marienbett- oder Jungfernbettstroh, Feldkümmel, Echter oder Gartenthymian. Die Heimat des Thymians sind die westlichen Mittelmeerländer bis zum Vorderen Orient. Er gehört zu den ältesten Würzkräutern. Sein Name kommt aus dem Griechischen und bedeutet „Kraft", „Mut".

Salbei

Thymian ist ein etwa 20 bis 30 cm hoher Halbstrauch aus der Familie der Lippenblütler mit leicht kriechenden, geraden, zum Boden hin verholzenden, vierkantigen Stengeln und schmalen, spitz zulaufenden, am Rand eingerollten Blättern mit weiß filziger Unterseite. Von Mai bis Oktober erscheinen die hell- oder purpurroten, süß duftenden Blüten. Thymian muß alle 3 - 4 Jahre geteilt werden muß. Die Pflanze braucht einen trockenen, warmen Boden, bevorzugt also einen sonnigen Standort. Sie können Thymian durch Samen oder durch Bewurzeln eines am Boden kriechenden Zweiges vermehren.
Es gibt außer dem Gartenthymian noch weitere Arten (*T. serpyllum*) und den Zitronenthymian (*T. x citriodorus*). Für Steingärten sind diese Arten geradezu prädestiniert. Die Blätter vom Sommerthymian machen, fein gehackt, Salate und Fleischgerichte besonders delikat.
Sie können Fleisch, bevor Sie es braten kurz in einer Marinade aus Öl, Thymian und Knoblauch einlegen. Je nach Geschmack paßt auch ein wenig Rosmarin dazu. Thymian ist übrigens auch eine gute Bienenpflanze.

Mein Tip

Die mehrjährige Pflanze sollte im ersten Vegetationsjahr nur einmal geschnitten werden, in den folgenden Jahren können die Blätter, aber immer nur kurz vor der Blütezeit, mehrfach geerntet werden.
Gegen Mittag sind sie am aromatischsten. Thymian sollte eingefroren werden, da er beim Trocknen erheblich an Aromastoffen verliert.

Merk-Ecke

Wußten Sie übrigens, daß der reine Extrakt der Pflanze gefährlich ist? Der Genuß von nur 6 g Thymol ist bereits tödlich!

Zitronenmelisse (*Melissa officinalis*): Bienenkraut, Frauenkraut, Herztrost. Vermehrung durch Samen, Kauf von Jungpflanzen oder durch Teilung der ausdauernden Staude.
Die Samen sind wärmebedürftig und keimen langsam. Bei extrem kalten Wintern ist eine leichte Frostschutzdecke erforderlich.
Vor der Blüte ist das Aroma am kräftigsten. Bis in die Oktobertage hinein kann geerntet werden. Beim Abpflücken darf man die empfindlichen Blätter nicht drücken. Bis 15 cm über dem Boden können die Stiele im Spätherbst abgeschnitten werden.

Zwiebel (*Allium cepa*): Aussaat oder Steckzwiebelpflanzung im März/April. Die Zwiebel zählt zu den mäßig zehrenden Pflanzen. Sie liebt einen trockenen, kalkhaltigen Boden. Vermehrt wird sie durch Steckzwiebeln oder Aussaat. Während Steckzwiebeln groß werden, bleiben Saatzwiebeln klein.

Merk-Ecke

Es empfiehlt sich, die Steckzwiebeln 24 Stunden in Regenwasser vorzuquellen. Dadurch wird das Herausspringen der Stockzwiebel verhindert, hingegen müssen Saatzwiebeln fest angetreten werden.

Anfang August werden die Zwiebeln mit der Grabegabel gelockert, dadurch wird die Wasseraufnahme der Pflanzen unterbunden, und das Zwiebelkraut beginnt abzusterben. Bei trok-kenem Wetter sollten die Zwie-beln mit der Grabegabel ausgehoben und möglichst ausgebreitet auf dem Erdreich an Ort und Stelle nachgetrocknet werden.
Mit Bast gebündelt, kühl und frostfrei aufgehangen, überwintern Zwiebeln am besten.

Was gibt´s Neues?

Frühlingszwiebeln sind viel zu wenig bekannt. Ihre Aussaat erfolgt von August bis Anfang September. Nach etwa 4 Wochen sind die Pflanzen kräftig genug, um verpflanzt zu werden. Bei einem Reihenabstand von 30 cm werden 10 - 15 cm tiefe Rillen gezogen, und die Jungpflanzen im Abstand von 20 - 25 cm eingepflanzt. Erntezeit ist dann von Ende April bis in den Mai. Frühlingszwiebeln erreichen die Größe eines Hühnereis, sie sind zum Frischverbrauch sehr zu empfehlen.

Mischkultur mit Kräutern

Für den Erwerbsgärtner ist die biologisch-ökologische Partnerschaft zwischen Gewürzkräutern und Gemüse zwar unrentabel, für den Hobbygärtner hingegen bietet sie die Lösung für gesundes und aromatisches Gemüse.

Basilikum (*Ocimum basilicum*): Basilikum wirkt, neben Gurken und Zucchinis gepflanzt, gegen Mehltau.

Kapuzinerkresse (*Tropaeolum majus*): Unter Obstbäumen gepflanzt, ist sie ein wirksames Bekämpfungsmittel gegen Raupen und Schnecken und wehrt Blatt- und Blutläuse ab. Auch ist sie ein idealer Mischkulturpartner für Kartoffeln und Tomaten.

Kerbel (*Anthriscus cerefolium*): Zwischen Salatpflanzen ausgesät, vertreibt Kerbel Blattläuse, Schnecken und Ameisen. Er ist gleichzeitig ein Schutz gegen Mehltau.

Knoblauch (*Allium sativum*): Der Knoblauch ist durch seinen spezifischen Geruch ein idealer Partner für viele Pflanzen, so z. B. für Erdbeeren, Salate, Möhren, Tomaten, Schwarzwurzeln, Gurken, Obstbäume, Beerenobststräucher. Er wirkt schädlings- und krankheitsabwehrend sowie gegen Pilzbefall. Vor allem schützt er Himbeeren und Erdbeeren gegen Grauschimmel. Erbsen, Bohnen und alle Kohlgewächse sollten Sie jedoch so weit wie möglich vom Knoblauch entfernt anpflanzen.

Kresse (*Lepidium sativum*): Kresse darf nur neben sehr robuste Pflanzen wie Tomaten und Spinat gesät werden. Tomaten schmecken kräftiger, wenn Kresse vor bzw. gleichzeitig mit der Tomatenpflanzung ausgesät wird. Gartenkresse neben Spinat bringt für beide Pflanzen höhere Erträge.

Petersilie (*Petroselinum crispum*): Dieses Küchenkraut zwischen Tomaten, Rettiche oder Zwiebeln gesät, gibt diesen Gemüsearten erst den begehrten, herzhaften Geschmack. Petersilienstauden neben Erdbeeren gepflanzt, vertreiben die gefräßigen Schnekken. Petersilie verträgt sich allerdings längst nicht mit allen Pflanzen.

Pfefferminze (*Mentha piperita*): Pfefferminze ist ein guter Partner für alle Kohlarten. Ihre Duftstoffe verscheuchen den Kohlweißling, aber auch die Erdflöhe, die vorzugsweise Salate befallen. Neben Kartoffeln und Tomaten gepflanzt, wirkt sie aromaverbessernd.

Salbei (*Salvia officinalis*): Der durchdringende Geruch dieser Pflanze ist ein wirkungsvoller Schädlingsbekämpfer. Zwischen Rosen gepflanzt, vertreibt Salbei die Blattläuse, zwischen Buschbohnen und Kohl Schnecken und Kohlweißlinge.

Schnittlauch (*Allium schoenoprasum*): Grauschimmel und Mehltau sind gefürchtete Erkrankungen bei Erdbeeren und Rosen. Wer seine Schnittlauchpflanzen neben Erdbeeren oder unter die Rosen pflanzt, hat mit diesen Pilzerkrankungen keinen Ärger mehr. Wie Zwiebeln und Knoblauch gehört der Schnittlauch zu der Familie der Liliengewächse.

Thymian (*Thymus vulgaris*): Von den Minirosen und vielen anderen Pflanzen vertreibt er die Schnecken, und bei Kohl wehrt er den Kohlweißling ab.

Zwiebel (*Allium cepa*): Die Zwiebelfliege ist ein lästiger Feind der Zwiebel. Wenn Sie Möhren zwischen die Zwiebeln säen, brauchen Sie den Schädling nicht zu fürchten. Umgekehrt schützt die Zwiebel die Möhre vor der Möhrenfliege. Zwiebeln zwischen Erdbeeren, Gurken oder Salat gesteckt bzw. gesät lassen den Grauschimmel bei letztgenannten Pflanzen nicht aufkommen.

Merk-Ecke

Insektenstiche schwellen durch Einreiben mit einer Zwiebel ab. Auch das Einreiben brüchiger Nägel wirkt oft Wunder.

Gemüsemischkulturen

HOLZ IM GARTEN

In vielen Gartenbereichen wird heute heimisches Holz als natürlicher Baustoff verarbeitet. Neben dem praktischen Nutzen sind es die vielseitigen gestalterischen Möglichkeiten, die der Werkstoff Holz bietet. Welcher Naturbaustoff ist so leicht und individuell zu bearbeiten, zu formen, trotz seines geringen Gewichtes, fest und elastisch mit angenehmem Eigengeruch? Es gibt kein zweites Material, das, in Abhängigkeit von der Holzart, so ausdrucksvoll in Farbe und Struktur ist. Zu den für Haus und Garten bevorzugten Hölzern gehören solche der Nadelbaumarten wie Kiefer, Fichte und Lärche. Die von vielen geäußerte Sorge, daß der Kauf von Holzprodukten zum Rückgang unserer Waldbestände beiträgt, ist völlig unbegründet. Die Forstwirtschaft ist dazu verpflichtet, den Gedanken der Nachhaltigkeit allen Nutzungsüberlegungen voranzustellen. Dies bedeutet, daß nicht mehr geschlagen werden darf, als nachwachsen kann. Es ist im Gegenteil sogar so, daß jeder, der Holzprodukte erwirbt, einen Beitrag zur Walderhaltung leistet, denn diese Hölzer fallen ausschließlich bei den notwendigen Pflegehieben an (im Fachjargon Durchforstung genannt). Bekanntlich sind die meisten unserer heimischen Hölzer, insbesondere die Nadelhölzer, weniger widerstandsfähig als tropische. Für viele Einsatzgebiete muß unser Holz daher besonders geschützt werden. Witterungseinflüsse, wie z. B. Regen oder Sonne (UV-Strahlung), sowie Pilze und Insekten führen sonst in relativ kurzer Zeit dazu, daß zunächst die Oberflächen angegriffen und unansehnlich werden, bis am Schluß das Holz völlig zerstört ist.

Holzschutzmöglichkeiten

Holzschutz durch Kesseldruckimprägnierung ist eine dauerhafte Möglichkeit, Holz zu schützen. Bestimmte Kombinationen von Vakuum- und Druckphasen gewährleisten dabei ein tiefes Eindringen der Holzschutzmittel in den Holzkörper.
Die von den Kesseldruckimprägnierbetrieben verwendeten Holzschutzmittel besitzen alle das Prüfzeugnis des Institutes für Bautechnik und sind somit zugelassen. Wichtig ist, daß die frisch imprägnierten Hölzer je nach Außentemperatur einige Wochen unter Dach lagern, damit sich die Holzschutzmittel fest an die Holzfasern binden und später nicht ausgewaschen werden können. Normalerweise kann bei kesseldruckimprägnierten Hölzern eine Nachbehandlung entfallen. Nur bei nachträglich entstandenen natürlichen Holzrissen sollte mit geeigneten Holzschutzmitteln nachgestrichen werden.

Was gibt´s Neues?

Beim Kauf von Hölzern für den Außenbereich sollten Sie nichts dem Zufall überlassen. Achten Sie deshalb bei Palisaden und anderen Holzbauelementen auf das Gütezeichen, bestehend aus Ziffern für das Herstellungsjahr mit der Abkürzung „RAL" und der ebenfalls aus zwei Ziffern bestehenden Hersteller-Kennung. RAL-Produkte werden von unabhängigen Sachverständigen laufend im Hinblick auf die Holzqualität, die Tränkreife, den Verlauf der Tränkung, den Zustand der Holzschutzmittel und deren Eindringtiefe kontrolliert. Diese strenge Qualitätskontrolle sichert Ihnen einen jahrzehntelangen Schutz. Damit stellt das RAL-Gütezeichen einen wertvollen Beitrag zum Verbraucherschutz dar.

Für eine Sitzgruppe und Sichtschutzwand aus Holz ist eine Holzschutzlasur erforderlich.

Holzanstriche: Holz muß nicht nur vor Nässe, sondern auch vor Sonne geschützt werden. Richtig ausgewählt, kann ein Farbanstrich sehr dekorativ sein. Zunächst gilt es zu entscheiden, ob das Holz naturbelassen bleibt, oder ob Sie es farblich verändern wollen. Wenn Sie die Maserung des Holzes im natürlichen Farbton erhalten wollen, empfiehlt sich ein zusätzlicher transparenter Schutzanstrich.

Holzschutz-Lasuren gewährleisten, daß das Holz darunter weiter Feuchtigkeit aufnehmen und auch wieder abgeben („arbeiten") kann. Ein Gesichtspunkt, der unbedingt beachtet werden sollte, wenn Sie lange Freude daran haben möchten. Sie können diese Holzschutz-Lasuren entweder direkt auf die zuvor kesseldruckimprägnierten Hölzer aufstreichen oder, wenn Erd- oder Wasserkontakt nicht besteht, direkt auf die Holzoberfläche auftragen. Wichtig ist nur, daß diese sauber und frei von Farbresten ist.

Übrigens eignen sich Holzschutz-Lasuren auch hervorragend dazu, dem Holz die gewünschte Farbe zu geben, denn es gibt sie in einer großen Farbtonpalette. Richtig ausgewählt, kann ein solcher Farbanstrich sehr dekorativ sein. Sie sollten sicherstellen, daß das von Ihnen ausgewählte Mittel mit dem RAL- Gütezeichen „Holzschutzmittel" bzw. dem blauen „Umweltengel" gekennzeichnet ist. Es wird nur an Produkte verliehen, die amtlich geprüft und hinsichtlich ihrer Wirksamkeit gegen Holzschädlinge und ihrer gesundheitlichen Unbedenklichkeit bei sachgemäßer Verwendung überwacht werden.

Es gibt auch sogenannte Wetterschutzfarben. Diese Anstrichmittel bieten bei bestimmten Einsatzmöglichkeiten ebenfalls einen guten Oberflächenschutz. Wetterschutzfarbe ist nicht nur deckend, sie wirkt auch feuchtigkeitsregulierend. Holz ist ja bekanntlich durch die Umwelteinflüsse ständig in Bewegung, deshalb reißen ja oft herkömmliche Anstriche auf Holz in der freien Natur und platzen schließlich ab. Aber Qualitätsfarben schmiegen sich wie eine zweite Haut an und machen jede Bewegung des Holzes mit. Das Geheimnis dabei ist, daß die Luftzirkulation in den Poren des Holzes erhalten bleibt, das Holz also weiterhin atmet. Die angebotene Farbpalette ist zwar reichhaltig, aber wenn Sie nicht finden, was Sie suchen, läßt sich jede andere gewünschte Farbvariante mischen. Übrigens, auch viele Wetterschutzfarben sind heute schon mit dem blauen „Umweltengel" gekennzeichnet.

Mein Tip

Der Farbton läßt sich durch Mischen verschiedener Farben verändern. Bevor Sie munter ans Werk gehen, sollten Sie aber erst die Probe aufs Exempel machen.

Merk-Ecke

Consolan Wetterschutzfarbe ist gebrauchsfertig, braucht also nicht mehr mit Wasser verdünnt zu werden. Ein weiterer Vorteil: Sie trocknet schneller als Lacke auf Lösungsmittelbasis.

Stützwand mit waagerechten, weißgestrichenen Hölzern.

Wenn Sie für Weiß schwärmen. Bei Verwendung der erwähnten Wetterschutzfarbe in Weiß oder in hellen Farbtönen sollte mit Consolan Isoliergrund Weiß vorgestrichen werden, um ein Durchschlagen farbiger Holzinhaltsstoffe wirkungsvoll zu verhindern. Diese Wetterschutzfarbe ist nicht auf borsalzimprägnierten Hölzern anwendbar. Wohl gemerkt, eine Grundierung ist nur bei hellen Farbanstrichen wie Weiß, Gelb und Hellblau erforderlich, da die Holzinhaltsstoffe den neuen Farbanstrich sonst unansehnlich machen.

Was Sie dazu beitragen können, damit Holz im Freien sein schönes, natürliches Aussehen in dem gewählten Farbton behält:

- Achten Sie auf die entsprechenden RAL-Gütezeichen (für kesseldruckimprägnierte Holzbauelemente und für Holzschutzmittel). Für Anstriche ist der blaue „Umweltengel" maßgebend.
- Nur solche Qualitätsprodukte schützen das Holz vor Bläue, Fäulnis, Holzwürmern und sind vom Bundesgesundheitsamt überprüft.
- Trockenrisse, die bei kesseldruckimprägnierten Hölzern entstehen können, sollten mit einem geeigneten Holzschutzmittel nachgestrichen werden,

das gleichzeitig vor Umwelteinflüssen, wie Sonne und Nässe, schützt.

- Der nach einigen Jahren häufig auftretende „Vergrauungsprozeß" kann durch Farbauffrischung mit einer Lasur in dem von Ihnen gewünschten Farbton aufgehalten werden.
- Beachten Sie die Einbauempfehlungen für alle Hölzer im Aussenbereich mit Erd- oder Wasserkontakt. Vermeiden Sie auf jeden Fall Staunässe (Gefahr von Moderfäule) und sorgen Sie für eine entsprechende Drainageschicht.
- Die Auswahl holztypischer Farbtöne ist groß.
- Die Verarbeitung ist leicht, ein Abplatzen der Farbe nicht zu befürchten.
- Bei einem späteren Nachanstrich muß weder abgebeizt noch nachgeschliffen werden.

Warum Holz in der Sonne verblaßt? Das UV-Licht der Sonne bräunt unsere Haut. Ungeschütztes Holz im Freien wird nicht brauner, sondern blasser, es vergraut. Der Grund: Das UV-Licht baut den wichtigen Holzbestandteil Lignin ab. Der Regen wäscht ihn aus, die Holzoberfläche wird unansehnlich, runzelig und rissig, so daß Feuchtigkeit und Regen ungehindert eindringen können. Nässe und Feuchtigkeit sind die Wegbereiter für eine Holzzerstörung durch Schädlinge und Pilze.

Gestaltungsmöglichkeiten mit Palisaden

Palisaden sind aufgrund ihrer Stabilität ein beliebtes Gestaltungselement im Garten. Sie sollten unbedingt kesseldruckimprägniert sein. Mit Palisaden lassen sich ansprechende Ruhezonen, Wind- und Sichtschutz schaffen. Neu im Trend sind farbig abgesetzte Hölzer, weiß-grün oder weiß mit Friesenblau.

Kanthölzerpalisaden zur Abgrenzung von Gartenbereichen.

Rundholzpalisaden sind ein beliebtes Gestaltungselement.

Rundum Kanthölzerpalisaden eignen sich auch zur Abgrenzung von Gartenbereichen, z. B. zwischen Rasen und Pflanzflächen - Nutz- und Ziergarten - Teichzonen und Terrasse, zur Gestaltung von Spielzonen oder zur Eingrenzung von Kräuterbeeten mit sogenannten Beetrollis und zur Betonung bestimmter Gartenbereiche. Auch können Hanglagen mit Holz abgestützt und gestaltet werden. Holz läßt sich gut mit anderen natürlichen Materialien kombinieren. Eine Treppe aus Granitsteinen kann z. B. von massiven Kanthölzern eingefaßt werden.

Rundholzpalisaden: Sie werden im Handel geschält (wobei die natürliche Stammform erhalten bleibt) oder gefräst (mit annähernd gleichbleibendem Durchmesser) angeboten.

Kantholzpalisaden: Hier finden Kanthölzer oder Schwellen Verwendung. Kesseldruckimprägnierte Hölzer vergrauen durch Witterungseinflüsse mit der Zeit. Sie können diesen Prozeß durch

Hanggarten mit Rundholzpalisaden angelegt.

Farbauffrischung mit einer Lasur in dem von Ihnen gewünschten Farbton aufhalten.

Etwas für den besonderen Geschmack: Sitznischen mit Wänden aus Rutengeflecht, auch Faschinen genannt, können Sie selbst herstellen. Sie brauchen imprägnierte Holzpfähle, einen Hammer und möglichst lange, nicht zu starke Austriebe der Kopfweide. Nach dem Einschlagen der Pfähle in nicht zu großen Abständen werden die Ruten schlangenförmig von Pfahl zu Pfahl befestigt. Anschließend können Sie das Ganze mit Efeu oder Wildem Wein dauerhaft begrünen.

Holzpfähle mit Kletterpflanzen.

Begrenzungen

Holz wird gern für Gartenzäune verarbeitet: vom einfachen Lattenzaun über den zeitlosen Jägerzaun, den dicht geschlossenen Flechtzaun als Sichtschutz, bis hin zu dem relativ offenen Ranchzaun. Großer Beliebtheit erfreut sich heute der Staketenzaun mit Bögen und Relief. Auch großflächige Rankgitter, die der Bepflanzung mehr Spielraum lassen, sind gefragt. Lattenzäune in vielen Varianten bestechen immer wieder aufs neue durch ihre Schlichtheit. Einbauempfehlung: Das tragende Element des Zaunes ist der Pfosten. Als erstes werden die Eckpfosten aus kesseldruckimprägnierten Hölzern aufgestellt, danach die übrigen Pfosten in einer Linie gleichmäßig ausgerichtet. Das Setzen der Holzpfosten ist abhängig von der Art des Zaunes. Am einfachsten ist das Einrammen eines zugespitzten Holzpfostens in die Erde. Dazu wird ein 20 x 20 cm tiefes Loch mit dem Spaten ausgehoben. Mit einem Locheisen wird dann der Boden so tief gelockert, daß der Pfosten je nach Zaunhöhe ca. 50 - 60 cm tief in den Boden kommt. An die Pfosten werden die Rahmen oder Querriegel montiert.

Was gibt´s Neues?

Neu auf dem Markt sind Sichtschutzzäune mit überbautem Rankgitter. Im Trend liegen gefällig geschwungene Bogenformen, und das nicht nur bei Gartenzäunen, sondern auch bei Pergolen, wobei romantische Torbögen aus Holz besonders hübsch sind. Eine Holzpergola ist ein schöner Schmuck für jedes Haus. Gut bepflanzt, schafft sie lauschige Nischen und Sitzecken. Oft ist Holz das verbindende Element zwischen Haus und Garten und kann als natürlicher Baustoff die Gartenarchitektur angenehm unterstreichen.

Flechtzaun als Sichtschutz.

Kombination ist alles: Rustikale Holzsitzgruppe mit Stein und Rankengitter.

Holzzaun mit übergrüntem Torbogen, hier: Zierhopfen, *Humulus japonicus*.

Nach dem Vorbild der Natur mulchen: Gemulchte Gartenwege sind eine ebenso nachahmenswie preiswerte Lösung, wenn Sie Ihren Garten trockenen Fußes und jederzeit wie einen weichen Teppich begehen wollen. Rindenmulch sollte 7 - 10 cm dick aufgetragen und nach 3 - 4 Jahren ergänzt werden. Eine zu dünne Schicht schränkt die Wirkung ein, während zu starke Auflagen die natürliche Luftführung und Wasserverdunstung behindern. Eine Vorbehandlung, wie z. B. das Wässern ist nicht erforderlich, denn es besteht keine Verwehungsgefahr.

Rindenmulch kann auch auf Beeten, unter Bäumen und in Gartenrandzonen ausgebreitet werden. Rindenmulch verbessert den Wärmehaushalt des Bodens. Durch ihre dunkle Färbung wird die Sonnenwärme gebunden, sie schützt auf diese Weise durch den Temperaturausgleich vor Frost. Rindenmulch erspart Ihnen viel Wasser, denn sie schützt den Boden vor dem Austrocknen, weil die aufsteigende Bodenfeuchtigkeit aufgefangen wird. Rinde ist ein wirksamer Erosionsschutz, der den harten Aufprall von Regen und Hagel dämpft und vor Abschwemmung und Verschlämmung den wertvollen Mutterboden schützt. Die in der Rinde vorhandenen Schutz- bzw. Hemmstoffe werden mit der Zeit durch Mikroorganismen abgebaut und umgesetzt.

Merk-Ecke

Beim Zerfall der Rinde kann ein akuter Stickstoffmangel in der Bepflanzung, z. B. im Vorgarten, in Azaleenbeeten usw. auftreten.
Die Pflanzen signalisieren den akuten Stickstoffmangel durch langsam gelbwerdendes Laub. In diesem Fall ist sofort eine stickstoffreiche Düngung vorzunehmen. Rinde wird auch gern in Rosenbeeten aufgetragen, weil sie aufgrund spezifischer Inhaltsstoffe keimungshemmende Eigenschaften besitzt. Dadurch kommt Unkraut weniger auf, und anfliegender Samen kommt nicht zum Keimen. Was auf der einen Seite ideal ist, nämlich lästiges Unkrautjäten erspart, wirkt sich andererseits negativ aus, wenn Sie z. B. vorhaben, auf den gemulchten Beeten Samen auszusäen.

Holzbrücke über einem Gartenteich.

Holzpflaster und Gartendecks

Gehwege aus Holz sind zwar optisch schön und als natürlicher Baukörper auch biologisch sinnvoll, dennoch ist Vorsicht geboten. Wegen der starken Veralgung wird Wegebelag aus Holz bei Nässe glatt. Holz sollte deshalb nicht im Schattenbereich (Nordseite) verarbeitet werden. Auch in Wassernähe, z. B. als Brücke über Teichen, kann durch die ständige Wasserverdunstung Holz gefährlich werden.
Gestalterisch ist es eine ansprechende Lösung, deren Benutzung aber im Laufe der Jahre kritisch wird. Nicht nur Regen macht die Holzfläche glitschig, schon die Wasserverdunstung in Verbindung mit dem morgendlichen Tau genügt, um aus der Holzfläche eine Rutschbahn zu machen. Algenvertilgungsmittel dürfen nicht verwendet werden, wenn im Teich Fische leben. Auch die Behandlung mit Wasserhochdruckstrahl schafft nur für kurze Zeit Abhilfe. Abgesehen davon ist die Arbeit mühsam und der Wasserstrahl darf nur vorsichtig angewandt werden, sonst reißt das Holz. Bleibt das Sandstrahlen oder Abschmirgeln der Fläche und beides sind nur Lösungen mit kurzfristigem Erfolg. Holzquadrate mit geriffelter Oberfläche sind weniger rutschgefährdet, vor allem wenn sie richtig verlegt worden sind.

Verlegung von Holzpflaster: Um Holzpflaster fachgerecht zu verlegen, muß ein Erdaushub so tief vorgenommen werden, daß der Belag in einer 5 - 10 cm hohen Sand- bzw. Kiesschicht verlegt werden kann. Dazu werden die Pflasterholzstücke einzeln, und dicht nebeneinander aufgestellt. Durch Auswahl verschiedener Durchmesser erreichen Sie eine geringe Fugenbildung. Mit Wasserwaage und Holzhammer wird für eine waagerechte Verlegung gesorgt. Zum Schluß Sand in die Fugen einfegen, dann das Ganze mit einem Stampfer verdichten und nochmals mit Sand auffüllen. Anschließend sauber abgefegen.

Verlegen von Gartendecks: Der Anbau sollte grundsätzlich so erfolgen, daß die Holzroste versetzt zueinander angeordnet werden. Der Phantasie sind bei der Verlegung ansonsten keine Grenzen gesetzt.
Sie können die einzelnen Elemente je nach Untergrund entweder lose verlegen (z. B. auf Betonfundament) oder auf eine Unterkon-

Holzterrasse über dem Gartenteich.

struktion aus Kanthölzern aufschrauben. Muß erst ein entsprechender Untergrund hergerichtet werden, dann ist ein Kies- oder Sandbett empfehlenswert.

Beeteinfassung: Kanthölzer und Rundholzpalisaden werden auch gern zur Beeteinfassung verwendet.

Stufen im Garten: Kesseldruckimprägnierte Schwellenhölzer eignen sich hervorragend zum Treppenbau, ein direkter Erdkontakt ist dabei kein Problem. Ideal ist auch eine Kombination zwischen Steinen und Holz.

Phantasievolle Spielbereiche aus Holz.

Holzspielgeräte für Kinder

Holzspielgeräte sehen nicht nur gut aus, sie lassen sich auch für die unterschiedlichsten Spielfunktionen gestalten. Sie sind stabil und im direkten Kontakt warm und hautsympathisch. Durch die vorhergehende Kesseldruckimprägnierung sind sie weit über das Spielalter hinaus haltbar. Holzbretter oder Bohlen sind für Sandkästen bestens geeignet. Unser Modell läßt sich mit etwas Geschick leicht nachbauen.

Die Korpuskonstruktion ist relativ einfach, Kanthölzer 120 mm x 120 mm werden abwechselnd im rechten Winkel verschraubt. Die Sandkiste ist mit einem abnehmbaren Deckel versehen, so daß Verunreinigungen durch Tiere ausgeschlossen sind. Für die Abdeckung lassen sich anstelle von Brettern auch Latten verwenden. Die Stirnseite ist Sitzplatz und Spielfläche zugleich. Auch mit Palisaden lassen sich schöne, den Geländegegebenheiten angepaßte Spielbereiche gestalten. Da Palisaden in unterschiedlichen Größen bestellt werden können, lassen sich Höhenunterschiede ohne Schwierigkeiten lösen. Sobald die Kinder größer geworden sind, kann z. B. aus der Spielecke ein Teich, ein Hochbeet oder eine Sitzecke entstehen. Eine Sandgrube läßt sich ohne großen Aufwand in einen Pflanzbereich umwandeln.

Weitere Spielgeräte für Kinder sind Kletterschaukeln - hier können freihängende Strickleitern angebracht werden - oder ein höhenverstellbares Reck.

Grundgerüste aus Holz für die Spielecke.

Holzwippe

Holz als Rankgerüst

Für Pergolen und Rankgitter gibt es kein zweckmäßigeres und schöneres Gestaltungselement als Holz. Gleichgültig dabei ist, ob Pergolen eine Dachschräge verlängern oder als offene Pergola eine gemütliche Sitzecke umrahmen.

Mein Tip

Hübsch ist eine Arkaden-Pergola mit Sichtbogen. Sie besteht aus 4 Pfosten, 9 x 9 x 230 cm, oben geschlitzt, 2 Arkadenbögen, 5 Doppelreitern, 2 Rankgittern. Für die Verankerung sind feuerverzinkte Bodenhülsen empfehlenswert bzw. Pfostenanker mit Betonsockel. Recht einladend wirkt auch ein Arkadengang. Diese Idee läßt sich im Pergola-System individuell verwirklichen. Interessant sind auch Zaunkonstruktionen in Verbindung mit einer überbauten Pergola.

Pflanzkästen aus Holz

Auf betonierten Flächen und Terrassen lassen sich mit Kant- oder Rundhölzern Pflanzgefäße ganz individuell gestalten. Selbst angefertigte Kästen können natürlich beliebig groß und hoch, L-förmig oder U-förmig, sein und ggf. auch miteinander auf zwei Ebenen kombiniert werden. Sie können aber auch Gartenbereiche abgrenzen. Ein Hochbeet kann anstelle eines Zaunes auch neben einem Treppenabgang aufgestellt werden. Natürlich gibt es diese Kästen mit und ohne Pflanzwanne zu kaufen. Sie lassen sich auch mit Teichfolie auskleiden. Für Bastler ist die Blumenschaukel eine nette Anregung zum Selbstbau. Die 79, 90 oder 130 cm langen rechteckigen Blumenkästen bestehen aus zwei sandgestrahlten Profilbrettern mit sichtbarer Holzstruktur. Die Kästen können mit Ketten wie eine Ampel in einer Pergola hängend oder aber am Boden stehend dekoriert und bepflanzt werden.

Pflanzkasten aus Holz.

Offene Holzpergola, die eine Sitzecke umrahmt.

Regenfaß: Formschön und rustikal sind beim Regenfaß die Holzleisten der Faßwandung, die durch zwei Drahtseile verbunden werden. Die Holzleisten haben entsprechende Bohrungen, durch die der Draht verläuft. Die Holzwandung ist imprägniert und dient dem im Regenfaß aufgehängten Wassersack aus Fischteichfolie als Stützgerüst. Bevor das Faß gefüllt wird, sollte es auf Sand, Steinplatten oder einer ebenen Erdfläche aufgestellt werden. Ein solches Regenfaß sieht nicht nur gut aus, es übersteht jeden Winter selbst bei Eis und Schnee. Nun, vermutlich sind Sie jetzt auch auf den Geschmack gekommen, künftig mehr Holz im eigenen Garten einzusetzen.

Gartenschmuck

Es gibt viele Schmuckelemente für den Garten - natürliche wie künstliche. Zierobjekte sind das I-Tüpfelchen einer gelungenen Gartengestaltung, sie sollten als Blickfang an exponierter Stelle angeordnet werden. Ausgewählte Natursteine gereichen dem Garten zur Zierde, sind eine wirkungsvolle Kulisse zu Wasser,

Witzige Holzskulptur, die durch Verwitterung schon fast lebendig aussieht.

Gräsern, Polsterpflanzen und unentbehrlich für den Heidegarten. Große Findlinge, schöne Wurzelknorren und auch Sprudelsteine bringen dekorative Effekte. Ein mobiler Sichtschutz ist im wahrsten Sinne des Wortes eine „tragbare" Lösung. Das Rankgerüst in Kombination mit dem bepflanzten Gefäß ist ein Schmuckstück für anheimelnde kleine Winkel. Der Gartenraum sollte so konzipiert sein, daß mehrere Sitzecken zum Verweilen einladen. Durch ihr geringes Gewicht lassen sich moderne Gartenmöbel leicht umstellen. Sitzplätze können durch Kübelpflanzen in Tonvasen und Terrakottatrögen ein mediterranes Flair erhalten. Kunstvoll gestaltete Skulpturen zeugen, richtig plaziert, von besonderem Geschmack. Entscheidend für jedes Objekt ist der geeignete Rahmen, in dem sich die einmal gefundene Stilrichtung im Garten fortsetzt. Zum Gartenschmuck mit Tradition zählen unter anderem grüne Zierelemente, wie Figuren aus Buchsbaum und Eibe, aber auch Durchgänge Bögen und Pergolen. Zum bayrischen Bauerngarten gehören z. B. mundgeblasene schillernde Glaskugeln, die auf dünne Holzstangen aufgesteckt sind. Ihr spiegelnder Glanz, heißt es, war zur Abwehr böser Geister gedacht. Wahrscheinlicher ist, daß die blinkenden Kugeln naschhafte Vögel vom Garten fernhalten sollen.

Mein Tip

Die Glaskugeln kommen in Verbindung mit Hochstammrosen besonders zur Geltung. Eine einzelne Rose spiegelt sich darin mehrfach wider und wird so in reizvoller Form präsentiert.
Rosenkugeln passen besonders gut in ländlich-romantische Gärten. In einem modernen sachlichen Garten sind sie fehl am Platze.

Schöne Gartenanlage mit Metall- und Steinskulpturen, berankter Pergola, Teich und Kübelpflanzen.

GÄRTEN FÜR JEDES ALTER

Kinder lernen spielend gärtnern

Es ist nicht damit getan, dem Kind im Haus- und Kleingarten ein eigenes Beet zuzuweisen. Das Kind braucht, um spielend „gärtnern" zu lernen, eine liebevolle Anleitung. Es ist wichtig und richtig, dem Kind zunächst ein kleines Beet anzuvertrauen, auf dem es nach Herzenslust, aber nicht ohne die verständnisvolle Anleitung eines Erwachsenen, experimentieren kann. Das Interesse an der Natur sollten Sie beim Kind möglichst schon im frühen Kindesalter wecken: Für den Anfang genügt es, dem Kind zu zeigen, wie schnell Erbsen und Bohnen auf der Fensterbank keimen und wie diese Keimlinge später, in die Erde gelegt, zu hohen Pflanzen heranwachsen. Vertrauen Sie Ihrem Kind ruhig eine Handvoll Keimlinge an und zeigen Sie ihm, wie behutsam diese zarten Sprößlinge nun in die Saatrille gebettet werden. Das Andrükken der Erde und auch das Angießen werden ihm Freude bereiten. Auch die leicht keimenden Samen von Kresse und Radieschen sind für den Anfang besonders geeignet, das Kind über das Werden der Pflanzen aufzuklären. Für viele Kinder ist es schon ein ganz besonderes Erlebnis, wenn sie die Früchte ihrer Arbeit später ernten und verzehren dürfen. Das Beobachten des Entstehens einer Pflanze - vom Saatkorn bis hin zur Fruchtreife - vermittelt dem interessierten Kind anschaulich die Lebensvorgänge in der Natur. Die so gewonnenen Erfahrungen können Grundstein für die spätere Freude am Garten sein.

Die Erkenntnis, daß aus einem scheinbar leblosen Samenkorn wie dem Sonnenblumenkern später eine Sonnenblume mit vielen Blüten und Fruchtkernen entsteht, prägt sich tief in das Gedächtnis ein. Es ist in keiner Weise dem theoretischen Wissen aus Literatur oder Medien gleichzusetzen.

Auch ohne eigenen Garten können Sie bei Ihrem Kind die Liebe und das Verständnis zur Pflanze wecken. Schließlich lassen sich auch auf der Fensterbank oder dem Balkonkasten viele einfache Experimente mit Pflanzen durchführen. Da Kinder sehr ungeduldig sein können, sollten Sie schnell keimendem Saatgut den Vorrang geben.

Ein eindrucksvolles Experiment ist, wie aus einem Avocadokern eine Grünpflanze entsteht. Nachdem das Fruchtfleisch verzehrt ist, werden in das untere Drittel des Avocadokernes über die kleinen, nicht immer sichtbaren Wurzelansätze, vier Zahnstocher gesteckt. Mit Hilfe der aus dem Kern herausragenden Zahnstocher wird der Avocadokern auf ein mit Wasser gefülltes Glas gestellt, so daß der untere Teil ins Wasser taucht. Wenn nun das Glas auf der Fensterbank steht, werden sich nach fünf bis acht Wochen die ersten Wurzeln zeigen.

Auch Apfelsinen- und andere Zitruskerne können, in einen mit Erde gefüllten Blumentopf gesteckt, zu einer Pflanze heranwachsen. Auf der Fensterbank lassen sich ebenfalls leicht Stecklinge von vorhandenen Pflanzen ziehen. Die Bewurzelung im Wasserglas ist in diesem Fall vorzuziehen, weil das Kind den Werdegang dann anschaulicher verfolgen kann. Zur Bewurzelung eignen sich Efeutute, Usambarablätter, Fleißiges Lieschen und Strauchbegonien. Besonders einfach ist die Vermehrung durch Kindel, z.B. von der Grünlilie, Tolmiea bzw. Henne und Küken, *Tradescantia* usw.

Schlecht für Allergiker: Primeln

Giftige Pflanzen: Giftpflanzen haben in Reichweite von Kindern nichts zu suchen! Wie oft wird vergessen, daß das anmutige Maiglöckchen eine große Gefahr für Kinder darstellt. Wenn z. B. ein dreijähriges Kind das Glas Wasser austrinkt, in dem ein Maiglöckchen gestanden hat,

Giftig: Fingerhut

kann es dadurch in Lebensgefahr geraten. Alle Teile des Maiglöckchens sind giftig! Um Risiken auszuschließen, sollten Sie, solange Sie Kleinkinder haben, unbedingt auf folgende Pflanzen verzichten: Eisenhut, Akelei, Christrose, Herbstzeitlose, Eibe, Pfingstrose, Schlafmohn, Ziertabak, Fingerhut, Tollkirsche, Goldregen, Korallenbäumchen. Auch Nachtschattengewächse, zu denen Tomaten zählen, enthalten in Blüten und Kraut Giftstoffe. Unter den Kübelpflanzen gibt es ebenfalls giftige Pflanzen. Der attraktive Oleander zählt zu den Hundsgiftgewächsen und ist in allen Teilen giftig. Das gleiche gilt für Löwenzahn, dessen Milchsaft führende Stiele von Kindern ausgelutscht werden könnten.

Die Engelstrompete ist für Menschen und Tiere mindestens so giftig wie die Tollkirsche. Auch Buchsbaum ist nicht ungefährlich. Bei der geringsten Hautverletzung kann der Kontakt mit dem Saft des Buchsbaumes zur Blutvergiftung führen!

Becherprimel: Sie gibt aus den Haaren an Stengeln oder Blütenkelchen ein Sekret ab, auf das Allergiker mit Reizungen und Entzündungen der Haut reagieren. Wer nicht allergisch ist, braucht auch nicht auf Becherprimeln zu verzichten. Wissen sollten Sie aber, daß eine ähnliche Substanz im Saft der Wurzelknollen des beliebten Alpenveilchens vorkommt. Glücklicherweise ist die Gefahr, mit dem Saft in Berührung zu kommen, gering.

Clivie: Diese Pflanze enthält wie viele andere Amaryllisgewächse (Osterglocke, Narzisse, Schneeglöckchen) Alkaloide, die Vergiftungserscheinungen mit Übelkeit, Brechreiz und Durchfall hervorrufen können. Liebhabern dieser dekorativen Blütenpflanzen ist zu empfehlen, welke Blätter und vor allem den saftreichen Blütenstengel vorsichtig zu entfernen und sich danach sofort die Hände zu waschen. In bezug auf ihre Giftigkeit rate ich Ihnen im Interesse der Kinder, es bei der Clivie nicht zur Fruchtbildung kommen zu lassen, denn die roten, eiförmigen Beeren der Pflanze verlocken zu sehr zum Naschen.

Giftig: Eisenhut

Clivien enthalten giftige Alkaloide.

Oleander: Diese Pflanze ist im allgemeinen als Giftpflanze bekannt. Sie enthält herzwirksame Stoffe. Ernste Vergiftungsfälle kommen relativ selten vor, weil kaum große Mengen von Blüten oder Blättern der Pflanze verzehrt werden. Alle Pflanzenteile schmecken sehr bitter und verursachen schnell Brechreiz. Nur sollten Sie den schön blühenden Strauch ebenso wie den Gelben Oleander (*Thevetia peruviana*) richtig einschätzen. Verwandt mit dem Oleander sind die Immergrünarten, von denen das rosafarbene *Catharanthus roseus* als Topfpflanze im Handel angeboten wird.

Dieffenbachien: Sie sind wieder in Mode gekommen. Ihre Vorzüge liegen im üppigen Wachstum und in erstaunlicher Unempfindlichkeit gegen trockene Zimmerluft. Ihre Nachteile: Saft, der aus verletzten Pflanzenteilen austritt, verursacht auf den Schleimhäuten von Mund und Rachen Schwellung und Schmerzen, an den Augen Bindehautentzündungen und Hornhautveränderungen. Vor allem Kinder und auch Haustiere sind gefährdet! Verwandte der *Dieffenbachia* sind die zahlreichen Philodendron-Arten, von denen viele in der Zimmerkultur gehalten werden. Bei der Pflege dieser Pflanzen kann es zu Hauterkrankungen kommen. Ich rate Ihnen, diese Pflanzen Kindern nicht zur Pflege anzuvertrauen. Ob Sie allerdings ganz darauf verzichten sollten, ist individuell zu entscheiden.

Wolfsmilchgewächse: Sie enthalten in ihrem Milchsaft hautreizende Stoffe, deren Konzentration Schwankungen unterliegt. Der so harmlos aussehende Weihnachtsstern gehört ebenso zu dieser Pflanzenfamilie wie der Christusdorn und der Wunderstrauch. Es handelt sich zwar um eine malerisch schöne Pflanze, dennoch ist größte Vorsicht geboten.
Wenn sie hautempfindlich sind, kann schon die geringste Berührung mit ihrem Milchsaft Ekzeme hervorrufen.

Pflegeleichte Pflanzen im Atriumgarten.

Der „schnelle Garten" für Berufstätige

Der Wunsch nach einem pflegeleichten Garten wird vor allem von berufstätigen und ältere Menschen geäußert.
Voraussetzung dafür ist eine durchdachte und von vornherein geplante Anlage Umgestaltung eines vorhandenen Gartens. Den völlig unproblematischen Garten wird es jedoch nicht geben. Die Umgestaltung oder Neuanlage beginnt mit der Bodenvorbereitung. Es kann gar nicht oft genug darauf aufmerksam gemacht werden, welchen Einfluß die Bodenqualität auf die spätere Pflege hat. Häufig wird aus Unkenntnis an dieser Stelle gespart: In einem guten, humus- und nährstoffreichen Gartenboden wächst alles gut. In einem verdichteten Boden wachsen die Pflanzen schlecht an und die Bo-

denbearbeitung ist sehr mühsam. Einem sandigen, durchlässigen Boden fehlt das Speichervermögen für Wasser, außerdem bedarf er sehr viel Pflege. Ein im Wasserhaushalt ausgeglichener Boden vermindert die Pflegearbeit erheblich, weil es bei einem solchen Boden weder zur stauenden Nässe noch zu Austrocknungserscheinungen kommt. Zu der tiefgründigen Bodenbearbeitung gehört selbstverständlich das sorgfältige Absammeln von Wurzeln und Unkraut. Wer bei diesen Vorbereitungsarbeiten nachlässig verfährt und z. B. die Quecke nur teilt, anstatt sie mit der Grabegabel gänzlich zu entfernen, hat die Vermehrung der unangenehmen Pflanze beschleunigt. Die richtige Pflanzenauswahl trägt ebenfalls erheblich zum pflegeleichten Garten bei.

Bei kleinen Gartengrundstücken wie Atrium-, Reihenhaus- und Stadthausgärten wäre ein trittfester Teppich aus Polsterstauden eine denkbare Alternative zum Rasen. Innerhalb von zwei bis drei Jahren wachsen die Polsterstauden zu einem dichten Teppich zusammen, und es bedarf danach keiner weiteren Pflege. Geeignete Pflanzen für einen Staudenteppich sind u. a.: Stachelnüßchen, Bruchkraut, Fiedermoos, Katzenpfötchen, Mauerraute, Sternmoos, Thymian.

Bei standortgerechtem, kalkarmen Boden rate ich zu einem Heidegarten. Wenn Sie verschiedene Heidesorten pflanzen, werden Sie sich im Frühjahr an blühender Schneeheide, im Sommer an Grau- oder Aschenheide/Glokkenheide, im Spätsommer an farbenprächtiger Besenheide und im Winter an englischer sowie an Schnee- oder Winterheide erfreuen können. So haben Sie bis auf nur wenige Wochen im Jahr einen blühenden Heidegarten. Den Heidecharakter können Sie mit einigen Wurzeln, Steinen und trittfesten Polstergräsern sowie Zwerggehölzen unterstreichen.

Um das lästige Unkrautjäten zu reduzieren, sollten Sie eine Mulchschicht zwischen den Bäumen, Sträuchern und Stauden auftragen. Bei Stauden ist vor allem darauf zu achten, daß diese einen wind- und wetterfesten Standort haben und keiner Stütze bedürfen. Bodendecker sollen sich ausbreiten, während das Wuchern von Gehölzen, wie z. B. bei dem niedrigbleibenden Bambus (*Sasa pumila*), bei der Goldnessel (*Lamiastrum galeobdolon*) und dem Essigbaum (*Rhus typhina*) unerwünscht ist. Bei der Gehölzauswahl für den pflegeleichten Garten gilt es stets, standortgerechte Pflanzen auszuwählen. Anspruchsvolle Moorbeetpflanzen wie Rhododendron und Azaleen sind nur pflegeleicht, wenn sie auf einem moorigen, grundwassernahen Boden wachsen. Und auch daran sollten Sie denken: Laubbäume machen mehr Arbeit als Nadelbäume.

Auch bei Staudenpflanzungen kann der sonst hohe Pflegeaufwand eingeschränkt werden, wenn Sie eine gezielte Auswahl von Stauden treffen, die sich zum

Oben: Heidegarten

Pampasgras *(Cortaderia)*

Verwildern eignen. Unter Verwildern versteht man, daß die Stauden schnell zusammenwachsen, ohne dabei an Schönheit einzubüßen. Die rasche Wuchseigenschaft verhindert das Aufkommen von Unkräutern. Um Mißerfolgen vorzubeugen, ist es ratsam, die Auswahl der Stauden nach Lebensbereichen vorzunehmen. Zu berücksichtigen ist neben der Bodenqualität die Lage des jeweiligen Standortes: sonnig, halbschattig oder vollschattig. So wachsen bei voller Sonne Bärenfellgras, Blauschwingel, Lampenputzergras u.a. optimal. Auch Feder- und Grasnelken bilden nach kurzer Entwicklungszeit eine geschlossene Pflanzendecke.

Nachstehend aufgeführte Stauden bilden sowohl im Halbschatten als auch im vollen Schatten eine geschlossene Pflanzenfläche: Haselwurz, Lungenkraut, Ysander, Immergrün, Waldmeister, weißbunte Taubnessel.

Selbst im tiefen Schatten, z. B. unter großen, dichtlaubigen Bäumen, können folgende zum Verwildern neigende Stauden wachsen: Dreiblatt, Elfenblume, Salomonsiegel, Silberkerze, Waldgeißbart, Wiesenraute, Waldmeister, Ysander.

Sind die Pflanzen einmal zusammengewachsen, gleichen sie einem Waldbodenteppich. Sie brauchen dann kaum noch Pflege und können über viele Jahre hinweg am gleichen Standort verbleiben.

Neben einer pflegeleichten, standortgerechten Bepflanzung erleichtern elektrische Gartengeräte die Arbeit erheblich. So gibt es inzwischen einen Universal-Staubsauger, mit dem Sie Laub schnell und mühelos auch zwischen Steinen aufsaugen können. Mit den beschriebenen Tips läßt sich ein Garten jeder Größenordnung pflegeleicht gestalten und auf einen „schnellen Garten" für Berufstätige umstellen.

Federborstengras, *Pennisetum alopecuroides*

Meine Devise: Je mehr Zeit und Wissen Sie für die Planung investieren, um so mehr Zeit bleibt Ihnen später für den erholsamen Aufenthalt im Garten.

Gärtnern im Alter

Warum eigentlich nicht? - Wie heißt es doch so aufmunternd in einem Schlager „...erst mit 70 Jahren fängt das Leben richtig an". Wenn Streß und ewiges Hasten vorbei sind, beginnt die Zeit des rückblickenden Nachdenkens und der Muße. Das sollte aber nicht zu einer Vernachlässigung der körperlichen Betätigung führen. Hierzu paßt das bekannte Sprichwort „Wer rastet, der rostet". Leichte gärtnerische Tätigkeit ist erwiesenermaßen ein wahrer Jungbrunnen.

Die Beschäftigung mit Pflanzen ist für viele ältere Menschen eine äußerst beliebte und auch sinnvolle Tätigkeit. Allerdings muß die körperliche Belastung so reduziert werden, daß die geliebte Gartenarbeit trotz Altersbeschwerden Spaß macht. Leider ist das Thema „Garten" im Hinblick auf die ständig wachsende Zahl der Senioren bisher sehr stiefmütterlich behandelt worden. Den letzten Anstoß für eine Fernsehsendung gab die Ausstellung „Ein Garten für alle" in Hamburg. Das Kreuz der Gartenarbeit ist ja nun mal das Bükken. Mit speziellen Geräten und Hilfsmitteln läßt sich jedoch auch dieses Problem meistern, so daß man auf die kreative und gesunde Gartenarbeit nicht zu verzichten braucht.

Rutschgefahren verhindern: Voraussetzung für eine Betätigung im Garten ist, daß mögliche Unfallquellen ausgeschaltet werden. Dazu gehört auch, daß ein rutsch- und trittfester Bodenbelag geschaffen wird. Nach neuesten Erkenntnissen sind Siliflex-Platten aus Beton und Gummigranulat hierfür bestens geeignet.
Selbst Menschen, die auf den Rollstuhl angewiesen sind, können sich auf diese Weise ohne zusätzliche Hilfe im Garten bewegen.

Ohne Beschwerden vom Knien wieder auf die Beine: Älteren Menschen bereitet das Knien meist erhebliche Schwierigkeiten und oft auch große Schmerzen. Ohne Hilfe schaffen sie es meist nicht, wieder hochzukommen.
Dieses Problem ist mit der praktischen Kniehilfe, die Sie der Zeichnung entsprechend anfertigen lassen oder selbst nachbauen können, zu lösen. Alle knienden Tätigkeiten können so mit der gepolsterten und leicht federnden Kniehilfe gelenkschonend durchgeführt werden. Zweckmäßig ist auch der angebaute Kasten für Kleingartengeräte. Das Handwerkszeug wandert sozusagen in Reichweite mit.

Die Idee dieser selbst gezimmerten Kniehilfe kam von dem Landschaftsarchitekten Hermann Hiestermann, der selbst eine Hüftprothese trägt und der dadurch nicht mehr in der Lage war, Gartenarbeiten im Knien auszuführen.
Den praktischen Kniehocker gibt es aber auch fertig zu kaufen unter dem Namen Garden-Boy. Sein Gestell ist aus Stahlrohr gefertigt und epoxydbeschichtet. Wenn der Kniehocker umgedreht wird,

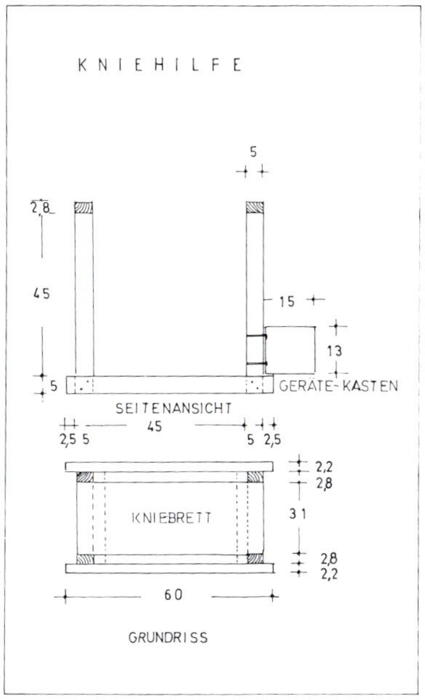

ist er auch als Sitzhocker zu verwenden. Seine Sitzfläche ist aus Vollkunststoff, und das Gewicht von 1,3 kg ist durchaus akzeptabel. Für unbequeme Arbeiten in Haus und Garten hat sich der praktische Rollsitz auch für jüngere Leute bewährt. Auch sein Gestell ist aus Stahlrohr. Der Hocker besitzt breite, leichtgängige Laufräder. Unterhalb der Sitzfläche befindet sich eine relativ große, praktische Ablageschale aus Kunststoff. Der körpergerecht geformte Kunststoffsitz ist äußerst bequem.

Der Garden-Boy

Rückenentlastung: Hier gibt es mehrere Möglichkeiten. Auf der Terrasse, im Innenhof oder Vorgarten können ältere Menschen leicht die Pflege von höheren Kübelpflanzen übernehmen.
Bei größeren Gartenflächen ist für jede Gartenaktivität Voraussetzung, daß die körperliche Betätigung den Kräften angepaßt wird. Schwindel und Kreuzschmerzen treten erst gar nicht auf, wenn Gartenflächen auf 70 bis 80 cm Höhe angelegt werden. Erprobt ist und bewährt hat sich das Hochbeet. Es erhält die bequeme Höhe von 70 bis 80 cm und wird mit Holzbohlen, Kanthölzern oder Eternitplatten eingefaßt. An dieser Umrandung finden ältere oder behinderte Menschen Halt und können sich bei der Gartenarbeit abstützen. Bei dem Aufbau ist auf Standfestigkeit zu achten, d.h. daß die Einfassung 30 cm tief in die Erde eingegraben werden muß. Auf das gewachsene Erdreich kommt zunächst einmal feinmaschiger Kükendraht. Er soll vor Wühlmäusen schützen. Dann wird das Beet mit Ästen und organischen Gartenabfällen, aber auch mit Zeitungspapier und allen verrottbaren Küchenabfällen, wie Kartoffelschalen, Eierschalen, Obst-

und Gemüseresten, gefüllt. Plastiktüten, Glas, Zitrusfrüchte, Nadelgehölze und Aluminiumdosen gehören nicht in ein solches Hochbeet. Für den Aufbau gilt das Grundprinzip: das Gröbste nach unten, und je höher der Aufbau wird, desto feiner wird das Material. Die oberen 10 cm bestehen aus Gartenerde, die letzte Schicht ist eine feine Aussaaterde, die nach Möglichkeit mit dem Gartensieb aufgetragen wird. Ein solches Hochbeet sollte eine Breite von 1,20 - 1,30 m haben, damit es von beiden Seiten aus bequem zu bearbeiten ist. Ein weiterer Vorteil des Hochbeetes ist der frühere Erntezeitpunkt: er liegt immerhin ca. 4 Wochen früher als im herkömmlichen Garten, was auf die Verrottungswärme zurückzuführen ist.
Je nach Lage des Gartengrundstückes kann das Niveau angehoben und mit Palisaden abgestützt und angeböscht werden.

Handliche Gartengeräte: Zur Bearbeitung von Pflanzkübeln, Hochbeeten und Pflanztischen wurden speziell für Ältere und Behinderte Gartenhandgeräte mit verlängertem Stiel entwickelt. Sie fanden viel Zuspruch und haben sich inzwischen in der Praxis bewährt.
Alle Gartengeräte müssen möglichst leicht und handlich sein und vor allem die richtige Stiellänge besitzen. Nur so kann man Rückenbeschwerden grundsätzlich vorgebeugen .

Merk-Ecke

Die Gartenarbeit soll nicht in gebückter Haltung, sondern aufrecht in ziehender Arbeitsweise erfolgen.

Ideen sind gefragt! Wenn Ihnen nur Terrasse oder Balkon zur Verfügung stehen oder der Garten keine Möglichkeit für die Anlage eines Hochbeetes bietet, funktionieren Sie doch einfach einen ausrangierten Tisch zum Pflanzbeet um.Für wenig Geld läßt sich diese Idee in die Tat umsetzen. Alles, was Sie hierzu brauchen, sind 20 - 30 cm breite Bretter , deren Kanten gehobelt sein müssen, um Verletzungen vorzubeugen. Sie werden rings um den Tisch angenagelt. Um Staunässe vorzubeugen, sollte die Tischplatte 4 kleine Bohrlöcher bekommen und eine Drainageschicht von 3 cm Blähton oder Lavaschlacke. Nun kann die Pflanzfläche mit Erde aufgefüllt werden. Hierfür hat sich Einheitserde besonders bewährt.

Was gibt´s Neues?

Eine Pflanzerde ohne Torf. Sie ist angereichert mit allen Nährstoffen für Pflanzen. Diese umweltschonende neue Erde heißt „Culti-Fibre". Sie sorgt durch ihre Wasserhaltekraft für eine gleichmäßige Bodenfeuchte und ist durch das hohe Luftvolumen ein guter Frostschutz für Balkon- und Gartenpflanzen.
Es gibt auch spezielle Erden für Balkonblumen unter dem Namen „frux Balkonblumenerde" oder „Bio Kulturerde" für Gemüse und Zierpflanzen.
Neu auf dem Markt sind stabile, variable Pflanztische mit Wasserablauföffnungen und höhenverstellbaren Kanthölzern, eine gut durchdachte Weiterentwicklung aus dem Tischtennisplattenprogramm. Die Höhe kann je nach Bedarf von 10 cm bis auf höchstens 30 cm verstellt werden. Für Flachwurzler, wie Salat, Kräuter, Erbsen und Sommerblumen reichen 20 cm Erdtiefe. Für Karotten und Kohl sind dagegen 30 cm erforderlich. Auch besteht die Möglichkeit, auf dem Pflanztisch mit entsprechend großen Plastikbehältern oder mittels Teichfolie über einen Teil oder über die ganze

Pflanztisch

Fläche einen Wassergarten anzulegen. Bei einer maximalen Wassertiefe von 30 cm können hier selbst Seerosen gedeihen. Der Tisch ist 2,60 x 1,45 m groß. Es muß allerdings darauf hingewiesen werden, daß der Betontisch 760 kg wiegt. Eine Zufahrt bis an den Standort müßte schon vorhanden sein.
Der Tisch ist zu beziehen bei: Firma L. Michow, Verkaufsbüro, Wandsbeker Allee 19, 2000 Hamburg 70, Telefon: 040/68 23 11-14.
Empfehlenswert ist die Aufstellung dieser Tische auch in Anlagen der Senioren- und Behindertenheime. Erwähnenswert ist auch, daß der stabile Tisch ringsherum Halt bietet. Geh- und Stehbehinderte können sich mit einer zusätzlichen Stehhilfe abstützen. Diese entlastet die Wirbelsäule ebenso wie die Schulter- und Nackenpartie, vor allem aber die Beine. Sie ist auf die jeweilige Körpergröße einstellbar.

Gefahrloses Ernten: Bei Hobbygärtnern, besonders aber bei älteren Menschen, haben sich in den letzten Jahren mehr und mehr Spalier- und Spindelobstbäume durchgesetzt. Diese niedrigen, 1,50 - 1,80 m hohen Bäume können ohne Leiter gefahrlos abgeerntet werden. Voraussetzung für den Miniwuchs ist ein kräftiger Rückschnitt im Frühjahr und im Sommer. Der Sommerschnitt trägt dazu bei, daß mehr Licht an die Früchte kommt und sie schneller reifen. Als Spalier- bzw. Spindelobst kommen in Betracht: Kirschen, Pflaumen, Äpfel, Birnen, Mirabellen und Aprikosen.

Ohne Kletterpartie zu ernten ist eine Voraussetzung für gefahrloses Gärtnern auch im Alter. Für Kinder und ältere Menschen ist die Pflanzung von Brombeeren ohne Stacheln besonders empfehlenswert. Sie tragen reichlich süße Früchte und bergen nicht die Gefahren dorniger Sträucher. Das Aroma der Früchte ist ebenso intensiv und schmackhaft .

Kleine Bäume erleichtern das Ernten.

Merk-Ecke

Beim Gärtnern im Alter sollten mögliche Gefahrenquellen ausgeschaltet werden.

Grabanlage

Der Friedhof ist ein Stück Kulturgeschichte, was sagt er nicht alles aus! Die Inschriften sind Spiegel ihrer Zeit, sie vermitteln uns nicht nur Daten des Verstorbenen, sondern lassen meist auch Rückschlüsse auf die gelebte Zeit zu. „Aufblühen und Staubwerden ist das Gesetz der Natur“, so las ich vor einiger Zeit eine Inschrift über dem Eingangstor eines alten Dorffriedhofs. Eine Botschaft an uns, die noch Lebenden, die inmitten der hektischen Welt nach dem Sinn des Lebens suchen. Friedhöfe mit ihren blühenden Pflanzen und alten

Baumbeständen sind parkähnliche Grünanlagen und somit im ökologischen Sinne auch „grüne Lungen" in den Ballungsgebieten der Großstädte.
Der letzte Garten - ein Thema, das uns im Grunde genommen alle angeht. Wenngleich, auch von vielen verdrängt, konfrontiert werden wir immer wieder damit. Was können wir dazu beitragen, daß der Friedhof eine würdige Stätte der Besinnung und des Trostes bleibt? Mit Blumen als letztem Gruß der Teilnahme und des Mitgefühls ist es nicht getan; wichtig ist eine der Kulturstätte Friedhof angemessene und würdige Gestaltung der Grabstätte.

Wo informiere ich mich? Bevor sich ein Angehöriger entschließt, die Bepflanzung selbst vorzunehmen, sollte er zunächst bei der jeweiligen Friedhofsverwaltung die Satzungen einsehen.

Erstbepflanzung: Zwei bis drei Wochen nach der Beerdigung, die Kränze sind inzwischen abgeräumt, wird das Grab angelegt. Zunächst kann nur eine provisorische Bepflanzung vorgenommen werden, da es etwa 6 Monate dauert, bis sich die Erde gesetzt hat. Ohne eigenes Fahrzeug und entsprechendes Werkzeug sind die Arbeiten kaum durchzuführen. Es werden etwa 1/2 m^3 Mutterboden, Dünger, Schubkarre, Gartengeräte und entsprechende Saisonpflanzen wie z.B. *Begonia semperflorens*, Fuchsien-Hybriden, benötigt. Außerdem Latten, um die Seitenränder sauber anzulegen.

Dauerbepflanzung: Erst wenn der Stein gesetzt ist, so wie hier, kann die endgültige Grabgestaltung erfolgen. Wertvolle Anregungen können Sie sich auf dem Friedhof selber oder anhand von Mustergrabanlagen der örtlichen Friedhofsgärtnereien holen. Auch Bundesgartenschauen regen zur kreativen Grabgestaltung an. Fehlentscheidungen bei der Auswahl des Planzgutes ziehen später kostspielige Änderungen nach sich. Berücksichtigen, daß die Pflanzen nach klimatischen Gegebenheiten, wobei Standort und Bodenqualität ebenfalls eine Rolle spielen, ausgewählt werden müssen.

Was es noch zu beachten gibt: Bei der Bepflanzung ist auch auf Bodenbeschaffenheit, Form und Farbe des Grabsteines, Wegbelag und Lichtverhältnisse zu achten. Blatt- und Blütenpflanzen sollten sich harmonisch der Gesamtanlage anpassen. Natürlich gilt es hierbei, die örtlich unterschiedlichen Vorschriften einzuhalten. Auch darf die Bepflanzung benachbarte Gräber nicht beeinträchtigen.

Grab mit Begonien

Urnengräber. Aufgrund der kleinen Fläche ist die Gestaltung von Urnengräbern äußerst schwierig. Sie werden vorzugsweise mit besonders schwach wachsenden Gehölzen und Saisonblühern bepflanzt.

Friedhof als grüne Parkanlage

Pflegeleicht mit Pachysandra

Grababdeckende Steinplatten? Da grababdeckende Steinplatten oft kalt, starr und trist wirken, stellen sie keine wirkliche Alternative zur pflegeleichten Begrünung dar. In der Regel sind sie sogar unzulässig, da sie die Optik stören, keine ökologische Funktion haben und den natürlichen Zersetzungsvorgang aufhalten. Das Gleiche gilt für die Unsitte folienbekieselter Gräber. Ein zeitgemäßer Friedhof darf keine Steinwüste sein, sondern eine blühende und grünende Fläche.

Pflanzenauswahl. Anhand der angeführten Beispiele ist Ihnen sicherlich aufgefallen, daß nur niedrigbleibende, immergrüne oder blühende Gehölze mit langsamem Wuchs, wie z.B. Zwergkiefern, Rhododendron, Lavendelheide, Lorbeerrose, immergrüner Schneeball, für die kleine Fläche in Betracht kommen. Es gibt eine Reihe von Friedhofs-Gärtnereien, die sich auf solche Pflanzen spezialisiert haben. Berücksichtigen Sie den Standort.

Schattenverträgliche Pflanzen, die für eine Rahmenbepflanzung am Stein geeignet sind: Rhododendron (in Sorten), Eibe (in Sorten), Lavendelheide, Strauchefeu, Kirschlorbeer.

Bodendeckende Bepflanzung: Ysander (*Pachysandra terminalis*), Efeu (*Hedera helix*), (*Waldsteinia ternata*), Immergrün (*Vinca minor*), Indische Erdbeere (*Duchesnea indica*).

Für sonnige Grabanlagen eignen sich: Zwergkiefern, Azaleen in Zwerg- und Buschform, Zwergzypressen, Zwergfichten.

Bodendeckende Bepflanzung: Zwergmispel (*Cotoneaster* in Sorten), Laugenblume (*Cotula*), Stachelnüßchen (*Acaena*), Scheinbeere (*Gaultheria*).

Im Frühjahr: Stiefmütterchen, Primeln, Vergißmeinnicht, Glokkenheide, Hyazinthen, Tulpen.

Im Sommer: Fleißige Lieschen, Geranien, Fuchsien, Zwergmargeriten, Eisbegonien, Knollenbegonien, Leberbalsam, Männertreu, Pantoffelblumen.

Im Herbst/Winter: Chrysanthemen, Eriken, *Veronica*, Hyazinthen, Silberblatt, Torfmyrte, Topfheide, Schneeheide, Besenheide.

Wie wird die Dauerbepflanzung angelegt? Nach Entfernung der Erstbepflanzung wird noch einmal Erde aufgetragen und diese dann gedüngt. Die ausgewählten Pflanzen sollten Sie zunächst probeweise aufstellen, dabei sind die höheren Gehölze rechts und links vom Grabstein einzupflanzen. Geeignet sind raumbildende Gehölze und Sträucher, wie z. B. Zwergkiefern, Rhododendron, Lavendelheide. Eine lebende, grüne Decke läßt sich mit Zwergmispeln, Scheinbeeren, Kriechwacholder oder Efeu verwirklichen. Inmitten dieser ruhigen Grünfläche sollte ein erhöhter Platz für Blütenpflanzen der Jahreszeiten vorgesehen werden. Zum Schluß muß die Grabkante schräg angedrückt werden.

Aufgliederung der Grabfläche: Nicht wahllos, sondern nach bestimmten gestalterischen Richtlinien wurde die Fläche aufgegliedert. Das ausgewogene Verhältnis zwischen Gehölzen, Bodendeckern und Saisonblühern sieht bei Wahlgrabstätten wie folgt aus: Rahmenbepflanzung mit langsam wachsenden Gehölzen = 25 %. Bodendeckende Gehölze oder Stauden = 60 % und für einen jahreszeitlich wechselnden Blumenschmuck = 15 %.

Christliche Tradition: Es ist ein alter Brauch, zum Totensonntag, Allerheiligen und Allerseelen der Verstorbenen in besonderer Liebe zu gedenken und ihre Gräber zu schmücken. Achten Sie beim Kauf auf eine umweltfreundliche Verarbeitung. Auch ansprechend arrangierte Eriken-Schalen sind an den Totengedenktagen ein empfehlenswerter Schmuck.

Grabpflege: Darüber muß sich jeder Betroffene im klaren sein: Nur eine regelmäßige Grabpflege, alle zwei bis drei Wochen, garantiert, daß die liebevoll angelegte Grabstätte weiterhin einen gepflegten Eindruck macht. Schäden, die bei unregelmäßiger Pflege auftreten können, sind schwer zu beheben. Zur regelmäßigen Pflege gehören das Entfernen von Unkraut und das ausreichende Gießen der vorhandenen Pflanzen, soweit erforderlich. Außerdem das Auswechseln der Saisonblüher sowie das Beschneiden der Bäume und Stauden, damit diese kompakt und niedrig bleiben. Wenn Sie diese regelmäßigen Pflegearbeiten nicht übernehmen können oder wollen, dann übertragen Sie diese Aufgabe einem Gärtner Ihres Vertrauens oder, und das kann ich Ihnen aus eigener Erfahrung empfehlen, schließen sie einen Pflegevertrag mit der Treuhandgesellschaft der Friedhofsgärtner ab.

<u>Was kostet Grabpflege?</u> Wer zur Betreuung einen Gärtner heranzieht, sollte bei mehreren Betrieben einen Kostenvoranschlag einholen und sich von ihnen in Pflege genommene Gräber zeigen lassen. Auch sollten Sie sich eine aufgeschlüsselte Grabpflegetabelle vorlegen lassen. Pflegen einschließlich Gießen kostet ca. 110,- DM pro Grabstelle und Jahr (Stand 1991). Preisunterschiede ergeben sich durch die Anzahl der Pflegegänge, die der Gärtner vor Ort durchführen muß. Unterschiedliche Bodenverhältnisse und zusätzlich erforderliches Gießen beeinflussen den Preis ebenfalls.

Mein Tip

Wenn Sie an eine Dauergrabpflege für mehrere Jahre oder die gesamte Ruhezeit denken, sollten Sie sich bei den Treuhandgesellschaften informieren.

Diese Treuhandgesellschaften und Genossenschaften kontrollieren die Legat- (Vermächtnis-) Dauerverträge sowie die ordnungsgemäße Durchführung des Dauergrabpflegevertrages. Die Summe für die Gesamtleistung richtet sich nach der Größe der Grabstätte sowie den gewünschten Leistungen, z. B. Pflege, Frühjahrs-, Sommer- und Herbstbepflanzung. Denken Sie daran, für eventuell auftretende Mängel an der Grabstätte (Sinkschäden) im Vertrag besondere Vereinbarungen zutreffen. Der Legat-Dauergrabpflegevertrag soll garantieren, daß sich die Grabstätte immer in einem optimalen Zustand befindet.

<u>Was umfaßt die friedhofsgärtnerische Grabpflege?</u> Säubern und Abräumen der Grabfläche im Frühjahr, Freihalten von Unkraut und Laub, Schnitt der Pflanzen nach fachlichen Gesichtspunkten, Begießen und Düngen, soweit ortsüblich und erforderlich.

Umweltbelastende Materialien: Auf ein besonderes Problem, das sich allen Friedhofsverwaltungen stellt, möchte ich in diesem Zusammenhang noch hinweisen: Es geht um die Abfallbeseitigung von nicht verrottbaren Materialien. Dazu zählen alle nicht abbaubaren Kunststoffteile, wie künstliche Blumen, Styroporunterlagen und Bänder: diese müssen vom Friedhof verbannt werden. Deshalb meine Bitte: Achten Sie beim Kauf auf die Verwendung von schnell verrottbaren Materialien, wie Strohunterlagen, Kreppapier, Jute und Seidenbänder. Es ist wichtig, daß sich das Umweltbewußtsein mehr und mehr auch beim Grabschmuck durchsetzt.

Zusatzinformation: Was verbirgt sich hinter dem Begriff AETERNITAS? Der Verein AETERNITAS e.V. mit Sitz in Bonn hat es sich zur Aufgabe gemacht, sich in allen Fragen des Friedhofswesens für die Anliegen der Trauernden einzusetzen.
Wie bepflanze und pflege ich ein Grab? Worauf muß ich bei den Angeboten der Bestatter und Friedhofsgärtner achten? Wie soll ich mich bei Auflagen der Friedhofsverwaltung verhalten? Wo kann ich geeignete Vorsorgeverträge abschließen? Wie wirkt sich für mich der Wegfall des Sterbegeldes aus? Sind Beerdigungskosten steuerabzugsfähig? Interessenten können sich wenden an:
AETERNITAS e.V.
Heinrich-Horn-Straße 7
5830 Königswinter 21

NÜTZLINGE UND SCHÄDLINGE

Um Gartenpflanzen gesund zu erhalten, ist es wichtig, standortangepaßte Voraussetzungen für die Lebensgemeinschaft von Pflanzen und Nützlingen zu schaffen.

Diese Gemeinschaft ist um so stabiler, je vielfältiger und zufälliger sie sich entwickeln kann. Mehr denn je gilt es bei diesem Themenkreis mit der Natur und nicht gegen die Natur zu arbeiten.

Übertriebener Ordnungssinn kann dabei mehr schaden als nützen. Ein Garten muß schließlich nicht „hygienisch sauber" sein. Nicht jedes abgefallene oder angenagte Blatt, nicht jede Blattlaus oder Raupe muß uns in Angst und Schrecken versetzen. In einem vielfältigen Garten regelt die Natur vieles von sich aus.

Auch bei massenhaftem Auftreten pflanzenschädigender Lebewesen finden sich Gegenspieler, die in der Lage sind, das Gleichgewicht wiederherzustellen.

Die Wirksamkeit dieser sogenannten Antagonisten ist gewöhnlich um so größer, je kleiner sie selbst sind.

Ein Beispiel: Ein Blattlausbefall wird häufig schneller und radikaler durch Pilze und Bakterien beendet als durch den Marienkäfer - ohne mit dieser Aussage seine Nützlichkeit schmälern zu wollen. Es sind auch Blattlausarten bekannt, so z. B. die Holunderlaus, deren Genuß für den Marienkäfer tödlich endet.

Es bleibt aber ein Wunschtraum, daß Hausgärten völlig schädlingsfrei sind, beziehungsweise die angesprochenen Nützlinge den Schaden gänzlich verhindern können.

Viele Gartenpflanzen wurden durch Züchtungen in unserem Sinne verändert, sei es, daß sie in ästhetischer Hinsicht vervollkommnet wurden oder daß sie ertragreicher bei der Ernte und geschmacklich besser als die Urformen sind.

Die Nachteile von überzüchteten Pflanzen bekommen wir allerdings deutlich durch die größere Anfälligkeit der Pflanzen gegen Krankheiten, Schädlingsbefall und Frost zu spüren.

Der Ausspruch: „Es sind nicht die schlechtesten Früchte, an denen die Wespen nagen", macht deut-lich, daß unsere Ansprüche nicht selten mit denen der Schädlinge übereinstimmen.

Es geht darum, unsere hochwertigen Pflanzen so zu schützen, daß die Umwelt möglichst wenig Schaden erleidet. An diesem Problem, bestimmte Organismen zu schonen und andere zu vernichten, wurde in der Vergangenheit in der Forschung viel gearbeitet. Dabei sind sowohl im natürlichen wie im synthetischen Bereich Wirkstoffe entwickelt worden, die den vielfältigen Ansprüchen gerecht werden. Bei der Eignungsprüfung ist somit nicht die Frage, ob der Stoff in der Pflanzenzelle erzeugt wurde oder der Retorte des Chemikers entstammt, entscheidend, sondern wie es um die Abbaufähigkeit der Substanzen und die selektive Wirkung bestellt ist.

Sorgfalt und Verantwortungsbewußtsein gegenüber der Natur sollte hier, wie bei jedem anderen „Eingriff" in das Gartengeschehen, jede Entscheidung begleiten. Unser Garten solte einem natürlichen Öko-System so nahe wie irgend möglich kommen. Also verwenden sie niemals eine chemische Keule. Ihre Nebenwirkungen sind vergleichbar mit denen, die bei Ihnen selbst durch die Einnahme von Antibiotika hervorgerufen werden.

Physiologische Störungen als Ursachen der Pflanzenschädigung

Es kommt immer wieder vor, daß in Unkenntnis der eigentlichen Schadensursache Pflanzen falsch oder unnötig behandelt werden. Häufig sind es physiologische Störungen, die durch Witterung, Bodenverhältnisse, Nährstoff- und Wasserversorgung verursacht werden. Erfahrungsgemäß machen sie etwa 70 % der Pflanzenschäden in Garten aus.

Winterschäden sind oft Trokkenschäden: Nadelgehölze und immergrüne Pflanzen, z. B. Nestfichte und Rhododendron, leiden oft an sogenannten Frosttrockenschäden. Sie entstehen, wenn längere Frostperioden in Verbindung mit Wind zu einer erhöhten Wasserabgabe der Nadeln und Blätter führen.

Merk-Ecke

Bei mangelnder Bodenfeuchte im Herbst/Winter ist gründliches Gießen unerläßlich.

Obstbäume vor Winterschäden schützen: Frostplatten entstehen an der Südseite von Obstbäumen, wenn das Rindengewebe am Ende des Winters starken Temperaturschwankungen durch Sonneneinstrahlung und nächtlichen Frost ausgesetzt ist. Gefährdete Stämme mit Kalkanstrich versehen. Hagelwunden auf Früchten und Holzteilen sind durch runde, scharf abgegrenzte, eingesunkene Verletzungen gekennzeichnet. An den Blättern

Hagelschäden an Ästen und Früchten sind Eingangspforten für Pilzbefall.

Stickstoffmangelversuch

bilden sich Risse, wie sie in ähnlicher Form auch durch Windschäden entstehen können.

Schwankungen in der Wasserversorgung führen bei Möhren und Kohlrabiknollen zum Aufplatzen. Der Grund für das Bitterwerden von Gurken, das Pelzigwerden von Rettich und Radieschen ist ursächlich hier zu suchen. Ein nährstoffreicher Boden ist eine der wichtigsten Voraussetzungen für gesundes Pflanzenwachstum. Hat er Krümelstruktur, besitzt er optimale physikalische Eigenschaften für Luft-, Wasser- und Wärmeführung. Sie wird durch die Zufuhr organismenreicher Stoffe wie Kompost, Stallmist und anderem mehr erreicht. Ein wichtiger Punkt ist auch die Bodenreaktion (siehe hierzu auch das erste Kapitel „Der Boden").

Zum Wachstum benötigen Pflanzen die Hauptnährstoffe Stickstoff, Kali, Phosphorsäure, Kalzium und Magnesium neben einer Reihe von Spurenelementen (Eisen, Mangan, Kupfer, Zink, Bor und Molybdän). Ein Teil dieser Stoffe liegt - je nach Bodenart und Vorfrucht - bereits in natürlicher Form vor. Was dem Boden noch fehlt, muß über eine gezielte Düngung ergänzt werden.

Erkennungsmerkmale akuten Nährstoffmangels:

Stickstoffmangel: vermindertes Triebwachstum, hellgrüne Blätter und kleinere Früchte.

Magnesiummangel: Blattaufhellungen zwischen den Blattnerven.

Kalimangel: Blattrandverbräunungen, bei Nadelgehölzen Absterben der älteren Nadeln.

Stickstoffüberdüngung: mastiges, nicht ausgereiftes Pflanzengewebe, verbunden mit erhöhter Krankheitsanfälligkeit.

Mangan-Mangel an der Apfelsorte 'Ingrid Marie'

Physiologisch verursachter Kalkmangel (Stippigkeit)

Lebewesen als Ursache von Krankheiten und Schädigungen

Aus den verschiedensten Gruppen des Pflanzen- und Tierreiches können Lebewesen Krankheiten und Schädigungen an unseren Gartenpflanzen verursachen. Unter den Schaderregern sind es vor allem die niederen Organismen, wie Bakterien und Pilze, die mit ihrer parasitären Lebensweise anderen Pflanzen Saft entziehen. Andere wiederum können über kürzere oder längere

Zeiträume in und von Abfallstoffen tierischer oder pflanzlicher Art leben. Sie werden als Schwächeparasiten bezeichnet.

Bakterienerkrankungen (Bakteriosen) führen häufig zu Naßfäulen: d.h. die etwa eintausendstel Millimeter großen Erreger erscheinen massiert als schleimige, meist gelbliche oder weißgraue Masse. Zu ihrer Entwicklung ist Tropfnässe erforderlich. Unter günstigen Entwicklungsbedingungen verursachen Bakteriosen innerhalb weniger Tage große Pflanzenschäden. Bei Kirschen können z. B. im Frühjahr durch feuchte Witterung ganze Baumkronen durch Bakterienbrand zerstört werden. Der Feuerbrand wird von Insekten und Vögeln übertragen. Er gefährdet vor allem Kernobst, Rot-, Weiß- und Feuerdorn, hochwachsende *Cotoneaster*-Arten und Felsenbirnen. Schwärzliche, meist wie verbrannt aussehende hängende Triebspitzen sind ein deutlicher Hinweis auf Feuerbrand, der wegen der besonderen Gefährlichkeit meldepflichtig ist.

Andere Bakterienarten verursachen kropfartige Wucherungen im Wurzel- und unteren Stengelbereich, wie z. B. den Wurzelkropf bei Obstbäumen und Rosen.

Eine Eindämmung der pflanzlichen Bakteriosen ist wegen des hohen Vermehrungspotentials kaum möglich. Größter Wert ist auf sorgfältiges Aussortieren und Vernichten kranker Pflanzen zu legen. Bei Blatterkrankungen können kupferhaltige Mittel wirkungsvoll eingesetzt werden.

Pilzkrankheiten: Die als Pflanzenparasiten lebenden Pilze bleiben entweder auf der Oberfläche und bringen kurze Saugfortsätze in die Zellen der Oberhaut (Echte Mehltaupilze) oder dringen tiefer in das innere Gewebe ein (Schorfpilze beim Obst). Manchmal können sie nur mit Hilfe eines Mikroskops in den Wasserleitungsbahnen der Pflanze nachgewiesen werden (Welkepilze).

Die Vermehrung und Ausbreitung geschieht durch mannigfaltig gestaltete Sporen. Sie können durch Wind, Wasser, Mensch und Tier verbreitet werden. Bei einiger Übung lassen sich die staub- oder krustenförmigen Anhäufungen, die Sporenträger oder Fruchtkörper sind, bestimmten Pflanzenkrankheiten zuordnen.

Der graue Schimmelbelag des *Botrytis*-Pilzes ist jedem Gartenbesitzer, der Erdbeeren kultiviert, bekannt. Rostfarbene Pusteln auf der Blattunterseite sind auf Rostpilze zurückzuführen.

Feuerbrand

Weißrost, *Albugo candida*

Bakterienbrand (oben), Monilia (unten) verursachen große Ausfälle bei Schattenmorellen.

Weißmehlige Beläge an jungen Rosentrieben oder Stachelbeeren sind leicht als Echte Mehltaupilze zu identifizieren. Mit einer 10- bis 15fach vergrößernden Lupe lassen sich Sporengehäuse als winzige Kügelchen oder Punkte erkennen. Die sogenannten Rußtaupilze bilden auffällig schwarze Blattüberzüge. Sie ernähren sich von den Ausscheidungen der Blattläuse und anderen saugenden Insekten. Die Rußtaupilze beeinträchtigen die Assimilation. Einen gewissen Schutz vor Pilzkrankheiten bietet die Wahl resistenter Sorten, gute Bodenbearbeitung und ausreichende Düngung, obwohl diese optimalen Wachstumsbedingungen den Pilzbefall auch nicht ausschließen.

Mein Tip

Bei feuchtwarmem Wetter sprießen nicht nur die Pflanzen, sondern auch die Pilze. Während der schwülen Sommertage sollten die Pflanzen nicht mit Wasser besprüht werden, sondern ausschließlich von unten am Wurzelballen gegossen werden. Auf diese Weise beugen Sie Blattfleckenkrankheiten vor.

Rhododendron-Knospensterben, eine durch Zikaden übertragene Pilzkrankheit.

Pilze lieben das feuchtwarme Milieu und freuen sich über jedes nasse Blatt. Wenn die Schädlingsplage überhandnimmt, können Fungizide eingesetzt werden. Für den Hausgarten eignet sich Euparen. Es kann sowohl gegen echte Mehltaupilze, Grauschimmel, Monilia-Spitzendürre und Schorf an Kernobst als auch gegen Kraut- und Braunfäule der Tomaten eingesetzt werden. Einen vollen Erfolg kann man jedoch nur mit einem spezifisch wirkenden Mittel erreichen.

Der Kohlherniepilz hat weniger Chancen bei ausreichender Kalkversorgung.

Die tierischen Schädlinge unserer Gartenpflanzen lassen sich im wesentlichen drei zoologischen Gruppen zuordnen, dem Würmern, den Spinnentiere und den Insekten. Fadenwürmer oder Nematoden sind weltweit verbreitet und in hohem Maße an der Umsetzung organischer Substanz beteiligt. Glücklicherweise befallen nur einige Arten Pflanzen.

Fadenwürmer (bis zu 1 mm lang), auch Älchen genannt, leben teils innerhalb, teils außerhalb der Pflanzen. Sie verursachen Kümmerwuchs durch Saftentzug und die Ausscheidung von Giftstoffen aus ihren Speicheldrüsen. Einige Wurzelnematoden (*Pratylenchus*-Arten) lassen sich mit *Tagetes* (*Tagetes patula*) reduzieren. Auch *Helenium* und *Rudbeckia* kommen als Feindpflanzen für die Vor- oder Mischkultur in Betracht. Dagegen fördert die Gründüngungspflanze *Phacelia* den Befall. Da tierisches Eiweiß etwas hitzeempfindlicher als pflanzliches ist, lassen sich auch Nematoden in Pflanzen durch eine Heißwasserbehandlung abtöten.

Gleichaltrige Kirschensämlinge, die kleinen sind durch Wurzelnematoden geschädigt.

Merk-Ecke

Nematoden schaffen für Bakterien und Bodenpilze „Eingangspforten". Einige können auch Viruskrankheiten übertragen.

Ein Fadenwurm kann aber auch nützlich sein. Er hilft bei der Bekämpfung des gefürchteten Dickmaulrüßlers. Er hat sich dabei auf die Larven dieses schwer zu bekämpfenden Tieres spezialisiert, die er mit einem für Warmblüter harmlosen Bakterium infiziert. Dieses biologische Verfahren mit dem insektenpathologischen Nematoden Heterorhabditis (in Handel zu beziehen) führt vor allem in Balkonkästen und Pflanzenkübeln zum Erfolg. Die typischen, buchtartigen Käferfraßspuren des nachtaktiven Dickmaulrüßlers finden sich z. B. an den Blatträndern von Rhododendron und vielen anderen Garten- und Topfpflanzen. Wer Wühlarbeiten des Maulwurfs im Garten toleriert, kann auf seine Mithilfe bei der Vernichtung der Käferlarven rechnen. Nicht selten bedeutet auch die geschäftige Bodenarbeit der Drosseln eine ergiebige „Larvenmahlzeit".

Spinnentiere haben sowohl im positiven wie im negativen Sinne für den Garten eine große Bedeutung. Nützlich sind vor allem die räuberischen Insektenfresser, so die größeren und oft gefürchteten Spinnen. Untersuchungen haben ergeben, daß sich vorwiegend Schadinsekten in ihren Netzen verfangen, weil sie im Gegensatz zu Nutzinsekten langsamer fliegen. Aber auch unter den Milben, die gleichfalls zu den Spinnentieren gehören, gibt es räuberisch lebende Arten, sogenannte Raubmilben. Einige Arten werden in Spezialbetrieben zu kommerziellen Zwecken gezüchtet. Raubmilben werden vor allem in Gewächshäusern zur Eindämmung der Spinnmilben eingesetzt. Spinnmilben, dazu zählt auch die Rote Spinne, neigen zur Massenvermehrung. Sie sind meist auf der Blattunterseite zu finden. Sie stechen das Gewebe an und ernähren sich vom Zellinhalt. Das Blattgrün wird zerstört, die Blätter verdunsten sich zu Tode. Sie verfärben sich silbrig grau, werden braun und fallen ab. Wo die Spinnmilben in großer Zahl auftreten, kommt es zu zarten, dichten Gespinstüberzügen, vor allem werden unter Wasser- und Nährstoffmangel leidende Pflanzen befallen. Trokkene und warme Luft begünstigt die schnelle Vermehrung. Von der Eiablage über mehrere Larvenstadien bis zur ausgewachsenen Milbe vergehen kaum 14 Tage. Viele Spinnmilben überwintern im Freien in Fugen an der Wirtspflanze, in hohlen Stengeln u. a. Die Obstbaumspinnmilbe und die Fichtenspinnmilbe legen vor dem Winter ihre Eier an Zweigen der von ihnen bevorzugten Bäumen ab. Zur Vorbeugung hat sich eine ausgeglichene Stickstoffversorgung und Bodenfeuchte bewährt. Dieses und die Schonung von Raubmilben und -wanzen als natürliche Feinde helfen, den Spinnmilbenbefall in Grenzen zu halten.
Einige insektenwirksame Pflanzenschutzmittel (*Pyrethroide*) stimulieren die Eiablage der Spinnmilben. Bei starkem Befall können Sie auch raubmilbenschonende Spezialmittel (*Akarizide*) einsetzen.
Mineralölemulsionen, neuerdings auch Rapsölaufbereitungen (Telmion), sind zur Vernichtung der Wintereier geeignet. In einem Lebensraum mit hoher Luftfeuchtigkeit finden die kaum 0,3 mm großen Weichhautmilben ihre besten Lebensbedingungen. Sie verursachen Triebstauchungen, Kleinblättrigkeit, Kräuselungen und Verkrüppelungen an Nutzpflanzen wie Erdbeeren, Gurken und Paprika sowie an Zierpflanzen, wie z. B. Alpenveilchen, Efeu, Zimmerrebe, Usambaraveilchen. Befallenes Pflanzenmaterial ist sofort zu vernichten.

Gallmilben sind mit 0,08 mm Größe die Kleinsten dieser Gruppe. Sie lieben ebenfalls Lebensbedingungen mit hoher Luftfeuchtigkeit. Charakteristisch sind ihre Gallbildungen. Gesehen haben Sie diese Erscheinung mit Sicherheit schon öfter, so z. B. an Johannisbeeren oder an Zwetschgen (hier werden sie Beutelgallenbildung genannt). Zur Bekämpfung der Gallmilben müssen Sie als erstes alle befallenen Teile ausschneiden. Bei hartnäckigem Befall kann ein spezielles Akarizid Abhilfe schaffen.

Unter den Insekten und anderen Tieren befinden sich zahlreiche Arten, die sich zwar von pflanzlicher Substanz ernähren, aber keine direkte Gefahr für Gartenpflanzen sind. Sie bereichern das Gartenleben, ohne unmittelbar einen nützlichen oder schädlichen Einfluß auszuüben. Mehr als die Hälfte der in einem Garten lebenden Tiere sind diesem Artenspektrum zuzuordnen. Nur ein Viertel sind Schadinsekten. Ein weiteres Viertel ist bemüht, die Gartenschädlinge zu reduzieren. Wir bezeichnen sie als Nützlinge. Somit sind drei Viertel aller Gartentiere schützenswert. Daher ist es auch so wichtig, daß Gartenbesitzer nicht nur ihre Pflanzen kennen, sondern auch Einblick in die ihnen anvertraute Fauna bekommen. Wir müssen mehr über die Kleintierwelt wissen!

Obstmade im Winterquartier.

Schadinsekten:

Pflanzenfresser. Dazu zählen Käfer und deren Larven sowie Schmetterlings- und Blattwespenlarven. Sie benagen oder fressen Pflanzengewebe. Es kommt zu typischen Schadbildern. Nicht selten lassen sich auffällige Pflanzenfresser (Larven) durch Absammeln unter Kontrolle bringen. Auch Raubinsekten oder Parasiten spielen bei der Dezimierung eine beachtliche Rolle. *Bazillus thuringiensis* wird als käufliches Bakterienpräparat gegen Schmetterlingsraupen eingesetzt. Zur Kontrolle der Wicklerraupen im Obstbau („Obstmade" u. a.) hat sich der Einsatz von Sexuallockstoffen (Biotrappfalle) als wirksam erwiesen. Sie sind im Gegensatz zu den mit ultraviolettem Licht arbeitenden Lockfallen sehr selektiv. Spätestens Anfang Oktober lassen sich mit Leimringen die stammaufwärts kriechenden, ungeflügelten Weibchen des Frostspanner-Schmetterlings abfangen. Die stubenfliegenähnliche Kohlfliege, die uns die Maden an Radieschen, Rettichen und Kohlarten beschert, läßt sich mit Hilfe von wassergefüllten gelben Schalen fangen. Schädlinge im Gemüsegarten sind auch die Bohnen-, Zwiebel- und Möhrenfliege. Den Befall kann man durch rechtzeitiges Abdecken mit Kulturschutznetzen (1,6 mm Maschenweite) verhindern.

Pflaumenwickler

Kulturschutznetze zur Abwehr flugfähiger Schadinsekten.

Pflanzensauger. Hierbei geht es um Tiere, die mit stechend-saugenden Mundwerkzeugen ausgestattet sind.
Hierzu zählen die als „Gewitterfliegen" bekannten 1 mm großen Thripse, die zahlreichen Blattlausarten, die Schildläuse und ihre nahen Verwandten, die schwer bekämpfbare Weiße Fliege und die Blattwanzen.
Mit ihrem giftigen Speichel verursachen diese Pflanzensauger krankhaften Wuchs, u.a. Blattrollen oder -kräuseln, Gallbildungen und aufgerissene Blattflächen (Wanzen). Ein weiteres typisches Zeichen sind die verkrümmten Blattspitzen. Die süßen Kotausscheidungen der Blattläuse und der Weißen Fliege bilden die Nahrungsgrundlage für Rußtau. Schließlich sind die safttransportierenden Pflanzensauger in hohem Maß Virusüberträger (Vektoren). Gefährliche Viruskrankheiten, z. B. die Abbaukrankheiten der Kartoffel, sind nur durch eine frühzeitige Bekämpfung unter Kontrolle zu halten. Auch in diesem Falle hat sich eine gelbe, mit Wasser gefüllte Schale bewährt. Wenn Sie den Schaden rechtzeitig erkennen, können Sie mit harmlosen Mitteln Abhilfe schaffen. Schadinsekten vermehren sich rapide, so daß schon ein bis zwei Tage später zu ihrer Bekämpfung ein Großeinsatz erforderlich wird.

Verpilzte Blattläuse

Wurzellaus

Merk-Ecke

Blattläuse lieben Wärme und Trockenheit. Mit Kaltwasserspritzungen und Niederschlägen können Sie ihnen den Garaus machen.
Eine Tugend des Gärtners sollte die Geduld sein, auch bei der Bekämpfung von Schädlingen, denn bei einem Massenbefall wehrt sich die Natur durch ihre Nützlingsfauna. Dazu zählen Marienkäfer, Schlupf- und Zehrwespen, Schweb- und Florfliegen.

Die gefräßige Schnecke

Unangenehme Vertreter der Weichtiergruppe sind Schnekken. Sie können durch ihre Gefräßigkeit großen Schaden anrichten. Bei feuchtem Wetter treten sie zuweilen in Scharen auf. Als Allesfresser sind die Nacktschnecken bekannt. Ihnen ist alles recht, von lebenden über verwesende Pflanzenteile bis hin zu den Kadavern eigener Artgenossen.

Wurzelläuse sind wasserscheu.

Schnecken verscheuchen: Selbst auf dem Balkon im Hochhaus oder auf der Fensterbank können plötzlich Schnecken auftauchen. Mit und ohne Gehäuse sind sie zu Recht jedem Blumenfreund ein Greuel. Die gefräßigen Schnecken treiben ihr Unwesen meist über Nacht. Nach regnerischem Wetter sind sie auch auf Balkon und Terrasse anzutreffen. Diese unliebsamen Schädlinge hinterlassen deutliche Schleimspuren. Diese Tatsache können Sie sich bei der Bekämpfung der Schnecken zunutze machen. So ist grober Rindenmulch mit seiner zerklüfteten Oberfläche der schleimproduzierenden Schnecke ein Greuel, denn diese fast unüberwindliche Barriere laugt sie förmlich aus. Dem aufmerksamen Hobbygärtner entgehen nicht die 2 - 3 mm großen Schneckeneier, die die Schnecken im Sommer im Boden ablegen. Schon beim Umgraben wird die nächste Schneckengeneration löffelweise entfernt.

Weitere giftfreie Methoden der Schneckenbekämpfung: Der Geruch von Senfkörnern ist den Schnecken zuwider, also sollten Sie um die gefährdeten Pflanzen einige Körner streuen. Sie können auch Fangpflanzen wie die starkduftende *Tagetes* als Köder einsetzen.
Auch das folgende Rezept wird seine Wirkung nicht verfehlen: In einer Schüssel mit Weizenkleie einen Hundebisquit mit Wasser verrühren und den Brei entweder um die Pflanzen oder besser noch auf ein Stück Rinde streichen. Um die Schnecken gezielt anzulocken, sollten Sie den Schnecken ein angenehmes Nachtquartier bieten: das ist ein liegender Blumentopf mit einem Stück morschen Holz. Die Schnecken fühlen sich nicht nur durch das Futter, sondern auch durch die Dunkelheit und Feuchte angezogen.
Bewährt hat sich besonders das Umstellen Sie das Gemüsebeet mit einem elektrischen Gartenzaun, der im Handel angeboten und mit Schwachstrom betrieben wird. Die Schnecken bekommen bei Berührung einen leichten Schlag und wandern ab.
Schneckenzäune können auch aus Dachpappe leicht selbst hergestellt werden. Dazu muß um das Beet eine 5 bis 10 cm tiefe Rinne gezogen werden, in die der 20 cm breite Dachpappenstreifen eingegraben wird. Der obere Rand wird 4 cm breit in einem Winkel von 45 °C abgeknickt.
Schnecken meiden Balkonkästen, mit mehreren Salbei- oder Thymianpflanzen. Übrigens, Streusalz, Sand, Gerstenspreu, Ruß oder trockene Tannennadeln sind für Schnecken unüberwindliche Hindernisse.
Einige Heimgärtner schwören auf ein Teegebräu aus Rainfarn oder Wermut. Den Extrakt daraus gießen Sie zweimal wöchentlich über die gefährdeten Pflanzen.
Diese erprobten Hausmittel haben den Vorteil, daß sie unseren Gartennützlingen nicht schaden; natürlich mit Ausnahme des Streusalzes.
Ein weiteres im Handel erhältliches, giftfreies Schneckenbekämpfungsmittel ist Bio-Schneckenstop. Es darf nicht breitwürfig ausgestreut werden.
Außer dem meist empfohlenen Schneckenkorn Mesurol, einem Ködergranulat, oder dem chemischen Pflanzenschutzmittel Antischneckenkorn und der sehr wirksamen Bierfalle gibt es weitere flüssige Lockmittel wie Limagard und Biogard. Diese Schneckenlösungen müssen absolut frisch sein, wenn sie ebenerdig in einem flachen Behälter eingegraben werden. Dann heißt es, sofern die Lösung nicht vom Regen verwässert ist, regelmäßig Schnecken absammeln.

Ameisen: emsig, aber unangenehm

Ameisen sind in vielfacher Hinsicht lästig. Sie naschen an den süßen Früchten des Gartens, auch schützen und fördern sie die Verbreitung von Schild- und Blattläusen, weil sie sich an ihren süßen Ausscheidungen laben. Außerdem sind die kleinen schwarzbraunen Wegameisen unangenehm. Ameisen schätzen Wärme und Geborgenheit. Um sie unschädlich zu machen, locken wir sie in das warme Nest eines Tontopfes. Der Blumentopf wird mit trockener Erde gefüllt und über das Ameisennest gestülpt. Das Loch im Boden des Tontopfes verschließen wir mit einem Steinchen. Die Ameisen werden innerhalb kurzer Zeit ihre Puppen in der wärmeren Tontopfatmosphäre ablegen. Wenn Sie sich ein paar Tage gedulden, können Sie das gesamte Ameisennest mit der Schaufel ausheben und wieder der freien Natur anvertrauen.

Die Wühlmaus

Wühlmäuse sind hartnäckige Burschen und alles andere als beliebt. Knoblauchzehen „wekken" ihre Lebensgeister, auch wenn diese Aussage im Gegensatz zu den Ratschlägen vieler kluger Gartenbücher steht. Ein Gerücht ist ferner, daß Euphorbien, Holunderzweige oder Kaiserkrone Wühlmäuse vertreiben. Nur die unmittelbare Nachbarschaft der streng riechenden Pflanzen wird nach Möglichkeit gemieden. Der kleine, putzige Schädling lebt im Verborgenen. Mit 3 Würfen pro Sommer sorgt das Weibchen für die ansehnliche Nachkommenschaft von ca. 12 weiteren Wühlmäusen. Natürliche Feinde sind Katzen, Hunde, Wiesel und Greifvögel.

Der Igel

Der Igel gehört zu der Familie der Insektenfresser (*Erinaceidae*) und ist ein kleines Säugetier mit kurzen Beinen, kurzem Schwanz und kurzer Rüsselschnauze. Sein stacheliges Fell, in das er sich mit Hilfe eines Hautmuskels zusammenrollen kann, dient der Selbstverteidigung.

Das Stacheltier ist wohl eines der beliebtesten Wildtiere und ein gern gelittener, oft sogar ersehnter Gast in unserem Garten. Er gehört zur Gruppe der Insektenfresser und ist eines der ältesten Säugetiere Europas. Hier lebt er schon seit Urzeiten. Als Dämmerungs- und Nachttier verschläft er den Tag und wird dadurch in der freien Natur selten gesehen. Erst bei Einbruch der Dunkelheit wird er aktiv, dann jedoch gründlich, und zur Freude des Gartenbesitzers bis spät in die Nacht. Ernährt sich das kleine „Urviech" doch vorwiegend von Schnecken, Würmern, Asseln, Raupen, Käfern u.a.m., kurz und gut von vielem Gartenungeziefer. Entgegen früherer Behauptung ist er kein Mäusefänger. Die Maus ist für ihn viel zu schnell, aber zu ebener Erde - in Hecken oder Scheunen - angelegte Mäusenester nimmt er gern aus. Der Igel frißt auch frisches Aas, wie z. B. eine gegen ein Auto geflogene Amsel oder Taube. Leider wurde den Igeln in den vergangenen Jahren immer mehr Nahrung entzogen, besonders durch unsinnige Giftspritzerei in Gärten und Landwirtschaft. Das Auslegen von Schneckenkorn bringt auch den Igel um, schließlich ernährt er sich überwiegend von Schnecken. Allerdings stirbt er an solchen Giften länger und qualvoller als Schnecken und sonstiges Ungeziefer. Es ist die Tragik des Igels, daß er nach der Aufnahme von Giften nicht gleich eingeht. Es kann Wochen, sogar Monate dauern, bis er an den Folgen stirbt. Die Krankheiten, die sich während der Zeit einstellen, sind vom Menschen

Bei Gefahr igelt er sich ein.

kaum wahrnehmbar, da der Igel sich im Verborgenen aufhält. Es bleibt nur zu hoffen, daß sich der Trend, auf Gifte im Gartenbau zu verzichten, immer mehr durchsetzt. Auch das Verbrennen von Laub und Reisig ist eine Unsitte, es kann bessere Verwendung finden. Vielen Igeln dient es als Unterschlupf, und sie kommen in den Flammen um!

Merk-Ecke

Um die kalten Winter zu überstehen, müssen Igel gut genährt sein. Jungtiere, die erst im September geboren werden, wiegen meist unter 500 g und haben nur geringe Aussichten zu überleben. Igel haben auch bei Kälte und Hunger die besten Überlebenschancen, wenn Sie den Nützlingen mit einer überdachten Nahrungsstelle helfen.

Verständlich, daß Gartenbesitzer den Igel schätzen und hoffen, daß auch ihr Garten von dem Stacheltier „heimgesucht" wird, um ihn von der Schneckenplage zu erlösen. Trotz des berechtigten Wunsches, den nächtlichen Besucher anzulocken, bleibt der Gast meist aus. Leider gibt es gar nicht mehr so viele Igel im Gelände, deshalb sollten Sie auf die weiteren Ratschläge zur biologischen Schneckenbeseitigung ausweichen.

Die Lebenserwartung der Stacheltiere lag früher bei etwa 7 Jahren. Sie beträgt heute höchstens noch 2 - 3 Jahre. Einer der Gründe hierfür ist, daß die Schneckennahrung in mehrfacher Hinsicht dem Igel zum Verhängnis werden kann. Schnecken sind nämlich Zwischenwirte der Lungenwürmer, die mit der Nahrung auf den Igel übertragen werden und so sein Leben vorzeitig beenden. Wie kann der Igel in den Garten gelockt werden? Sicherlich nicht durch einen stets kurzgeschorenen englischen Rasen und sauber geharkte Beete. Ein bißchen natürlicher sollte es schon in Ihrem Garten zugehen: Pflanzen Sie viel Buschwerk an, denken Sie an eine Kompostecke mit Laub- und Reisighaufen, lassen Sie im Spätsommer das süße Fallobst liegen, denn auch das liebt der Igel. Wenn Sie dann noch im Herbst, wenn der späte Nachwuchs zu erwarten ist, eine kleine verdeckte Futterstelle in Laub- und Reisighaufen einrichten, dann könnte es klappen. Der Igel sollte Futter und Wasser gleichzeitig bekommen. Nach Igeln können Sie übrigens die Uhr

Igel auf der Jagd.

Futterwanne für Igel.

Igelin mit ihren Jungen.

stellen. Hat ein Igel aus einem Napf gefressen, kommt er pünktlich täglich zur gleichen Stelle. Apropos Futterstelle: Appetithappen für Igel sind Katzen- oder Hundefutter, Nüsse und Rosinen. Auch eine Schale mit Wasser sollte nicht fehlen, damit der Igel ein treuer Gast in Ihrem Garten bleibt, und wenn Sie eine Bank in der Nähe des Igelquartiers in der kleinen Wildnisecke Ihres Gartens aufstellen, dann können Sie den kleine Vierbeiner an einem Sommerabend in seinem Wirkungskreis beobachten. Ein Igel auf Beutefang ist ein Erlebnis, wenn er geräuschvoll schnaubend und schmatzend seine Nahrung verzehrt. Wenn Sie das Gefühl haben, daß eine kleine Dampflokomotive durch Ihren Garten zischt, dann findet eine „stachelige Hochzeit“ statt.

Merk-Ecke

Igeln sollte man keine Milch geben. Diese unsachgemäße Verpflegung bringt mehr Igel um, als Autos auf der Straße. Die kritische Jahreszeit für den Igel beginnt Mitte bis Ende November. Bei Temperaturen von etwa 5 °C ziehen sich Igel in kleine Mulden unter Laub und Reisig zum Winterschlaf zurück. Erst im Mai/April, wenn die Sonne ihre Nester erwärmt, kommen sie wieder zum Vorschein. Für ihren längsten Schlaf des Jahres bereiten sich Igel mit langen Futtertouren vor und legen dabei oft mehr als 1 km zurück.

Was gibt´s Neues?

Hamburger Igelhilfe - Wenn Sie einen kranken oder schwachen Igel gefunden haben und ihn pflegen möchten, dann können Sie sich von Ursula und Ernst Wolf, Telefon-Nr. 040 / 870 1586 beraten lassen. Das Ehepaar erforscht seit 27 Jahren das Leben der kleinen, sensiblen Stacheltiere, sie zählen zu den besten Igelkennern Europas.

KÜBEL-
PFLANZEN

In Frankreich werden die Kübelpflanzen nach dem historischen Vorbild der berühmten Versailler Orangerie als *plantes de l'orangerie* bezeichnet. Kübelpflanzen sind sogenannte Wanderpflanzen. Von Mai bis Oktober können sie im Freien stehen, sobald es jedoch kälter wird, müssen die frostgefährdeten Exoten in einen hellen, kühlen Raum gebracht werden. Zunächst beschränkte sich das Angebot auf Pflanzen aus dem Mittelmeerraum. Aufgrund des steigenden Interesses werden heute aber auch Pflanzen aus den Tropen und Subtropen angeboten. Eine Neuheit unter den „Sonnenkindern" ist die Südseemyrte. Die mobile Pracht ist da gefragt, wo sonst kein Grün mehr zu finden ist. Zu dieser hochangesehenen Pflanzengesellschaft, der stets etwas Tropisch-Exotisches anhaftet, gehören Oleander, Schmucklilien, echte Feigenbäume und Zypressen, Bleiwurz und Mimosen sowie Margeriten- und Fuchsienhochstämme mit ihren dekorativen Blütenkronen. Aber nicht nur Sonnenanbeter, sondern auch solche, die den Schatten nicht übelnehmen, zählen zu den begehrten Kübelgewächsen.

Kübelpflanzen für den Schattenbereich

Im großen und ganzen gilt die Regel, daß dichtbelaubte Pflanzen mit großen, dicken Blättern dem Schatten besser gewachsen sind als Gewächse, durch deren Zweige hindurchzusehen ist. Schattenverträglich sind: Buntblättrige Aukuben, ebenso Zwerg- und Hanfpalmen, Yucca, Lorbeer, Efeuaralien, der süßduftende Klebsame, von dem jetzt auch eine weißgeränderte Sorte erhältlich ist. Erstaunlicherweise beeinträchtigt Schatten die bunte Schönmalve nicht.

Rechts: *Hibiscus*

Kübelpflanzen für den Schattenbereich.

Kübelpflanzen im Portrait

Roseneibisch (*Hibiscus syriacus*), auch Chinesischer Roseneibisch genannt. Er braucht nicht lange vorgestellt zu werden. Vor mehr als 2000 Jahren kam der *Hibiscus* aus Griechenland zu uns. Seine trichterförmigen Blüten müssen vor allem vor Wind und Regen geschützt werden. Er liebt einen hellen und warmen Standort. Der *Hibiscus* ist übrigens ein ausgesprochener Nährstoff-Fresser, er braucht Kraftfutter von Mai bis September und dazu viel Wasser. So gepflegt, ist eine Dauerblüte möglich.

Merk-Ecke

Was ist zu tun, wenn der ansonsten so blühfreudige Roseneibisch nicht mehr blühen will und ein grünes Blatt nach dem andern treibt? Ganz einfach, die Pflanze will damit zum Ausdruck bringen: „Ich stehe zu dunkel!" Licht ist das A und O für diese Pflanze! Nur wer dem Roseneibisch einen hellen, sonnigen Platz zukommen läßt, wird sich an seinen prachtvollen Blüten erfreuen. Auf Standortwechsel reagiert die Pflanze pikiert mit Blütenfall. Auch bei Durchzug, starken Temperaturschwankungen bzw. Ballentrockenheit wirft der Roseneibisch frische Knospen ab. Auch Blattläuse erfreuen sich gelegentlich am *Hibiscus*. Je früher Sie die Läuse entdecken, desto besser. Hier nun ein paar Tips, wie Sie umweltfreundlich schnell die Plage beseitigen. Bei schwächerem Befall hilft oft schon eine Wasserdusche, wirksamer ist allerdings das Betupfen mit einer Schmierseifenlösung. Die Behandlung ist bei stärkerem Befall in Abständen von 8 Tagen zu wiederholen. Achten Sie darauf, daß die Erdoberfläche zuvor abgedeckt wird. Ein regelmäßiger Rückschnitt dient vor allem der Regeneration. Im Februar/März ist der richtige Zeitpunkt, um ältere Pflanzen kräftig zurückzuschneiden. Das fördert die Verzweigung und den Neuaustrieb. Da der Roseneibisch zum Knospenfall neigt, wird nur dann umgepflanzt, wenn es unbedingt erforderlich ist, d. h., wenn der Ballen stark durchwurzelt ist. Die Vermehrung wird am besten im Mai durch noch nicht verholzte Triebstecklinge vorgenommen.

Oleander (*Nerium oleander*): Eine altbekannte Kübelpflanze, die Sonne und Hitze braucht, aber wenig Regen verkraftet. Beim Kauf ist es empfehlenswert, auf die Zahl der Blüten je Blütenstand zu achten. Sehr gute Sorten weisen 50 und gelegentlich sogar 80 Knospen je Blütenstand auf. Oleander ist anfällig gegen Blattläuse, Schildläuse und Spinnmilben. Oleander war immer eine bevorzugte Pflanze der Orangerie. Übrigens: Tragholme, wie sie früher üblich waren, werden bis zum heutigen Tage für den Transport zur Überwinterung verwendet. Für den Hausgebrauch hingegen sind Sack- oder klappbare Schubkarren empfehlenswert, denn ein gut gepflegter Oleander kann durchaus 15 Jahre und älter werden und zentnerschwer sein.

Was gibt's Neues?

Praktisch sind fahrbare Untersätze - z. B. ein „Rolli". Der „Rolli" transportiert spielend auch schwere Kübelpflanzen mit einem Gewicht bis zu 35 kg. Größere Kübel können leer schon fast 10 kg wiegen. Von mobilem Grün kann dann kaum noch die Rede sein.

Lagerstroemie (*Lagerstroemia indica*): Neben dem Oleander ist die Lagerstroemie oder Kreppmyrte ein schönes Kübelgewächs mit starker Blütenfülle. Eine wahre Plage ist bei dieser Pflanze leider der echte Mehltau.

Wandelröschen (*Lantana, Lantana-Camara*-Hybriden): Sie brau-

Oleander

chen volle Sonne, aber nur alle zwei Wochen Nährstoffe und wenig Wasser. Der Name beruht übrigens auf ihrer changierenden Blüte. Die Pflanzen sind empfindlich gegen Spinnmilben und weiße Fliegen. Das Wandelröschen wird als Balkonpflanze zur Unterbepflanzung von Kübelgefäßen verwendet, besonders attraktiv wirkt das Wandelröschen als Hochstamm in Kaskaden- oder Pyramidenform.

Engelstrompete (*Datura suaveolens*): Einen Hauch von Exotik vermitteln ihre wunderschönen, stark duftenden Blüten. Die bis 30 cm großen, trichterförmig herabhängenden Trompeten-Blüten, bisher nur in Weiß auf dem Markt, gibt es seit kurzem auch in pastellfarbenen Tönen. Die Pflanze wächst schon im ersten Jahr üppig, wenn sie reichlich gewässert wird und ein bis zwei Düngegaben pro Woche erhält. Vom Frühjahr bis zum Spätherbst reicht die Blütenpracht. Die *Datura* liebt einen geschützten sonnigen Standort. Hier kann sie im Laufe der Jahre bis zu fünf Metern heranwachsen. Der Stechapfel, mit dem verheißungsvollen Namen Engelstrompete ist aber nicht ganz ungefährlich. Das Berühren mit bloßen Händen sollten Sie vermeiden, denn die Engelstrompete, die zur Familie der Nachtschattengewächse (*Solanaceae*) zählt, enthält drei giftige Alkaloide: Hyoscyamin, Atropin und Scopolamin. Bedenklich ist daher die Anschaffung vor allem, solange Kleinkinder, die noch alles in den Mund stecken, im Haus sind. Leider ist die Exotin pflegeintensiv und anfällig gegen Blattläuse. Engelstrompeten brauchen viel Wasser und sind wahre Nährstoff-Fresser.

Lantanen-Hochstämmchen

Was gibt's Neues?

Duftende Engelstrompete gibt es neuerdings auch in Pinkrosa, Rotgelb und Goldgelb für Balkon und Garten.

In den Wintermonaten muß die Exotin in ein frostfreies, kühles, aber helles Quartier übersiedeln. Während dieser Ruhephase begnügt sich die sonst so „düngergefräßige" und durstige Pflanze mit einem Minimum an Feuchtigkeit ohne Nährstoffe. Ab April wird sie tagsüber wieder ans Freie gewöhnt, um dann Mitte Mai nach den Eisheiligen ihren endgültigen, sonnigen Platz wieder einzunehmen. Wer sich einmal an die attraktive Kübelpflanze gewöhnt hat, wird sie in seiner Umgebung nicht mehr missen wollen. Von den „himmlischen" Düften werden sogar zahlreiche Schmetterlinge und Insekten angelockt. Es ist auch ganz einfach, die Engelstrompete durch krautige Stecklinge von Frühjahr bis Herbst selbst zu vermehren. Und für Hobbygärtner, die die Aussaat nicht scheuen, gibt es jetzt auch den Samen der Engelstrompete zu kaufen. Bis zur blühfähigen Pflanze ist es allerdings ein weiter Weg.

Amerikanische Agave (*Agave americana*): Sie wird auch Hundertjährige Aloe genannt und verträgt Sonne wie Halbschatten. Die Pflanze kommt ursprünglich aus den Tropen und Subtropen, hat sich aber heute im Mittelmeerraum eingebürgert. Ein Erdgemisch aus zwei Teilen lehmigem Gartenboden sowie einem Teil Einheitserde und Sand und einer guten

Drainageschicht ist für Agaven empfehlenswert. Neben den reingrünen Arten gibt es auch Sorten mit gelben oder weißen Blatträndern. Alle sukkulenten Pflanzen sind pflegeleicht, sie können, ohne Schaden zu nehmen, eine längere Trockenperiode überstehen. Für spielende Kinder allerdings stellen die spitz zulaufenden Blätter der dekorativen Agave eine Gefahr dar. Bei wenig Platz sollten Sie auf eine ausladende Pflanze verzichten.

Mein Tip

Stülpen Sie zum Schutz Flaschenkorken über die dornigen Spitzen der Agave!

Amerikanische Agave

Granatapfelbaum (*Punica granatum*): Schon zur Zeit König Salomos war dieser sommergrüne Fruchtbaum mit seinen feuerroten Blüten eine beliebte Zier- und Nutzpflanze. Aus seinen kleinen, apfelförmigen Früchten wurden köstliche Erfrischungsgetränke zubereitet. Die bei uns als Kübelpflanze angebotene Zwergform 'Nana' wird nur 1 - 1,5 m hoch und blüht und fruchtet üppig. Der Granatapfelbaum ist anspruchslos. Sie sollten beim Kauf allerdings die richtigen Sorten wählen, wie 'Flore Pleno' oder 'Legrellei'. Ein Granatapfelbaum liebt volle Sonne, braucht von März bis Juli reichlich Wasser und jeden Monat Dünger. Ein humusreicher, lehmiger Boden, dem alter Kuhmist und etwas Sand beigemengt werden, ist eine gute Grundlage für gesundes Wachstum. Auch ist er leicht zu überwintern und verträgt Temperaturen von 2 - 6 °C.

Tibouchina (*Tibouchina urvilleana*): Etwas für Kenner ist diese ausgefallene, pflegebedürftige Kübelpflanze. Sie fühlt sich nur an einem sonnigen Standort wohl, verträgt jedoch keine pralle Mittagssonne. Also muß für eine leichte Beschattung gesorgt werden. Auch hartes Wasser ist für die Pflanze schädlich, weiches bzw. Regenwasser hingegen ideal. Gegossen wird die Tibouchina mäßig, aber man sollte sie nie trocken werden lassen, alle 14 Tage düngen. Um eine kompakte Pflanze zu bekommen, müssen die weichen Triebe ständig entspitzt werden.

Brautmyrte (*Myrtus communis*): Die seit alters bekannte Brautmyrte sollte sonnig, aber nicht zu warm stehen. Sie braucht vor allem einen luftigen Standort, ihr bekommt die frische Luft im Freien besonders gut. Die aparte immergrüne Pflanze kann im Kübelgefäß bis zu 2 m erreichen, ihre Blüten und Blätter verbreiten einen würzigen Duft. Im Winter muß die Brautmyrte vor dem ersten Frost ins Haus geholt werden. Myrten müssen - wie viele Kübelpflanzen - bei 5 - 10 °C hell und luftig überwintern. Während dieser Ruhezeit darf nur soviel gegossen werden, daß der Ballen nicht austrocknet. Falls die Myrte während der Wintermonate mangels Licht Geiltriebe gebildet hat, sollte die Pflanze stark zurückgeschnitten werden. Allerdings dürfen Sie dann nicht traurig sein, wenn die Pflanze in den folgenden Monaten schlechter blüht. Myrten verkraften auch das vorübergehende Austrocknen der Erde nicht. Sie reagieren darauf mit gelb werdenden Blättern und Blattfall.

Kübelpflanzen fürs Frühjahr: Passionsblumen, Blaue Lieschen, Lobelien.

Merk-Ecke

Myrten brauchen chlor- und kalkfreies Wasser. Am besten verwenden Sie Regenwasser. Die Myrte liebt es, öfter mal mit Wasser besprüht zu werden. Samenkapseln sollten Sie nicht zur Reife kommen lassen, weil die Pflanze dadurch stark geschwächt wird. Myrten können Sie auch durch gezielte Schnittmaßnahmen in Hochstämmchen oder Kronenbäumchen verwandeln.

Balkonpflanzen im Kübelgefäß

Fuchsie (*Fuchsia*-Arten): Als Kübelpflanze sind auch Pflanzen im Handel, die Ihnen aus dem Balkonkasten bekannt sind, z. B. die *Fuchsia magellanica*. Sie kann 1,50 m hoch werden und entwikkelt sich am schönsten, wenn sie einen halbschattigen Platz bekommt. Reich mit Blüten behangen, bietet sie im Sommer einen prächtigen Anblick.

Sommerliche Schalenbepflanzung: Fuchsien-Kübel.

Pelargonie (*Pelargonium*-Hybriden): Wie jede Pelargonie braucht auch das Hochstämmchen Sonne, obwohl sich diese Pflanze auch mit Halbschatten zufrieden gibt. Allerdings ist es dann mit der Blütenpracht nicht weit her. Auf alle Fälle sollte ihr Standort luftig und warm sein. Die landläufig als Geranie bekannte Pflanze kann bis zu 2 m hoch werden. Verblühtes muß stets entfernt werden, damit die Pflanze nicht unnötig geschwächt wird und sie ihre ganze Kraft zur Fruchtbildung verwenden kann.

Merk-Ecke

Pelargonien sind pflegeleicht, unempfindlich gegen Schädlinge, brauchen mäßig Wasser, aber reichlich Nährstoffe.

Strauchmargerite als Hochstämmchen und Pelargonie.

Strauchmargerite (*Chrysanthemum frutescens*): Sie stammt von den Kanarischen Inseln. Der Halbstrauch mit verholzenden Trieben ist eine Blume der Superlative, ausgezeichnet blüht. Im kalten Wintergarten blüht sie sogar den Winter hindurch. Die Pflanze braucht einen sonnigen Standort, reichlich Wasser und Nährstoffe. Chrysanthemenbäumchen fühlen sich in einer lehmhaltigen Erde mit humusbildenden Pflanzenfasern wie „Culti-fibre" Blumenerde, aber auch „Edle Zimmerpflanzenerde" besonders wohl. Die Pflanze muß von März bis August wöchentlich gedüngt werden, denn nur gut ernährte Pflanzen entwickeln sich zur Vollkommenheit. Beim Margeritenbäumchen muß, wie bei allen blühenden Kübelpflanzen, Verblühtes stets entfernt werden, damit es nicht zur Samenbildung kommt, was Kraftverlust und somit weniger Blüten bedeuten würde. Wenn die Pflanze trocken geworden ist, bekommt sie gelbe bzw. braune Blätter. Ein kräftiger Rückschnitt kann ihr wieder auf die Beine helfen. Allerdings ist darauf zu achten, daß der Rückschnitt mindestens 3 cm über der verholzten Krone liegt.

Merk-Ecke

Ein Margeritenbäumchen ist durstig und nährstoffhungrig. Gegossen wird grundsätzlich morgens oder abends.

Margeritenbäumchen

Obst in Töpfen und Kübeln

Obst in Kübeln gezogen, braucht keinen Überwinterungsraum. Erstaunlich ist beim Kübelobst die Fruchtgröße der Äpfel, Birnen und Pflaumen. Sorgfältiges Gießen ist für den Erfolg ebenso wichtig wie das regelmäßige Düngen. Entscheidend für die Fruchtgröße und -reife ist der Auslichtungsschnitt im Sommer, damit mehr Licht und Sonne an die Früchte kommt. Zu dicht stehende und unterentwickelte Früchte sind zu entfernen.

Echte Feige (*Ficus carica*): Feigenbäume sind dekorative Pflanzen, sie brauchen, wenn die Blätter ausgewachsen sind, einen warmen, sonnigen und geschützten Platz. Auch bei uns können Feigenbäume Früchte tragen. Voraussetzung hierfür ist neben einem vollsonnigen Standort reichliches Düngen und Gießen. Da die Blätter sehr groß sind, findet nämlich durch sie eine starke Wasserverdunstung statt.

Merk-Ecke

Nicht nur in südlichen, von der Sonne verwöhnten Ländern, sondern auch in unseren Breitengraden können Sie echte Feigen ernten.

Calamondin-Orange (*Citrus microcarpa*): Goethe schwärmte auf seiner Reise nach Rom noch von dem Land, „wo die Zitronen blühn, im dunklen Laub die Goldorangen glühn". Damals wie heute, blühen auf unserer Terrasse die Zitronen und Orangen. Zitrusbäume werden immer beliebter, nicht zuletzt wegen des gleichzeitigen Erscheinens von Blüten und Früchten. Die Blüten verbreiten einen angenehmen Duft. Um die Pflanze buschig zu halten, sollte sie im Frühjahr und Spätherbst kräftig zurückgeschnitten werden. Zitrusgewächse wollen im Sommer hell stehen. Bis Mitte August müssen sie reichlich gedüngt und möglichst mit Regenwasser gegossen werden.

Orangenbäumchen

Bleiwurz, hier: *Plumbago auriculata*

Weitere Kübelgewächse

Bleiwurz (*Plumbago indica*): Eine der wenigen blau blühenden Kübelpflanzen mit fünfteiligen phloxähnlichen Blüten. Bleiwurz besitzt von Natur aus einen grazilen, buschigen Aufbau. Die Pflanze kann sich bei richtiger Pflege zum wahren Blühwunder entwickeln. Voraussetzung dafür ist allerdings, daß sie einen sonnigen, windgeschützten Standort erhält, reichlich gegossen und regelmäßig gedüngt wird. Wer die Pflanze im April oder Mai mutig zurückschneidet, hat nicht nur Stecklinge zum Bewurzeln, sondern bekommt auch eine kompaktere Pflanze. Der ideale Überwinterungsraum ist hell, seine Temperatur liegt bei 5 - 8 °C. Je dunkler der Raum ist, um so kräftiger - gegebenenfalls bodennah - muß die Bleiwurz zurückgeschnitten werden. Im Frühjahr wird sie in eine lehmighumose Erde umgetopft und zum Antreiben warm gestellt.

Hammerstrauch (*Cestrum elegans*): Der immergrüne, reichblühende Strauch wird leider nur selten angeboten. Bewundern können Sie den Hammerstrauch mit seinen purpurroten, röhrenförmigen Blüten in jedem Botanischen Garten. Die Pflanze gehört wie die Engelstrompete der Familie der Nachtschattengewächse an, ist also in allen Pflanzenteilen giftig. Im Kübel erreicht der wüchsige Strauch spielend über 2 m. Die Blätter sind lanzettlich, ganzrandig, zugespitzt, zur Basis rund bis herzförmig, stumpfgrün und weich behaart. Im Wintergarten blüht die Pflanze das ganze Jahr hindurch, wobei die Hauptblütezeit von April bis September liegt. Als Standort beansprucht der Hammerstrauch ein sonniges, vor Zugluft und Wind sowie zu starker Sonnenbestrahlung geschütztes Plätzchen. Er sollte hell bei 10 - 12 °C überwintern. Bei zu hoher Luftfeuchtigkeit ist mit Grauschimmel und Blattfäule zu rechnen. Deshalb ist das Gießen im Winter auf ein Minimum zu reduzieren. Im Sommer braucht der Hammerstrauch dagegen viel Wasser!

Kasuarine oder Känguruhbaum (*Casuarina equisetifolia*): Es sind hübsche Pflanzen mit wogendem, federartigem Laub, das aus vielen schlanken, meist herabhängenden, gegliederten Zweigen besteht, die den kräftigen, holzigen Ästen entspringen und ein zartes Filigranwerk bilden. Sie ist in den tropischen Küstenregionen zu Hause und braucht infolgedessen einen sonnigen Standort und wenig Wasser. Überwintert werden Kasuarinen an einem hellen Standort bei 10 °C. Ihre Blüten sind unscheinbar, ihre Frucht ist ein walzen- oder eiförmiger, holziger Zapfen - hier liegt eine gewisse Ähnlichkeit mit den Nadelgehölzen vor. Die Kasuarinen gehören zu den Laubgehölzen, obwohl sie wie Nadelgehölze aussehen und oft mit Kiefern verwechselt werden.

Veilchenstrauch (*Iochroma cyaneum*): Ein apartes Nachtschattengewächs ist die rankende Schöne. Sie kann an einem Spalier hochgebunden werden und wünscht einen eher hellen als halbschattigen und windgeschützten Standort. Im Sommer hat der Veilchenstrauch einen hohen Wasserbedarf. Auffällig sind die langstieligen, blauvioletten Röhrenblüten. Sie erscheinen in Büscheln am Ende der Leittriebe. Hauptblütezeit ist Juli - August. Mit seinen Reizen geizt der Veilchenstrauch nicht, wenn Sie ihn möglichst hell bei 6 -12 °C fachgerecht überwintern. Die mit Hammerstrauch und Engelstrompete verwandte Pflanze ist natürlich giftig.

Kassie oder Gewürzrinde (*Cassia corymbosa*): Wenn Sie eine ausgefallene Kübelpflanze suchen, sollten Sie es mit dem Kerzenstrauch, auch Kassie oder Gewürzrinde genannt, versuchen. Die imposante Pflanze schmückt sich mit gelben, doldentraubigen Blüten. Wenn Sie der wärme- und sonnenhungrigen Kassie neben dem richtigen Standort reichlich Wasser zukommen lassen,damit der Ballen nie austrocknet, werden Sie viel Freude an der Exotin haben. Mit dem Düngen sollten Sie zurückhaltend sein, bis Ende August wird alle Tage mäßig gedüngt. Ab September ist das Düngen einzustellen, damit das Holz gut ausreifen kann. Der Kerzenstrauch kann bis zu 2 m hoch werden, er verträgt sogar leichten Frost. Sie können ihn in einem Raum bei bis zu 5 °C schadlos überwintern. Allerdings muß der Erdballen dann relativ trocken sein und die Jahrestriebe müssen zuvor um 2/3 eingekürzt werden.

Mein Tip

Cassia-Arten lassen sich aus Samen problemlos anziehen. Viele dieser Arten enthalten allerdings Giftstoffe.

Krautige Kübelgewächse und Palmen

Schmucklilie (*Agapanthus praecox*): Sie ist eine völlig problemlose Pflanze, sofern sie einen vollsonnigen Standort bekommt und während des Wachstums reichlich gegossen wird.Sie trägt mehrere Namen wie Afrikanische Lilie und Liebesblume. Nicht nur im Kübel, sondern auch als haltbare Schnittblume ist sie sehr beliebt. Ihre Blüten sind blau bis weiß. Ältere Exemplare können bis zu 200 Stück im Laufe des Sommers bilden. Die Blütezeit reicht von Juli bis September. Die Düngerperiode beginnt wöchentlich im Juni und endet im August, denn Staunässe ist unbedingt zu vermeiden! Blühfaulheit im Sommer ist fast immer die Folge einer zu warmen Überwinterung. Das Winterquartier muß hell sein, und darf nie mehr als 8 °C haben.

Mein Tip

Die Schmucklilie sollte selten umgetopft werden, denn nur gut bewurzelte Pflanzen blühen üppig.

Indisches Blumenrohr, *Canna indica*

Mein Tip

Verletzte Rhizome sind vor dem Pflanzen mit Holzkohlepuder zu desinfizieren, sonst faulen sie.
Im Herbst, wenn das Laub der Canna den ersten Frost abbekommen hat, muß es abgeschnitten und die nicht winterharten Wurzelstöcke aus der Erde genommen werden. Diese Rhizome sollten in einer Kiste zwischen trockenem Torf zur Winterruhe gebettet werden.

Indisches Blumenrohr (*Canna indica*): Diese äußerst dankbare Beet- und Kübelpflanze kommt aus dem tropischen Amerika. Ihre Rhizome (knollenartige Wurzelstöcke) werden möglichst schon im März bei einer Temperatur zwischen 12 und 16 °C angetrieben. Bitte beachten Sie: Nur bei voller Sonne, reichlicher Bewässerung und einem wöchentlichen Düngeguß blüht das Blumenrohr den ganzen Sommer über.

Kanarische Dattelpalme (*Phoenix canariensis*): Die Dattelpalme, auch Phönixpalme genannt, zählt zu den ältesten Kulturpflanzen. Sie läßt sich aus Dattelkernen anziehen. Für ein gelegentliches Abspritzen mit dem Wasserschlauch ist die Dattelpalme dankbar. Außerdem braucht sie reichlich Wasser und Nährstoffe. Diese Oasenpflanze benötigt einen sonnigen, warmen Platz.

Schmucklilie, *Agapanthus praecox*

Kanarische Dattelpalme, *Phoenix canariensis*

Zwergpalme (*Chamaerops humilis*): Die Pflanze steht am besten hell bis sonnig, nur Mittagssonne verträgt sie nicht. Vor hellen Wänden auf Terrassen oder Dachgärten wirkt sie besonders dekorativ. Die Zwergpalme muß reichlich gegossen und gedüngt werden. Da sie frostempfindlich ist, darf sie nicht vor Mitte Mai ins Freie gebracht werden.

Geeignete Standorte

Kübelpflanzen sind ideale Gestaltungselemente, ob auf Terrasse, Balkon, Dachgarten oder im Eingangsbereich des Hauses. Kübelpflanzen sind auch blühende Minigärten auf zubetonierten Flächen. Wo kein Grün mehr zu finden ist, können sie ein belebender Farbfleck sein. Selbst häßliche Kanaldeckel sind so zu kaschieren. Kübelpflanzen vermitteln südliches Flair, sie erinnern vielfach an schöne Urlaubstage. Und so braucht auch ein Großteil dieser Pflanzen einen sonnigen Standort.

Gefäße

Aus Kostenersparnis werden die meisten Kübelpflanzen in Kunststoffgefäßen angeboten. Nachteil dieser Gefäße ist, daß sie sich als gute Wärmeleiter im Sommer stark erhitzen und in den Herbstnächten schnell auskühlen. Wenn Kunststoffgefäße auf Stein oder Asphalt gestellt werden, müssen kleine Holzstücke unter die Gefäße gelegt werden, damit Stauwärme mit den sich daraus ergebenden Folgen der Wurzelverbrennungen verhindert wird. Schöne Kübelgefäße gibt es in Terrakotta, aus Holz (z. B. halbe Fässer) und Eternit, doch heute ohne Asbest.

Mein Tip

Das Problem der meisten Kübelpflanzen ist deren Überwinterung. Ich rate Ihnen, sich schon beim Kauf zu erkundigen, ob und zu welchem Preis die Gärtnerei die Pflanze überwintern kann.

Umtopfen

Eine fest eingewurzelte Pflanze ist gar nicht so leicht umzutopfen. Der Ballen wird mit einem Messer ringsherum zunächst gelockert. Hilft das nicht, muß das Plastikgefäß aufgeschnitten werden. Das neue Pflanzgefäß sollte nur wenig größer als das alte sein (2 Fingerbreit rundum). Kräftiges Andrücken ist die Grundvoraussetzung für das Anwachsen der Pflanzen. Und zum Schluß das Angießen nicht vergessen.

Neupflanzen - Generelles zu Substrat und Drainage

Bei vielen Tontöpfen muß mit spitzem Nagel und Hammer zunächst der vorgestanzte Wasserablauf vorsichtig durchgeschlagen werden. Als erstes wird eine Drainageschicht aus Kies, Grolit, Lava oder Tonscherben in einer Schütthöhe von 5 - 15 cm in das Gefäß gefüllt. Darauf kommt dann die erste Erdschicht. Den Vorratsdünger nicht vergessen, eine weitere Erdschicht einfüllen, und dann die Pflanze einsetzen.

Mein Tip

Alternative zu Kübelgefäßen: ausgehöhlte Baumstämme.

Bewässerungssysteme

Wir wissen alle, wie schwierig sich die Wasserversorgung von Pflanzen gestalten kann, wenn man unregelmäßige Arbeitszeiten hat, viel auf Reisen ist und sich daher nur in unregelmäßigen Abständen in der eigenen Wohnung bzw. im eigenen Haus aufhält. Auch für Kurzurlaube findet man nicht immer jemanden fürs Gießen. Wenn Sie Ihre Pflanzen nicht regelmäßig gießen können oder wollen, dann kann das Bewässerungsproblem auch auf elegante Weise gelöst werden, so etwa durch Pflanzgefäße mit Wasserspeicher. Entsprechende Gefäße gibt es unter den Markenbezeichnungen Plantena, Floragard, Terraponic im Handel. Individuell anwendbar und relativ preiswert ist die Tröpfchenbewässerung. Dazu wird jedes Pflanzgefäß mit einem Regler versehen. Dieser besteht im unteren Teil aus einem sensiblen Quellholz und gibt tröpfchenweise Feuchtigkeit an die Erde ab. Der Vorteil ist: Die Wasserzufuhr kann direkt von der Wasserleitung, einem oder mehreren Gefäßen (Regenfaß, Wassereimern etc.) aus gesteuert werden.

Düngen

Kübelpflanzen benötigen mehr Dünger als Balkonpflanzen. Da sich die Nahrungsreserven in der Erde schnell verbrauchen, rate ich, den hohen Nährstoffbedarf mit einem Spezialdünger für Balkon- und Kübelpflanzen zu decken.

Vermehrung

Viele Kübelpflanzen können über Stecklinge vermehrt werden. Von einer ganzen Reihe dieser Pflanzen können Sie von Frühjahr bis Herbst Stecklinge schneiden. Weiche oder halbverholzte Triebspitzen bzw. Seitentriebe von etwa 10 - 15 cm Länge sind geeignetes Ausgangsmaterial. Blütentriebe sind zu vermeiden, da diese schon viel Kraft ins Fruchten gesteckt haben. Damit der Erfolg gesichert ist, empfehle ich, mehrere Stecklinge von einer Sorte vorzubereiten.

Und so wird's gemacht:

Die Stecklinge werden direkt unterhalb eines Blattpaares mit einem scharfen Messer abgeschnitten.

Die untersten Blätter müssen entfernt werden.

Einige Stecklinge von z. B. Feigenbaum, Hortensie und Oleander können Sie im Wasser bewurzeln. Gut geeignet ist dafür ein Weckglas. Ein Stückchen Holzkohle hält das Wasser keimfrei. Über das Glas spannen Sie mit einem Gummiring Zellophanpapier, stechen dann mit der Stricknadel für jeden Steckling eine Öffnung und stellen die Ableger ohne Blattanteile etwa 3 cm tief in das Wasser.

Die Bewurzelung erfolgt in ungedüngter Anzuchterde, in Pikierschalen oder kleinen Blumentöpfen.

Tauchen Sie die Schnittfläche der Stecklinge vor dem Einstecken in Bewurzelungspulver. Nach dem Pflanzen müssen Sie die Stecklinge andrücken und die Erde mäßig anfeuchten. Durch Folienabdeckung schaffen Sie ein eigenes Öko-Klima.

Hell und warm aufstellen, aber direkte Sonne vermeiden. Sechs Wochen später haben die meisten Stecklinge Wurzeln gebildet. Bei verholzten Arten dauert es etwas länger. Anschließend werden die Jungpflanzen in gedüngte Erde umgepflanzt.

Schneeball, hier: *Viburnum tinus*

Merk-Ecke

Düngen: Hoffentlich haben Sie Ihre Pflanzen im August zum letzten Mal gedüngt, denn schon ab September sollten die Triebe ausreifen können. Wenn Sie im Spätsommer nochmals zur Düngeflasche greifen, treiben die Pflanzen nämlich neu aus. Die frischen Triebe aber sind besonders kälteempfindlich; sie frieren stark zurück und schädigen dabei die ganze Pflanze.

Wohin mit den Kübelpflanzen im Winter?

Die mobile Gartendekoration kann im Laufe der Jahre so schwer werden, daß sie beim Wegräumen zur Überwinterung leider nicht mehr so mobil, daß sie mühelos ins Winterquartier gebracht werden kann. Eine Sackkarre für den Transport entlastet bei der schweren Arbeit erheblich.

Was gibt's Neues?

Eine platzsparende klappbare Schubkarre.

Von Jahr zu Jahr wird das Angebot an dekorativen Pflanzen aus den Subtropen größer. Da jede Pflanze individuelle Pflegeauch während der Überwinterungszeit hat, sind neben den allgemein gültigen auch die speziellen Regeln zu beachten.

Überwinterung von Palmen in Kübeln: z.B. in einer sonnigen Ecke des Schwimmbades.

Neben dem inzwischen populären Margeritenbaum erfreuen sich Roseneibisch, Oleander, Granatäpfel, Olivenbäume, Engelstrompeten, Wandelröschen, aus dem Süden mitgebrachte Agaven, die blaublühende Bleiwurz sowie Zitronen- und Apfelsinenbäumchen großer Beliebtheit. Mit den aufgeführten Kübelpflanzen ist das Sortiment noch bei weitem nicht erschöpft. Fuchsien mit ihren schön gezeichneten Blüten, Schönmalve, Dattelpalme, Liebesblume, Lorbeer, Korallenstrauch, Echte Feige, Myrte, Lagerstroemia, Bougainvillee, Gewürzrinde sowie Zwerg- und Hanfpalme zählen auch zu den Kübelpflanzen. Wenn die Blätter fallen und das Thermometer nur noch 10 °C anzeigt, müssen die meisten Kübelpflanzen ins Winterquartier. Leider ist diese Ruhepause alles andere als eine Erholung für die Pflanzen. In Folge der schlechten Lichtverhältnisse leiden die meisten Pflanzen und müssen wahre Überlebenskünstler sein, um die Zeit durchzustehen.

Damit die Pflanzen der Streßsituation gewachsen sind, müssen Sie vor dem Einräumen noch folgende Dinge beachten:

- Die Pflanzen einzeln mit der Lupe in Augenschein nehmen, und dabei besonders auf Blattober- und -unterseite achten. Alle Kübelpflanzen sind eingehend auf Schädlingsbefall zu untersuchen. Bei den im Winterquartier so dicht nebeneinander stehenden Pflanzen ist die Gefahr der Schädlingsverbreitung groß.
- Welke und gelbgewordene Blüten und Blätter entfernen.
- Alle langen, beim Transport störenden Triebe ausschneiden. Margeritenbaum, Roseneibisch, Granatapfel, Fuchsie, Lagerstroemia, Korallenstrauch, Stechap-

Überwinterung von Bananen.

fel, Gewürzrinde und Schönmalve vor dem Einräumen um die Hälfte ihrer Triebe kürzen.
- Auf keinen Fall dürfen Oleander, Bananenstrauch und Paradiesvogelblume beschnitten werden.
- Wärmeliebende Kübelpflanzen wie Banane, Kokospalme, Paradiesvogelblume und Zypergras können nach einer etwas kühleren Zwischenstation ins Wohnzimmer gebracht werden, falls ein heller Platz vorhanden ist.

Ideale Bedingungen für das Winterquartier liegen im Plusbereich zwischen 5 und 10 °C.
Das Winterquartier soll hell und belüftbar sein. Die regelmäßige Frischluftzufuhr ist ein Problem, das nur die wenigsten Kübelpflanzen-Besitzer vom Raumangebot her lösen können.

Beispiele für Winterquartiere: Gewächshäuser und Wintergärten sind die idealen Winterquartiere, aber auch ein kühles, helles Treppenhaus im ersten Stock ist geeignet. Selbst eine Waschküche mit breitem Fenster kommt in Betracht.
In Räumen mit Hochfenster ist eine sogenannte Blumenleiter zu empfehlen. Glücklich ist auch, wer noch einen Speicher besitzt, dessen Zugang den Transport der Kübelpflanzen zuläßt.
Geeignet sind ferner kühle Schlafräume, selten genutzte Gäste- oder Hobbyräume mit genügend Licht und Belüftungsmöglichkeiten. Pfiffige Hobbygärtner stellen ihre Kübelpflanzen auf die von außen zum Keller führende Treppe und schützen den Eingangsbereich des Kellers mit einer durchsichtigen Luftnoppenfolie. Bei starkem Frost setzen Sie eine elektrische Zusatzheizung ein.

Wie werden die Pflanzen gestellt? Nach Möglichkeit so, daß sie sich nicht direkt berühren und Sie an jede Pflanze herankommen. Denn auch im Winterquartier sollte eine regelmäßige Schädlingskontrolle durchgeführt werden. Achten Sie bei der Kontrolle besonders auf Pilzbefall und faule Stellen.
Kleinere Pflanzen sollten auf umgedrehte Schalen oder Eimer gestellt werden, damit sie genügend Licht bekommen.
Direkt ans Fenster kommen nur lichtbedürftige Pflanzen und solche Pflanzen, die nicht kälteempfindlich sind.
Viel Licht brauchen Margeritenbäumchen, Roseneibisch und die Schönmalve.

Merk-Ecke

Je weniger Licht der Raum aufweist, desto niedriger sollte auch die Raumtemperatur sein und desto weniger darf gegossen werden.
Relativ wenig Licht brauchen: Feige, Bleiwurz, Granatapfel, Stechapfel, Lagerstroemia und Agave.
Kurzfristige Minusgrade bis zu 8 °C überstehen: Kamelie, Eukalyptus, Feige, Lorbeer, Granatapfel, Zwerg- und Hanfpalme.
Kälteempfindliche tropische Pflanzen leiden unter 10 °C: Bananenbaum, *Bougainvillea*, Hibiskus, Korallenstrauch.
Wird diesen Pflanzen die Überwinterungstemperatur zu kühl, dann reagieren sie mit Blattfall.

Lüften: Wichtig ist das regelmäßige Lüften an frostfreien Tagen.

Gießen im Winterquartier: Gegossen wird am besten morgens, und zwar äußerst sparsam und nur soviel, daß die Wurzelballen nicht austrocknen. Im Zweifelsfalle gilt: Lieber weniger als zuviel gießen und keinesfalls düngen.

Überwintern in der „Pension": Einige Gärtnereien und Gartencenter übernehmen für Sie die Überwinterung der Kübelpflanzen, was allerdings ein kostspieliges Vergnügen werden kann. Um nachhaltigem Ärger vorzubauen, sollten Sie, bevor Sie die Pflanzen abholen lassen bzw. selbst in Obhut geben, mehrere Bilder der Pflanzen machen. So haben Sie einen Beweis über den Zustand der Pflanzen und beugen einer Verwechslung vor. Zusätzlich sollten Sie die Pflanztöpfe mit wasserfestem Filzstift beschriften. Eine genaue Liste mit beigefügten Bildern bleibt in Ihrem Besitz, die Kopie händigen Sie dem betreuenden Gärtner aus.

Was kostet das Überwintern in der „Pension"? Im Durchschnitt müssen Sie für den Zeitraum von Mitte Oktober bis Mitte Mai mit 100,- DM pro m^2 Gewächshausfläche rechnen, wobei nicht die Stellfläche der Pflanztöpfe, sondern deren Baumkrone der Berechnung zugrunde liegt. Hinzu kommen in der Regel Transportkosten die nach Pflanzenanzahl und Entfernung berechnet werden.

Vorteile einer Überwinterung im Fremdquartier: Die Pflanzen werden während ihres Winteraufenthaltes fachgerecht gepflegt, wozu auch die Bekämpfung von Schädlingen zählt. Wenn die Pflanzen Schaden nehmen, wird gleichwertiger Ersatz geleistet.

Wann macht sich das Fremdquartier bezahlt? Bei Kübelpflanzen mit einem Wert über 50,- DM oder wenn Sie einen ideellem Wert für Sie haben, aber auch bei ausgefallenen Pflanzen, die Sie risikolos überwintern möchten.

Übersicht Kübelpflanzen

Abutilon, Schönmalve
Sonniger Standort. Überwinterung bei 6 -12 °C bei eingeschränkter Wasserzufuhr. Allgemeine Pflegetips: Blüht von Juli bis Oktober, läßt sich zum Hochstamm ziehen, braucht viel Wasser. Gelbe und verblühte Blätter regelmäßig entfernen, Pflanze öfter entspitzen, damit sie kompakt bleibt. Kräftiger Rückschnitt im Frühjahr oder Herbst erforderlich.

Agapanthus praecox, Schmucklilie
Sonniger Standort. Überwinterung bei 4 - 8°C bei eingeschränkter Wasserzufuhr. Allgemeine Pflegetips: Selten umtopfen, denn nur gut bewurzelte Exemplare blühen.

Agave, Agave
Sonniger Standort. Überwinterung bei ca. 1 °C. Allgemeine Pflegetips: Platzintensive Solitärpflanze. Mäßig gießen, nur einmal in der Saison düngen.

Beloperone guttata, Spornbüschchen
Sonniger Standort. Überwinterung nur in hellen Räumen bei 12 - 16 °C. Allgemeine Pflegetips: Intensive Sonnenbestrahlung nötig, um die kräftige Färbung der Blätter zu erreichen.

Bougainvillea, Bougainvillee
Sonniger Standort. Überwinterung bei 8 - 10 °C. Vor Überwinterung zurückschneiden und nicht mehr gießen. Besonderheit: Was wie Blüten aussieht, sind nur Hochblätter, ähnlich wie beim Weihnachtsstern. Allgemeine Pflegetips: Im Sommer braucht sie viel Wasser, Sonne, Wärme und reichlich Nährstoffe.

Canna indica, Indisches Blumenrohr
Vollsonniger Standort. Überwinterung bei 8 - 10 °C. Nach dem ersten Frost auf 5 cm zurückschneiden. Rhizome trocken in Torf oder Sand lagern. Allgemeine Pflegetips: Im Frühjahr Rhizome in Teilstücke mit 3 - 5 Augen teilen. Tip: Zur Kübelbepflanzung sind die Zwergsorten besonders beliebt.

Cassia corymbosa, Gewürzrinde
Sonniger Standort. Überwinterung nicht unter 10 °C. Allgemeine Pflegetips: Blüht von Juli bis Oktober, gut geeignet für Kalt-

hauswintergarten. Viel düngen, Ballen darf nie trocken werden.

Casuarina equisetifolia, Känguruhbaum
Sonniger Standort. Überwinterung bei 5 - 10 °C. Besonderheit: Die Zweige dieser hartholzigen, unempfindlichen Grünpflanze erinnern an Schachtelhalm. Allgemeine Pflegetips: Braucht reichlich Wasser, sollte zweimal pro Woche gedüngt werden. Unscheinbare Blüten im Frühjahr.

Cestrum elegans, Hammerstrauch
Sonniger Standort. Überwinterung bei 5 - 10 °C. Achtung: Die gelben, roten oder pinkfarbenen Blüten sehen denen der Weigelie sehr ähnlich. Sie sind dekorativ aber giftig.

Chamaerops humilis, Zwergpalme
Sonniger Standort. Überwinterung bei 4 - 10 °C. Vor der Überwinterung nicht zurückschneiden, wenig gießen. Besonderheiten: Einzige europäische Palmenart, wächst buschig. Vorsicht vor den dornigen Blattstielen.

Chrysanthemum frutescens, Strauchmargerite
Sonniger Standort. Überwinterung in hellen Räumen bei 5 - 10 °C. Allgemeine Pflegetips: Dauerblüher. Braucht viel Wasser, muß bis August regelmäßig gedüngt werden. Verblühtes sorgfältig entfernen.

Citrus, Orangen-, Zitronenbäumchen etc.
Sonniger Standort. Überwinterung sehr hell bei 4 - 8 °C. Allgemeine Pflegetips: Braucht kalkarmen Boden und wenig Wasser. Staunässe unbedingt vermeiden.

Datura suaveolens, Stechapfel
Sonniger, warmer und windgeschützter Standort. Überwinterung bei 4 - 10 °C. Stark zurückgeschnittene Pflanzen können dunkel überwintern. Allgemeine Pflegetips: Stechapfel wächst strauch- oder baumförmig, ist sehr giftig und muß reichlich gegossen und gedüngt werden. Die gelb und rosa blühenden Sorten sind weitgehend schädlingsfrei, die weißen dagegen sind anfällig gegen Blattläuse.

Ficus carica, Echte Feige
Sonniger bis halbschattiger Standort. Überwinterung bei 2 - 8 °C. Kann dunkel überwintern. Allgemeine Pflegetips: Wenn sie wenig gegossen wird und in einem warmen, gut gelüfteten Raum steht, kann sie sogar Früchte tragen.

Fuchsia, Fuchsie
Halbschattiger Standort. Überwinterung bei 4 - 10 °C. Wenn die

Stechapfel und Schmucklilie

Triebe um 1/3 zurückgeschnitten werden, ist dunkle Überwinterung möglich. Tip: Ideales Halbschattengewächs.

Hibiscus syracius, Roseneibisch
Sonniger Standort. Überwinterung bei 12 - 15 °C. Allgemeine Pflegetips: Braucht viel Sonne und Nährstoffe, wächst sehr schnell.

Iochroma cyaneum, Veilchenstrauch
Heller Standort. Überwinterung bei 4 - 10 °C. Läßt im Winterquartier viel Laub. Steht er bis -10 °C im Freien, ist das Laubproblem gelöst. Allgemeine Pflegetips: Im normal temperierten Zimmer blüht er kurze Zeit später. Hat nur die Sommermonate über grüne Blätter.

Lagerstroemia indica, Kreppmyrte
Sonniger Standort. Überwinterung bei 4 - 8 °C. Ältere Pflanzen vertragen bis zu -15 °C. Vor Überwinterung kopfweidenartig bis auf einen Kronenansatz von 5 cm zurückschneiden.

Lantana-Camara, Wandelröschen
Sonniger Standort. Überwinterung bei 4 - 10 °C. Allgemeine Pflegetips: Fruchtstände müssen regelmäßig entfernt werden. Austrocknung vermeiden. Wenn die Pflanze in einem Kartoffelkorb in die Erde eingelassen wird, erzielen Sie einen äußerst üppigen Blütenflor.

Laurus nobilis, Lorbeer
Sonniger bis halbschattiger Standort. Überwinterung hell oder dunkel bei 2 - 6 °C. Verträgt kurze Frostperioden bis zu -10 °C. Allgemeine Pflegetips: Rückschnitt nur, wenn man kompakten Wuchs anstrebt. Lorbeer wächst sehr langsam.

Myrtus communis, Brautmyrte
Vollsonniger Standort. Überwinterung an hellem, kühlem Standort bei 5 - 15 °C. Mäßig gießen. Achtung: Frühjahrsrückschnitt geht auf Kosten des Blütenreichtums.

Nerium, Oleander
Sonniger Standort. Überwinterung hell oder dunkel bei 4 - 12 °C. Reichlich gießen, Krone regelmäßig zurückschneiden. Allgemeine Pflegetips: Im Herbst ansetzende Knospen nicht entfernen, sie blühen im nächsten Frühjahr. Achtung: Der Pflanzensaft ist giftig.

Phoenix canariensis, Dattelpalme
Sonniger Standort. Überwinterung bei 5 - 10 °C. Allgemeine Pflegetips: Blätter ab und zu mit einem Schlauch abspritzen, da sie bei praller Sonne leicht verbrennen und gerne von Schädlingen befallen werden.

Plumbago indica, Bleiwurz
Sonniger und windgeschützter Standort. Überwinterung bei 8 - 12 °C. Allgemeine Pflegetips: Braucht als freiwachsender Busch viel Platz, kann aber beliebig zurückgeschnitten werden. Verblühtes regelmäßig entfernen. Im Sommer hoher Wasserbedarf.

Punica granatum, Granatapfel
Sonniger Standort. Überwinterung hell oder dunkel bei 2 - 8 °C. Möglichst nicht gießen, um Frühjahrsaustriebe zu vermeiden. Verträgt kurze Frostperioden bis zu -10 °C. Rückschnitt vor Überwinterung ist empfehlenswert. Tip: Besonders blühfreudig sind Zwerggranatäpfel.

Tibouchina urvilleana, Tibouchina
Sonniger Standort, bei praller Mittagssonne leicht beschatten. Überwinterung bei 5 - 10 °C. Allgemeine Pflegetips: Viel gießen, aber nur mäßig düngen. Blüht im Wintergarten das ganze Jahr. Durch Entspitzen der Triebe wird die Pflanze buschiger. Äußerst frostempfindliche Pflanze.

Gewürzrinde

BLÜTENOASE BALKON

Der problematische Balkon

In den Ballungsgebieten der Großstädte bleibt wenig Lebensraum für Flora und Fauna. Durch die anhaltende Bautätigkeit wird immer mehr zubetoniert. Um so wichtiger ist es, jede Möglichkeit der Begrünung zu nutzen. Selbst ein schattiger und dazu noch windiger Hochhausbalkon läßt sich erfolgreich bepflanzen. Das Angebot an Balkonpflanzen ist überwältigend und die Wahrscheinlichkeit groß, ohne fachliche Vorkenntnisse zu ungeeigneten Pflanzen zu greifen, zumal viele Gewächse im Mai noch keine Blüten zeigen. Also, wie wär's mit einer grünen, blühenden Oase auf dem Balkon unter Berücksichtigung aller Möglichkeiten?

Was blüht auf dem sonnenlosen Balkon? Empfindliche, Sonne liebende Pflanzen scheiden hier aus. Gebirgshängenelken z. B. verkraften nicht den Dunst und Staub der Städte. Mini-Dahlien sind zwar wind- und wetterfest, aber ohne Sonne bleiben die Blüten aus. Bei den Margeriten ist das ähnlich, und auch die robusten Geranien brauchen zur Entfaltung Sonne.

Merk-Ecke

Jede noch so triste Betonfassade ist zu begrünen! Die Stockwerkshöhe ist dabei unerheblich. Entscheidend ist allerdings die richtige Pflanzenwahl.

Pflanzen, die dem Schatten gewachsen sind. Fuchsien zählen zu den robustesten Pflanzen, sie verkraften Wind wie Schatten. Beliebt als Blüher bis zum Frost ist das Blaue Gänseblümchen. Wichtig! Nicht austrocknen lassen, und nie von oben mit Wasser besprühen. Das gleiche gilt für Knollenbegonien und für die Fleißigen Lieschen (*Impatiens*) sowie für die Züchtung *Impatiens*-Neu Guinea-Hybriden.
Ein Versuch mit Männertreu, botanisch *Lobelia* genannt, lohnt immer, vor allem, wenn die Pflanze nicht in vollem Schatten steht.

Betonfassaden sind zu begrünen.

Pflanzen, die dem Wind gewachsen sind: Leberbalsam (*Ageratum*), Beetbegonie (*Begonia-Semperflorens*-Hybride), Zwergmargerite (*Chrysanthemum*), Gazanie (*Gazania*), Fleißiges Lieschen (*Impatiens*), Duftsteinrich (*Lobularia*), Husarenknöpfchen (*Sanvitalia*), Eisenkraut (*Verbena*).

Pflanzen für den Halbschatten: Beetbegonie (*Begonia-Semperflorens*-Hybride), Pantoffelblume (*Calceolaria integrifolia*), Fuchsie (*Fuchsia*-Hybride), Vanilleblume (*Heliotropium*), Fleißiges Lieschen (*Impatiens*), Knollenbegonie, Männertreu (*Lobelia*), Geranie (*Pelargonium*), Petunie (*Petunia*), Schwarzäugige Susanne (*Thunbergia*).

Pflanzen, die die Sonne lieben: Leberbalsam (*Ageratum*), Beetbegonie (*Begonia Semperflorens*-Hybride), Pantoffelblume (*Calceolaria integrifolia*), Zwergmargerite (*Chrysanthemum*), Glockenrebe (*Cobaea*), Sommernelke (*Dianthus chinensis*), Gazanie (*Gazania*), Vanilleblume (*Heliotropium*), Männertreu (*Lobelia*), Duftsteinrich (*Lobularia*), Ziertabak (*Nicotiana*), Geranie (*Pelargonium*), Petunie (*Petunia*), Feuersalbei (*Salvia*), Husarenknöpfchen (*Sanvitalia*), Studentenblume (*Tagetes*), Schwarzäugige Susanne (*Thunbergia*), Eisenkraut (*Verbena*), Zinnie (*Zinnia*).

Mein Tip

Vor dem endgültigen Kauf sollten Sie im Gartencenter eine Probepflanzung machen. Dazu werden die Blumentöpfe umgekehrt in den Balkonkasten gestellt und darauf die gewählten Pflanzen versetzt angeordnet. So erkennen Sie schnell, wieviele Pflanzen Sie pro Kasten benötigen und welche Kombination Ihnen zusagt. Faustregel: Auf 1 m werden je nach Größe 6 - 8 Pflanzen gerechnet.

Balkonkästen mit Zwergmageriten, Petunien, *Tagetes*, Geranien etc.

Blumenkästen mit Wasserspeicher

Besonders bequem und pflanzenfreundlich sind Balkonkästen mit einem Wasserspeicher von 10 - 60 l.

Gärtnerkästen: Sie sind stabil, bruchsicher und hitze- und frostbeständig. Der 100 x 20 x 20 cm große, doppelwandige Kasten kann bis zu 16 l Wasser speichern

Kombinieren von Pflanzen im Balkonkasten.

und eignet sich für eine Sommer- wie Winterbepflanzung. Das Wasser wird nach dem Anwachsen der Pflanzen nur noch über die Einfüllöffnung des Kastens mit Gießkanne oder Schlauch nachgefüllt. Das Luftpolster dieser doppelwandigen Kästen gleicht Temperaturschwankungen aus. Alle Kästen sind durch Schlauchstutzen miteinander verbunden.

Terraponic-System. Bei diesem System sind die beiden Vegetationsglocken das Kernstück. In ihrem Bereich werden je nach Gefäßgröße 10 - 60 Liter Wasser gespeichert. Der Überlauf verhindert einen zu hohen Wasserstand. Auch bei wolkenbruchartigem Regen können die Pflanzen nicht ertrinken. Über einen Wasserstandsanzeiger läßt sich jederzeit ermitteln, wieviel Wasser in dem Balkonkasten ist. Die Kästen sind unverwüstlich - aus speziellem, schlagfestem Kunststoff - und sowohl frost- als auch hitzebeständig. Anstelle der üblichen Erde gehört zu diesem System ein strukturstabiles, poröses Tongranulat, das bis zur Oberkante mit Wasser aufgefüllt wird. Bei diesem System sind nicht nur die Gießabstände sehr bequem und angenehm, sondern durch die Pufferzone der Blähtonsteinchen Terraton dauert das Austrocknen des Wurzelballens der Pflanzen sehr lange. Da das Material sich nicht wie Erde verdichtet, braucht über Jahre kein Erdaustausch vorgenommen zu werden. Das Tongranulat ist sauber und leicht, dennoch strukturstabil und daher wiederverwendbar. In dem biologisch neutralen Material können weder Fäulnis noch Zersetzung aufkommen. Neben den angenehmen großen Gießabständen ist auch langfristig für die Pflanzenernährung gesorgt. Der Vorratsdünger Terracote braucht nur alle 6 - 8 Monate (1 Teelöffel pro Pflanze) mit dem Gießwasser eingespült zu werden. Der Langzeitdünger gibt seine Wirkstoffe ganz nach dem Bedarf der Pflanzen ab. Gesteuert wird dieser Prozess durch den Wasserverbrauch und die Temperatur.

Gärtnerkasten

Vorbereitungsarbeiten zum Pflanzen

Allgemeine Regeln: Zunächst werden alle Pflanzen mitsamt Topf so lange gewässert, bis keine Luftblasen mehr aufsteigen. Stark durchwurzelte Pflanzen-Ballen werden mit dem Messer ringsherum gelöst. Wenn das nicht hilft, muß der Kunststofftopf aufgeschnitten werden. (Der folgende Tip gilt für Blumenkästen mit Wasserspeicher in der Regel nicht). In der Zwischenzeit bekommt jeder Balkonkasten eine ca. 3 cm hohe Drainageschicht (aus Tonscherben, Blähton oder Lava). Danach wird Erdsubstrat etwa bis zur Hälfte des Blumenkastens eingefüllt. Das torffreie Substrat mit den humusbildenden Pflanzenfasern ist bestens für alle Balkon- und Beetpflanzen geeignet. Wasser und Nährstoffe werden von dieser speziellen Blumenerde schnell und gleichmäßig aufgenommen, gespeichert und bei Bedarf an die Pflanzen abgegeben. Zuviel Gießwasser wird abgeleitet, so daß eine optimale Luft/Wasserführung im Wurzelbereich der Pflanzen gewährleistet ist.

Auch zum Pflanzen gehört das „richtige Händchen". Vorteilhaft ist es, wenn zu jeder Pflanze hin eine Mulde entsteht. So kann das Gießwasser gezielt den Wurzeln zugeführt werden.

Mein Tip

Stecken Sie nach dem Pflanzen Knoblauchzehen in die Erde, dadurch bleiben Ihre Pflanzen fit und haben weniger Schädlinge zu befürchten. Die Knoblauchspitze sollte stets sichtbar bleiben. Übrigens, Knoblauchgrün kann wie Schnittlauch geerntet und verwendet werden.

Dauerbepflanzung als blühender Windschutz. Zweckmäßig ist ein natürlicher Windschutz aus Kletterpflanzen. Hier sind zu nennen die Waldrebe, auch *Clematis* genannt, der Efeu, die Brombeere und der Winterjasmin. Während Efeu an der Mauer hochklettert, benötigen Brombeeren und Clematis ein Rankgitter. Ideal für den Balkonkasten ist der Winterjasmin. Er ist sowohl der Kälte, als auch dem Wind gewachsen. Je sonniger der Standort, desto mehr Blüten entwickelt die Pflanze.

Schwarzäugige Susanne, *Thunbergia alata*

Winterjasmin, *Jasminum nudiflorum*

Mein Tip

Fuchsien wachsen besonders buschig heran, wenn Sie die Pflanzen im Juni entspitzen. Dazu wird der Leittrieb bis zum nächsten Blattansatzpunkt (Nodium) entfernt. Achten Sie darauf, daß noch 1/2 cm vom Stiel stehenbleibt, weil aus den schlafenden Augen später neue Triebe entstehen. Wenn es auch schwerfällt und schmerzt, die einjährigen Sommerblüher wandern im Oktober auf den Komposthaufen. Fuchsien können, wenn sie zuvor um ein Drittel zurückgeschnitten wurden, im hellen, kühlen Treppenhaus den Winter überstehen.

Was gibt´s Neues?

Befestigt werden können Rankgewächse mit praktischen Pflanzenhaftern. In die markstückgroßen Hohlräume der Halterung wird ein schneidbarer Kleber eingebracht und das Ganze fest an die Wand gedrückt. Durch die verstellbare Schlaufe kann der Hafter jeder Triebstärke angepaßt werden.

Düngung: 6 Wochen nach der Pflanzung wird zum ersten Mal gedüngt: Mit einem organischen Langzeitdünger für Zierpflanzen. Der Dünger wird um die Wurzelballen der Pflanzen gestreut und mit Wasser eingespült.

Merk-Ecke

Voraussetzung für eine ganzjährige Bepflanzung sind Breite und Tiefe der Balkonkästen. Sie sollten mindestens 20 cm betragen.

Fuchsien, Begonie, Geranie

Umrüstung auf den Winter

Die Balkonkastensaison braucht nicht schon im Oktober, wenn der erste Frost die Sommerblütenpracht angreift, zu enden. Mit einer Dauerbepflanzung kann der Balkonkasten das ganze Jahr über erfreuen. Grundlage hierfür sind Laubgehölze, Stauden und Koniferen.

Pflanzen für unproblematische Standorte. Für einen West- oder Ostbalkon kommen folgende Pflanzen in Betracht: Zwergveronika (*Hebe* 'James Sterling'), Scheinbeere (*Gaultheria*), Silberblatt (*Lunaria*), Kreuzkraut (*Senecio*), Skimmie (*Skimmia*), Bärenfellgras (*Festuca scoparia*), Lavendelheide (*Pieris japonica*), Euonymus (*Euonymus fortunei*) sowie alle niedrig bleibenden

Gehölze, wie Nestfichte, Zwergkiefer (*Pinus mugo* 'Mops'), Sibirischer Fächerwacholder (*Microbiota decussata*), Kissenwacholder (*Juniperus communis* 'Repanda'), Zwergblauzeder-Wacholder (*Juniperus squamata* 'Blue Star').

Winterbepflanzung

Voraussetzung für eine Winterbepflanzung sind frostsichere Balkonkästen mit einer Mindestbreite und -tiefe von 20 cm. In herkömmlichen Kunststoffkästen, die zum Teil nur 11 bzw. 15 cm breit sind, können Pflanzen den Winter nicht durchstehen. Sie vertrocknen mit Sicherheit, selbst die winterharten-Koniferen und Stauden, deren Erdballen in einem engen Balkonkasten dem Frost von allen Seiten ausgeliefert sind. Besonders bequem und pflanzenfreundlich sind Balkonkästen mit einem Wasserspeicher. Nicht nur die Gießabstände sind vorteilhaft; durch die Pufferzone der Blähtonsteinchen Terraton kommt auch das Austrocknen des Wurzelballens der Pflanzen während der Wintermonate seltener vor.

Herbstbepflanzung im September/Oktober: Das Sortiment der Pflanzen ist bei weitem nicht so gering, wie oft angenommen wird. Neben den angesprochenen Pflanzen sind es vor allem die verschiedenen Heidearten, wie z.B. die Schneeheide (*Erica herbacea*), die den Balkonkasten zieren. Dieser kleine Strauch blüht bei Schnee. Auch die Heidesorte 'Winter Beauty' sollte im Balkonkasten nicht fehlen. Vorsicht aber bei der englischen Heide (*Erica x* 'Darleyensis'), sie ist bei uns nicht unbedingt winterhart. Ebenso ist für die Grauheide (*Erica cinerea*) Winterschutz zu empfehlen. Daher ist die Pflanze für den Balkonkasten weniger geeignet, während die Besenheide (*Calluna vulgaris*) für eine Bepflanzung der Balkonkästen empfohlen werden kann. *Erica gracilis*, die ab August reichlich auf dem Markt angeboten wird, hat nur eine recht kurze Blühdauer, ihre Blüten vertragen weder Frost noch Regen bzw. Sturm. Bewährt für den Balkonkasten haben sich

Balkonpflanzen für den Herbst: Heide und Efeu.

außerdem die Nestfichte, der kleinblättrige Zwerg-Rhododendron, verschiedene grüne Efeuarten und die weiß- oder lilafruchtende Torfmyrte. Wichtig bei der Torfmyrte ist allerdings, daß männliche und weibliche Pflanzen in umittelbarer Nachbarschaft eingepflanzt werden, weil sonst der dichte Beerenbesatz ausbleibt.

Mein Tip

Auch für Liebhaber von Kräutertees bieten großräumige Balkonkästen genügend Platz für verschiedene Tee-Pflanzen. Besonders bewährt haben sich hierbei die Zitronenmelisse und die Pfefferminze. Ihre duftenden Blätter haben zudem noch den Vorteil, daß dadurch im Sommer die Mücken fernbleiben.

Entscheidend für eine erfolgreiche winterliche Balkonbegrünung ist, daß Sie Ihre Pflanzen von Januar bis März durch Abdecken mit Tannenreisig oder mit einem speziellen Pflanzen-Vlies vor grellem Sonnenlicht schützen. Außerdem ist dafür zu sorgen, daß auch während der Wintermonate die Pflanzen nicht ballentrocken werden. Sie müssen also Ihre Balkonpflanzen auch im Winter an frostfreien Tagen mäßig gießen.

Eine ideale Blütenpflanze, die äußerst anspruchslos ist und die von Dezember bis in den April hinein blühen kann, ist der Winterjasmin mit seinen gelben Sternblüten. Er paßt besonders gut zu den immergrünen Zweigen der kleinen Bergkiefer. Auch niedrigbleibende Zwiebelblumen können bei dieser Gelegenheit in den Balkonkasten gesteckt werden. Bewährt haben sich hierfür Krokusse, Winterling, Schneeglöckchen, Traubenhyazinthen und niedrigbleibende botanische Tulpen. Empfehlenswert sind ebenfalls verschiedene *Pieris*-Arten, die das ganze Jahr über grüne Blätter tragen und im Herbst eine schöne Rotfärbung zeigen.

Etwas Ausgefallenes ist die japanische Skimmie mit ihrem malerischen Beerenschmuck oder *Ilex crenata* mit seinen leicht gewölbten Blättchen. Aber auch der kleinblättrige, weißgrüne *Ilex* ist für den Balkonkasten wie geschaffen. Eine Mischbepflanzung ist ohnehin ratsam, da die Pflanzen so insgesamt gesünder bleiben und von Schädlingen kaum befallen werden. In großräumigen Balkonkästen haben sich auch dornenlose Brombeeren ebenso wie Monatserdbeeren bewährt, deren Blätter das ganze Jahr über grün sind, ab Mai blühen und von Juni bis zum Frost schmackhafte Früchte tragen. Gräser sind in den Herbst- und Wintermonaten nicht nur im Garten, sondern auch in Balkonkästen sehr attraktiv. Apart sind Lampenputzergräser (Sorte 'Hameln' bleibt besonders niedrig) mit ihren dekorativen Grannen, Blauschwingel und Bärenfellgras. Wenn diese Stauden zu üppig werden, können Sie sie im Frühjahr teilen. Eine schöne Ergänzung zu Gräsern sind Lavendel, die Felsennelke, ein paar Steine oder Wurzelknorren, in deren Schutz z. B. Stiefmütterchen Platz finden können. Achten Sie beim Kauf auf große, regenfeste F_1-Hybriden.

Etwas Besonderes sind die niedlichen, kleinen Hornveilchen. Sie kennen Veilchen in Blau und Weiß. Es gibt sie sogar auch in Leuchtendgelb.

Mein Tip

Kleiden Sie die Innenwände der Balkonkästen mit dünnen Styroporplatten aus. So geschützt, können die Pflanzen den Winter besser überstehen.

Für den Erfolg jeder Dauer- oder Saisonbepflanzung ist entscheidend, daß die Erde sich nicht verdichtet. Um der Erdverdichtung vorzubeugen, sollten Sie von vornherein Tongranulat oder kleine Lavasteine unter das Erdsubstrat mischen. Auch kleine Styroporkügelchen, wie sie als Verpackungsmaterial Verwendung finden, sind ebenfalls bestens geeignet, die Erde luftig und locker zu halten. Es ist übrigens ganz einfach, sie auch selbst herzustellen: Sie brauchen nur eine Styroporplatte über einem geriffelten Stein zu reiben.

Neben dem flachwachsenden Efeu wirkt eine etwas höhere Pflanze, wie z.B. die *Erica gracilis* im kräftigen Bordeauxrot optisch besonders gut. Allerdings ist sie ebensowenig winterhart wie der Zierkohl, während alle anderen Pflanzen unter dem Schutz von Fichtenzweigen den Winter überstehen können.

Merk-Ecke

Vor jeder Neubepflanzung muß die Erde gelockert und ergänzt werden, gedüngt wird erst wieder im Frühjahr.

Für die etwas empfindlichere Zwergkiefer (*Pinus mugo* 'Mops') ist Lavendel ein idealer Partner.

Mein Tip

Die Torfmyrte wird im nächsten Jahr nur Früchte tragen, wenn beim Kauf darauf geachtet wurde, daß sowohl weibliche als auch männliche Pflanzen dabei sind. Auf die richtige Pflanzengesellschaft kommt es eben auch im Balkonkasten an. Viel zuwenig wird von den in der Natur vorgegebenen Beispielen profitiert. So passen Preiselbeeren und Eriken gut zusammen. Beide lieben einen leicht sauren Boden, pH-Wert 5,0.

Mein Tip

Ein preiswerter Winterschmuck!
Einfach Kiefern-, Beerenzweige, Zapfen usw. in die Erde stecken. Etwas aufwendiger ist mein Vorschlag zu einer abwechslungsreichen Balkongestaltung mit Hilfe von Wurzelknorren und Steinen.

Ende November: Es ist es an der Zeit, an den Winterschutz zu denken. Fichtenzweige sind besonders geeignet, um die Pflanzen vor Sonne zu schützen. Dazu werden die Zweige schräg und verhältnismäßig flach in das Tongranulat gesteckt. Über den Pflanzen kreuzen sie sich. Achten Sie darauf, daß die Pflanzen im Wurzelbereich besonders dicht abgedeckt werden, während die Winterdecke im oberen Bereich lockerer gehalten wird, damit Luft zirkulieren kann. Spitzen dürfen also ruhig herausschauen.

Im März/April: Es wird Zeit, mehr Luft und Licht an die Pflanzen zu lassen. Die schützende Reisigdecke wird jetzt entfernt. Die im Herbst eingesteckten Tulpenzwiebeln bringen erste Farbe in die Bepflanzung. Unbesorgt können jetzt eingetrocknete Spitzentriebe entfernt und verdorrte Pflanzenteile herausgenommen werden. Das Gießen darf nach der Säuberung nicht vergessen werden.

Merk-Ecke

Pflanzen erfrieren nicht nur im Winter, manche vertrocknen auch oder fallen der Frühlingssonne zum Opfer.

Der Garten auf dem Balkon

90 Prozent aller einjährigen Balkonpflanzen werden als Fertigpflanze gekauft. Die Kosten belaufen sich auf ca. 2,50 DM - 5,00 DM pro Pflanze. Im Schnitt werden jährlich für die Bepflanzung eines Balkonkastens 18,50 DM ausgegeben. Rund 120,00 DM gibt laut Statistik der Bundesbürger für Topfpflanzen im Jahr aus.
Die Mehrzahl der Balkonbepflanzungen ist sehr eintönig: Nichts gegen Geranien, Fuchsien, Nelken, Petunien und *Tagetes*, aber warum nicht etwas mehr

Balkonkasten, abwechslungsreich bepflanzt.

Abwechslung im Balkonkasten? Auf meinem 18 m^2 großen Balkon soll das Schöne mit dem Nützlichen verbunden werden, kurz und gut, ein Garten auf dem Balkon entstehen. Dabei habe ich mir zum Ziel gesetzt, alle Pflanzen von der Pike auf selbst anzuziehen - nämlich aus Samen - und keine Pflanze zu kaufen.

Balkonpflanzen selbst aus Samen anziehen: Dazu gehört natürlich das Vorziehen in der Keimbox. Die Erde muß ungedüngt und feinkrümelig sein, sie sollte möglichst Zimmertemperatur haben. Nach der Aussaat ist mit zimmerwarmem Wasser anzugießen, aber bitte nur mit der Brause, sonst wird das Saatgut ausgeschwemmt.

Mein Tip

Geraniensamen müssen schon im Dezember ausgesät werden. Dieser Samen keimt besser, wenn er über Nacht in lauwarmem Wasser vorgequollen wurde.

Für fast alle anderen Pflanzen, wie z. B. Kokardenblume, *Ageratum*, Verbenen, *Campanula*, ist zur Anzucht der März die beste Jahreszeit. Viele Balkonblumen brauchen eine sogenannte Vorkultur. Dazu benötigen Sie keimfreie Aussaaterde, die fertig gekauft werden kann.

Geranien, Lobelien

Mein Tip

Wenn Sie keine spezielle Anzuchterde haben, können Sie auch 1/3 Kompost, 1/3 Sand und 1/3 Torf verwenden. Das Ganze wird gemischt und in einem Weckglas bei 100 °C eine halbe Stunde in den Backofen gestellt. So behandelte Erde ist sterilisiert und keimfrei.

Bei Petunien ist darauf zu achten, daß die Erde während der Anzucht nicht zu feucht ist. Fuchsien-Stecklinge können Sie ebenso wie Begonien in einem Glas Wasser, in das Sie Holzkohle legen, bewurzeln.

Merk-Ecke

Fleißige Lieschen sind Lichtkeimer. Ihr Samen darf nicht mit Erde bedeckt werden. Die keimende Saat braucht in den ersten 8 Wochen eine tägliche Kontrolle und Fürsorge, der Boden muß ständig leicht feuchtgehalten werden. Sobald die Pflanzen im Dreiblattstadium sind, kann pikiert werden. Wichtig ist auch das Lüften in dieser Zeit. Nach den „Eisheiligen" im Mai werden meine Zöglinge ausgepflanzt. Zunächst muß eine 3 cm hohe Drainageschicht aus Tonscherben in die Balkonkästen gefüllt werden, darauf kommen Kompost oder frische Blumenerde und 2 Schaufeln Wurmhumus. So eingebettet, können die Pflanzen weder ertrinken noch verhungern. Auch Kräuter und Gemüsepflanzen wie Bohnen, Zucchini, Auberginen und Paprika können Sie für Balkon, Terrasse und Garten in der Wohnung vorziehen.

Petunien, *Tagetes*

Lage des Balkons

Oft besteht die Möglichkeit, den Pflanzen ihren Lichtbedürfnissen entsprechend mehr Sonne oder Schatten zu bieten.
Sonnenhungrige Pflanzen wie Tomaten, Gazanien, Zwergmargeriten, Leberbalsam und Petunien werden zum Süden hin gepflanzt, während Fleißige Lieschen und Verbenen den halbschattigen Plätzen zuzuordnen sind. Fleißige Lieschen, Salbei und Männertreu sind im Gegensatz zu den Geranien, Petunien, Verbenen und Margeriten besonders pflegeleicht, denn sie brauchen weder ausgezupft noch ausgeschnitten zu werden. Die Gemüsepflanzen sollten ganz nach Bedarf mehr oder weniger Sonne bekommen. In mobilen Pflanzgefäßen ist das einfach.
Mitte Mai ist der Zeitpunkt gekommen, um Schnittsalat auszusäen. Direkt ausgesät werden

können auch die Feuerbohnen. Sie haben mehrere Vorteile. Sie sind preiswert, wachsen schnell und üppig und tragen aparte Blüten. Ihre Früchte sind eßbar und können geerntet werden. Auch die Kapuzinerkresse ist ein preiswerter Blumenschmuck, der direkt in den Balkonkasten ausgesät wird, ebenso wie Sommerphlox und Männertreu. Pflanzen, die einen größeren Wurzelballen machen, z. B. Tomaten, Auberginen, Paprika und Zucchini, werden auf dem Balkon in Eimer bzw. größere Pflanzgefäße gepflanzt und - ganz nach Bedarf - ins Sonnenlicht gerückt.

Kartoffeln aus dem Faß: Wußten Sie, daß die Kartoffel auch für den Anbau auf kleinster Balkon- und Terrassenfläche geeignet ist? Alles, was Sie brauchen, ist ein hoher Kübel, eine Tonne bzw. ein Faß.
Zunächst muß das Gefäß etwa 20 cm hoch mit sandiger Komposterde (oder mit Sand gemischter Einheitserde) aufgefüllt werden. 1 oder 2 Kartoffeln, die Sie in die Erde legen, genügen für den Erntesegen. Sobald die Pflanzen wachsen, wird mit Erde aufgefüllt, und das fortlaufend. Nur so bleibt die sichtbare Kartoffelpflanze gerade, die oberirdischen Triebe werden zu vermehrtem Wachstum angeregt.

Merk-Ecke

In der Weise, wie das Kartoffelkraut wächst, wachsen aber auch die Wurzeln, an denen sich neue Kartoffeln bilden. Mit Erde wird nachgefüllt, bis das Gefäß voll ist.

Jetzt kommt die Zeit des Wartens, bis die Blütezeit vorbei ist. Zwar ist die Kartoffel keine Zierpflanze, aber ihre Blüte sieht schön aus, und die Ernte ist erstaunlich. Aus den 2 im April eingesetzten Kartoffeln können über 60 im Juli geerntet werden.
Pflücksalat kann bereits im Juni aus der Blumenschale geerntet werden. Die Cocktailtomaten müssen zum gleichen Zeitpunkt angebunden und ausgegeizt werden, wobei die regelmäßigen Pflegearbeiten wie Düngen und Gießen natürlich nicht zu vergessen sind.
Der farbenprächtige Balkonspaß hat mich für 8 Balkonkästen und 4 Pflanzschalen ca. 70,00 DM gekostet.

Der Blumenkasten als „Wanderkasten"

Für Blumenkästen gibt es neben den typischen Standorten auf Balkon und Terrasse weitere Stellflächen und dazu zahlreiche Ideen zur Bepflanzung.
Nicht nur an Fachwerkhäusern finden wir Blumenkästen als blühende Visitenkarten, immer häufiger sind auch blütenreiche Ausblicke auf schrägen Dachgauben zu sehen. Besonders zu begrüßen ist, daß mehr und mehr blumengeschmückte Fensterkästen modern-nüchternen Zweckbauten ein freundliches Aussehen geben. Ein Glück, daß Pflanzen jeder Architektur gewachsen sind. Kahle Wände, auch die von Garagen, können durch das Anbringen von Blumenkästen freundlicher gestaltet werden. Die „gute Stube" im Garten kann für alt und jung ein Pavillon sein, der ringsherum mit Blumenkästen geschmückt ist. Nach außen hängende Kästen sind praktisch, sie engen den Pavillon nicht ein und vergrößern ihn optisch. Wenn es genügend regnet, ist die Bewässerung gesichert. Blumenkästen sind durchaus mobil einzusetzen, vor allem dann, wenn sie nicht über 1 m lang sind.

Merk-Ecke

Ein bepflanzter Kasten erreicht das stattliche Gewicht von rund 50 Pfund!

Blumenkästen an einem Pavillon.

Neubepflanzung eines gebrauchten Blumenkastens: Vor der Neubepflanzung muß der gebrauchte Blumenkasten gründlich gereinigt werden. Damit wird sichergestellt, daß die Wasserabflußöffnungen freiliegen und keine Krankheitskeime von der vorherigen Bepflanzung übertragen werden. Ein Erdaustausch ist vor jeder Neupflanzung erforderlich. Ein rechteckiger oder quadratischer Kasten nimmt viel weniger Platz ein als ein rundes oder ovales Pflanzgefäß. Aus diesem Grunde werden solche Pflanzgefäße auch gern als Schmuck neben dem Hauseingang plaziert. Sie sind aber auch zur Begrünung von kahlen Wänden geeignet, da sie wegen ihrer Form bis unmittelbar an die Hauswand herangeschoben werden können. Bepflanzte Blumenkästen sind als Farbtupfer immer zu begrüßen.

Merk-Ecke

Wenn Sie sich für robuste, aufrechtwachsende Geranien entscheiden, müssen Sie Verblühtes stets entfernen, sonst leidet der üppige Blütenflor.

Phantasievoll sind auch Blumenkästen auf der Grenzmauer. Verwendung finden für diesen Zweck nur stabile, fest verankerte Balkonkästen. Ebenso haben sie sich zur Auflockerung und Abgrenzung der Randzonen am Gartenteich bestens bewährt.

Was sich sonst noch alles bepflanzen läßt. Neben dem klassischen Blumenkasten eignen sich auch ausgehöhlte Baumstämme, leere Holzbottiche, Schubkarren, Fässer, Körbe und Tröge zum Bepflanzen. Was die Gefäßauswahl anbelangt, sind der Phantasie keine Grenzen gesetzt, vorausgesetzt, die erforderliche Pflanztiefe und ein Wasserabzug sind vorhanden. Vielleicht nicht eines jeden Sache, aber auch ganz originell ist der mit Blumen bepflanzte Kinderwagen.

Blumenkästen als Abgrenzung vor dem Teich.

Blumenkasten einmal anders...

Mein Tip

Abfallprodukte, wie z. B. Eisenrohre, die mir zum Wegwerfen zu schade waren und die ich mit Gipsmasse modelliert und angestrichen habe, lassen sich interessant bepflanzen. Das Besondere an dieser Kombination ist die Verbindung der abgestuften Rohrelemente mit Birkenästen. Auch ein ausgedienter Einkaufskorb kann zum Pflanzgefäß umfunktioniert werden. Der Korb wird mit einer Folie ausgelegt. Auf die Folie kommt zunächst eine 5 cm hohe Drainageschicht aus Blähton, Lava oder Tonscherben und dann die Pflanzerde. Die Erde füllen Sie bis zur Hälfte in den Korb, dann geht's an die Bepflanzung. Zu einer etwas höheren Tabakpflanze z.B. passen gut *Impatiens* Neu-Guinea-Hybriden. Dazwischen können Sie zur Dekoration einen Wurzelknorren legen. Beim Größerwerden der Pflanzen entfernen Sie ihn. Als Unterbepflanzung bieten sich Fleißige Lieschen mit Zwergmargeriten an. Ein paar Steine dazwischen können das Gesamtbild abrunden. Natürlich muß um jede Pflanze ein Gießrand gedrückt werden. Auch das Angießen darf nicht vergessen werden.

Ziertabak, *Nicotiana x sanderae*, Efeu und Feuersalbei, *Salvia splendens*

Ein Gartengrundstück kann auch mit bepflanzten Hohlblockformsteinen in abgestufter Anordnung begrenzt werden. U-förmige Steine können Sie zu einem geräumigen Balkonkasten zusammensetzen. Sie dienen, so verarbeitet, nicht nur der Dekoration, sondern haben z. B. auch eine Schutzfunktion. Auch ein der Länge nach halbiertes Faß oder ein Leiterwagen können bepflanzt dekorativ wirken. Eine Betonwand von 6 1/2 m Höhe ist nicht gerade ein Schmuckstück. Zur Begrünung habe ich den Vorsprung in der Mitte zum Aufstellen von größeren Balkonkästen genutzt. Bei den 20 x 20 x 120 cm großen Balkonkästen ist eine Dauerbepflanzung mit Efeu, *Clematis*, *Euonymus* und Jelängerjelieber angelegt worden. Die bestehende Bepflanzung wird nach Bedarf mit Saisonblühern ergänzt. Zur Auflockerung wurden im unteren Bereich der Wand einige Stellflächen aus witterungsfestem Material für Blumenschalen geschaffen.

Fuchsien-Ampel am Baum hängend.

Was gibt´s Neues?

Relativ unbekannt ist die blaue Fächerblume. Im Handel wird sie auch unter dem Namen *Scaevola* angeboten. Sie eignet sich gut zur Ampelbepflanzung, für Balkonkästen und Pflanzschalen. Zu ihr passen die gelbblühende Goldmünze oder das gelbe Gänseblümchen.

Wann und wie oft werden Pflanzen im Balkonkasten gedüngt? Falls Sie keine vorgedüngte Erde verwendet haben, darf frühestens nach 14 Tagen gedüngt werden (bei vorgedüngter Blumenerde frühestens nach 6 Wochen). Dann sind die neu eingesetzten Pflanzen ausreichend angewachsen. Ein phosphorbetonter Dünger fördert die Blütenbildung. Der gekörnte organische Blumendünger wird z. B. dreimal während der Wachstumsperiode verabreicht: Ende Mai, Ende Juni und Ende Juli. Je genauer Sie die Düngemenge (10 - 20 g pro Liter Erde) dosieren, um so besser für die Pflanzen.

Bewährte Balkonklassiker mit neuem Gesicht

Es gibt jetzt Geranien mit bunten Blättern, in neuen Farben und Wuchsformen. Hängegeranien gibt es selbstputzend, d. h. Verblühtes fällt nicht ab, sondern kräuselt sich so zusammen, daß es kaum noch zu sehen ist. Weitere Balkonklassiker sind Fuchsien und Petunien. Bei den Pflanzen sind Blütengröße und Farbe erheblich verändert worden. Das gleiche gilt für Fleißige Lieschen, die wie Kußröschen wirken. Hier handelt es sich um eine Neuzüchtung - eine gefüllte Sorte, die viel Anklang findet. Bemerkenswert ist das Blütenfarbspiel der Kapringelblume: Blüte weiß, Bütenmitte blauviolett changierend. Weitgehend unbekannt sind auch die Kaskadenblumen (*Begonia* 'Charisma'), die *Centradenia* oder der fliederblaue Leberbalsam.

Kletterpflanzen, die dem Balkonleben gewachsen sind: Einjährige Schlinger, wie Glockenrebe, Japanischer Hopfen, Schwarzäugige Susanne und Feuerbohne, können ein preiswerter Sicht- und Wetterschutz sein. Sie geben dem „Sommerwohnsitz Balkon“ ein besonderes Flair.

Merk-Ecke

Der Phantasie sind weder beim Bepflanzen noch bei der Wahl der Standorte Grenzen gesetzt, sofern Sie die Bedürfnisse der jeweiligen Pflanze berücksichtigen.

Ampel mit Hängegeranien.

WOHNEN MIT PFLANZEN

Wohnen und Leben mit Grünpflanzen

Diesen Wunsch habe ich mir mit einem eingebauten Blumenbeet erfüllt. Hierzu wurde eine Kunststoffwanne mit den Maßen 1,5 x 3,5 m in den Boden eingelassen. Da unter der Wanne Heizschlangen verlaufen, haben die Pflanzen automatisch „warme Füße und einen kühlen Kopf“. Zwischen den Pflanzen liegen Wurzeln und Steine als Gestaltungselemente. Das Blumenfenster wirkt dadurch optisch größer. Durch den sich anschließenden Innenhof wird dieser Eindruck noch verstärkt. Eine Tuffsteinwand im Hintergrund rundet das Bild ab.

Blattpflanzen

Vor allem Blattpflanzen geben uns das Gefühl, im Grünen zu wohnen. Sie vermitteln eine wohltuende, entspannende Atmosphäre. Ihre dekorativen Blätter können wahre Kunstwerke der Natur sein. Bestimmt wird ihre Ausdruckskraft durch Größe, Form, Struktur, Farbe und Zeichnung. Grünpflanzen haben das ganze Jahr über Saison, sie sind nicht an bestimmte Blühperioden gebunden. Blattpflanzen sind dauerhafter als Blütenpflanzen, von denen ein Teil nach der Blüte (z. B. Azaleen, Alpenveilchen) in Unkenntnis der weiteren Kulturmöglichkeit weggeworfen wird.

Üppig und urwüchsig wie in den Tropen sollen sie sein, mit großen exotischen Blättern, das ist unsere Wunschvorstellung von Grünpflanzen. Bei der Pflanzenauswahl lassen wir uns oft von der Sehnsucht nach südlichem Flair leiten. Von sonnigen Urlaubstagen träumt so mancher beim Anblick von Palmen, Bananenstauden und Palisanderbäumen.

Damit Sie sich täglich an den schönen Blattschmuckpflanzen erfreuen können, hier ein paar Tips, wie sich der Traum einer grünen Wohn-Oase verwirklichen läßt. Selbstverständlich spielt bei der Auswahl der Pflanzen neben den gestalterischen Gesichtspunkten die persönliche Vorliebe für die eine oder andere Pflanze eine entscheidende Rolle.

Merk-Ecke

Pflanzen sind Lebewesen, die ihrer Art gemäß behandelt werden müssen. Soweit wie möglich sind Standort- und Pflegewünsche zu berücksichtigen.

Innenarchitekten können es sich leisten, Pflanzen nach rein gestalterischen Gesichtspunkten auszuwählen und zu plazieren. Dabei wird einkalkuliert, daß die Pflanzen infolge ungeeigneter Standortbedingungen von Zeit zu Zeit ausgewechselt werden müssen. Der wahre Pflanzenfreund aber läßt sich beim Kauf nicht ausschließlich von der Schönheit einer Pflanze leiten, er beachtet vor allem die Vegetations- und Pflegewünsche. Dank des großen Angebotes läßt sich meist ein akzeptabler Kompromiß finden.

Für jeden Standort die geeignete Pflanze

Pflanzen für sonnige Standorte: Kakteen (*Cactaceae*), Myrte (*Myrtus*), Croton (*Codiaeum*), Wachsblume (*Hoya*), Dipladenie (*Dipladenia*), Wüstenrose (*Adenium obesum*), Christusdorn (*Euphorbia milii*), Apfelsinenbäumchen (*Citrus sinensis*) 'Calamondin', Buntnessel (*Coleus*), Passionsblume (*Passiflora*), Zimmerhopfen (*Beloperone*) (junge Pflanzen halbschattig), Hanfpalme (*Trachycarpus*), Kanarische Dattelpalme (*Phoenix*) (im Winter kühl), Priestergewandpalme (*Washingtonia*).

Pflanzen mit geringerem Lichtbedarf: Kolbenfaden (*Aglaonema*), Dreimasterblume (*Tradescantia*), Klivie (*Clivia*), Zimmeraralie (*Fatsia*), Zimmerrebe (*Cissus*), Nestfarn (*Asplenium*), Efeu (*Hedera*) (grüne Sorten), Schwertfarn (*Nephrolepis*), Frauenhaarfarn (*Adiantum*), Birkenfeige (*Ficus benjamina*), Bubiköpfchen (*Soleirolia*), Kokospalme (*Microcoelum*), Purpurtute (*Syngonium*), Rhoeo (*Rhoeo*), Zierblattpfeffer (*Piper*), Zimmerrebe (*Cissus rhombifolia*).

Pflanzen für ein schattiges, kühles Nordfenster: Geweihfarn (*Platycerium*), Hirschzungenfarn (*Phyllitis*), Sauerklee (*Oxalis*), Schwertfarn (*Nephrolepis*), Ritterstern (*Hippeastrum*) „Amaryllis", Goldblatt (*Aucuba*), Nestfarn (*Asplenium*), Fleißiges Lieschen (*Impatiens*), Calathea (*Calathea*), Efeu (*Hedera*), Frauenhaarfarn (*Adiantum*), Schusterpalme (*Aspidistra*).

Pflanzen für helle Standorte: Birkenfeige (*Ficus benjamina*), Zimmeraralie (*Fatsia*), Roseneibisch (*Hibiscus*), Riesenpalmlilie (*Yucca*), Kanonierblume (*Pilea*), Wunderstrauch (*Codiaeum variegatum*), Efeu (*Hedera*), Brautmyrte (*Myrtus*), Zimmerlinde (*Sparmannia*), Glockenblume (*Campanula*), Kaffeestrauch (*Coffea arabica*), Bananenstaude (*Musa*), Strahlenaralie (*Brassaia*), Bergpalme (*Chamaedorea*), Zwergpalme (*Chamaerops*), Orchidee (*Vanda tricolor*, *Cattleya* - Hybride 'Cochleata', *Cymbidium*-Hybride, Venusschuh *Paphiopedilum*), Aechmea (*Aechmea*), Blütenbegonie (*Elatior Begonia*), Billbergie (*Billbergia*), Bogenhanf mit gelben Streifen (*Sansevieria*), Bubiköpfchen (*Soleirolia*) (hell bis schattig), Crossandre (*Crossandra*), Drehfrucht (*Streptocarpus*), Efeu-Aralie (*Fatshedera*), Einblatt (*Spathiphyllum*), Fensterblatt (*Monstera*), Flammendes Schwert (*Vriesea*), Gelber Hopfen (*Pachystachys*), Gloxinie (*Sinningia*), Flamingoblume (*Anthurium*), Grünlilie (*Chlorophytum*), Gummibaum (*Ficus elastica*), Gynure (Gynura), Kanonierblume (*Pilea*), Katzenschwanz (*Acalypha*), Kletterphilodendron (*Philodendron*), Kranzschlinge (*Stephanotis*), Schamhafte Sinnpflanze (*Mimosa*), Schraubenbaum (*Pandanus*), Spindelstrauch (*Euonymus*), Weihnachtsstern (*Euphorbia pulcherrima*), Zypergas (*Cyperus*) Calathea (*Calathea*), Dieffenbachie (*Dieffenbachia*), Marante (*Maranta*), Flammendes Käthchen (*Kalanchoe*).

Für sonnige Standorte: Lobivien

Frauenhaarfarn

Pflanzen für helle und kühle Standorte: Zimmertanne (*Araucaria*), Zimmerkalla (*Zantedeschia*), Buntnessel (*Coleus-Blumei* Hybride) Alpenveilchen (*Cyclamen*), Azalee (*Azalea*), Becherprimel (*Primula*), Drehfrucht (*Streptocarpus*) (im Winter hell und kühl), Efeu-Aralie (*x Fatshedera*), Judenbart oder Hängender Steinbrech (*Saxifraga*), Känguruhdorn (*Acacia armata*), Kaffeestrauch (*Coffea arabica*), Klivie oder Riemenblatt (*Clivia*), Kranzschlinge (*Stephanotis*) (nur im Winter hell und kühl), Korallenbeere (*Nertera*) (im Winter hell und kühl), Schönmalve (*Abutilon*) (im Winter hell und kühl), Spitzblume (*Ardisia*), Veltheimie (*Veltheimia*), Weihnachtsstern (*Euphorbia pulcherrima*), Zimmerlinde (*Sparmannia*).

Pflanzen, die keine Zugluft vertragen: Gloxinie (*Sinningia*), Kletterphilodendron (*Philodendron*), Purpurtute (*Syngonium*), Schamhafte Sinnpflanze (*Mimosa*), Schönmalve (*Abutilon*), Strahlenaralie (*Brassaia*), Frauenhaarfarn (*Adiantum*), Geweihfarn (*Platycerium*), Marante (*Maranta*), Usambaraveilchen (*Saintpaulia*).

Besonders pflegebedürftige Pflanzen: Orchideen mit Bulben (Speicherorgan), Kamelien (*Ca-*

mellia japonica), Orangenbäumchen (*Citrus sinensis*), Frauenhaarfarn (*Adiantum*).

Pflanzen, die geringe Ansprüche stellen: Schusterpalme (*Aspidistra*), Säulenkaktus (*Cereus*), Feigenkaktus (*Opuntia*), Silberkerze (*Cleistocactus*), Goldkugelkaktus (*Echinocactus*), Haarcereus (*Trichocereus*), Schopfcereus (*Cephalocereus*), Warzenkaktus (*Mammillaria*), Grünlilie (*Chlorophytum*), Bogenhanf (*Sansevieria*), Drachenbaum (*Dracaena marginata*).

Pflanzen, die viel Luft brauchen: Passionsblume (Passiflora), Korallenbeere (*Nertera granadensis*), Gelber Hopfen (*Pachystachys*), Judenbart, Hängender Steinbrech (*Saxifraga*), Schamhafte Sinnpflanze (*Mimosa*), Zierspargel (*Asparagus*), Zimmertanne (*Araucaria*), Bleiwurz (*Plumbago*), Allamande (*Allamanda*), Roseneibisch (*Hibiscus*).

Pflanzen, die hohe Luftfeuchtigkeit nicht verkraften: Christusdorn (*Euphorbia milii*), Kaladie (*Caladium*), Rhoeo (*Rhoeo*).

Pflanzen, deren Lebenselixier hohe Luftfeuchtigkeit ist: Marante (*Maranta leuconeura*), Gynure (*Gynura*), Kaffeestrauch (*Coffea arabica*), Katzenschwanz (*Acalypha*), Keulenlilie (*Cordyline*), Kletterphilodendron (*Philodendron*), Schraubenbaum (*Pandanus*), Spanischer Pfeffer (*Capsicum-Annuum*-Hybride), Spitzblume (*Ardisia*), Strahlenaralie (*Brassaia*), Weihnachtsstern (*Euphorbia pulcherrima*), Wunderstrauch (*Codiaeum variegatum*), Zierblattpfeffer (*Piper*), Zimmerrebe (*Cissus*), Efeu (*Hedera*), Frauenhaarfarn (*Adiantum*), Hirschzungenfarn (*Phyllitis*), Marante (*Maranta*), Nestfarn (*Asplenium*), Schwertfarn (*Nephrolepis*), Allamande (*Allamanda*).

Pflanzen, die keinen Standortwechsel vertragen: Klivie (*Clivia*), Kamelie (*Camellia japonica*), *Begonia-Corallina*-Hybride ´Tamaya´.

Pflanzen für helle Badezimmer: Grünlilie (*Chlorophytum*), Gummibaum (*Ficus elastica*), Frauenhaarfarn (*Adiantum*) (schattig), Schusterpalme (*Aspidistra*) (halbschattig), Drachenbaum (*Dracaena marginata*).

Pflanzen, die den Sommer gern im Freien verbringen: Känguruhdorn (*Acacia armata*), Korallenbeere (*Nertera*), Schönmalve (*Abutilon*), Spindelstrauch (*Euonymus*), Weihnachtsstern (*Euphorbia pulcherrima*), Goldblatt (*Aucuba*), Fleißiges Lieschen (*Impatiens*), Zimmertanne (*Araucaria*), Apfelsinenbäumchen (*Citrus sinensis*) 'Calamondin', Bleiwurz (*Plumbago*).

Pflanzen, die im Winter die Kühle lieben: Kranzschlinge (*Stephanotis*), Efeu (*Hedera*), Geweihfarn (*Platycerium*), Zimmertanne (*Araucaria*).

Drachenbaum, *Dracaena marginata*

Pflanzen, die mit weichem Gießwasser verwöhnt werden wollen: (wobei abgestandenes Wasser zum Gießen für alle Pflanzen selbstverständlich ist. Also Gießkännchen immer gleich wieder nachfüllen): Schiefteller (*Achimenes*), Zypergras (*Cyperus*), Dieffenbachie (*Dieffenbachia*), Efeu (*Hedera*), Geweihfarn (*Platycerium*), Hirschzungenfarn (*Phyllitis*), Marante (*Maranta*), Nestfarn (*Asplenium*), Usambaraveilchen (*Saintpaulia*), Buntnessel (*Coleus*).

Pflanzen für den kühlen, halbschattigen Platz: Spanischer Pfeffer (*Capsicum-Annuum*-Hybride), Zierspargel (*Asparagus*), Schwertfarn (*Nephrolepis*), Usambaraveilchen (*Saintpaulia*), Goldblatt (*Aucuba*), Nestfarn (*Asplenium*), Fleißiges Lieschen (*Impatiens*), Calathea (*Calathea cebrina*), Efeu (*Hedera*).

Pflanzen, die eine Ruhezeit brauchen: Veltheimie (*Veltheimia*), Weihnachtsstern (*Euphorbia pulcherrima*), Zimmerrebe (*Cissus*), Kamelie (*Camellia japonica*), Zypergras (*Cyperus*), Dieffenbachie (*Dieffenbachia*), Efeu (*Hedera*), Fleißiges Lieschen (*Impatiens*), Frauenhaarfarn (*Adiantum*), Geweihfarn (*Platycerium*), Hirschzungenfarn (*Phyllitis*), Sauerklee (*Oxalis*), Schwertfarn (*Nephrolepis*), Usambaraveilchen (*Saintpaulia*), Zimmertanne (*Araucaria*), Allamande (*Allamanda*), Apfelsinenbäumchen (*Citrus sinensis* 'Calamondin´), Bleiwurz (*Plumbago*), Buntnessel (*Coleus*), Christusdorn (*Euphorbia milii*).

Pflanzen, die nasse Füße brauchen: Zypergras (*Cyperus*), Bubiköpfchen (*Soleirolia*).

Pflanzen, die ein Tauchbad lieben: Schwertfarn (*Nephrolepis*), Azalee (*Rhododendron*), Roseneibisch (*Hibiscus*), Allamande (*Allamanda*).

Pflanzen für Kalthaus-Wintergärten: Bergpalme (*Chamaedorea*), Schwertfarn (*Nephrolepis*), Apfelsinenbäumchen (*Citrus sinensis* 'Calamondin'), Zimmerlinde (*Sparmannia*), Zypergras (*Cyperus papyrus*), Kentiapalme (*Howeia*), Bananenstaude (*Musa*), Kentia (*Howeia forsteriana*), Strauchmargerite (*Chrysanthemum*), Azaleen (*Rhododendron*).

Ampelpflanzen für helle Standorte: Baumfreund (*Philodendron scandens*), Grünlilie (*Chlorophytum*), Königswein (*Cissus rhombifolia*), Rachenrebe (*Columnea*), Efeutute (*Epipremnum pinnatum)* 'Aureum', Kletterfeige (*Ficus pumila*), Efeu (*Hedera helix*), Farn (*Nephrolepis*), Blattkaktus (*Zygocactus*).

Efeutute (*Scindapsus, Rhaphidophora*), *Epipremnum aureum*, Aronstabgewächse (*Araceae*). Beim Kauf der Pflanze ist auf den exakten botanischen Namen zu achten. *Epipremnum* ist wesentlich einfacher in der Pflege, während *Scindapsus* etwas schwieriger ist. Bei der Efeutute handelt es sich um eine schöne Rank- und Ampelpflanze, deren herzförmige Blätter auf der Oberseite unregelmäßig goldgelbe Flecken aufweisen. Beachten Sie bei der Anschaffung bitte: Die goldgelb gefleckte Pflanze ist die anspruchslosere, während die grüne Sorte jedoch höhere Pflegeansprüche stellt.

Standort: Während die goldgelb gefleckten Sorten viel Licht brauchen, gedeihen die grünen Sorten auch dann, wenn die Lichtverhältnisse nicht so gut sind.

Kletterfeige, *Ficus pumiea*

Efeutute, *Epipremnum*

Merk-Ecke

Die *Epipremnum aureum* 'Marble Queen' ist langsam im Wuchs und muß hell stehen. *Epipremnum aureum* ist pflegeleicht.

Mein Tip

Efeututen lassen sich besonders leicht im Frühjahr durch Stecklinge in einem Glas Wasser, dem Sie Holzkohle beigefügt haben, vermehren.

Gießen: Optimales Wachstum erreichen Sie, wenn die Efeutute stets mit abgestandenem, zimmertemperiertem Wasser so gegossen wird, daß sich die Erde immer leicht feucht anfühlt. Die Pflanze liebt hohe Luftfeuchtigkeit, daher empfiehlt sich das Besprühen der Blätter. Eine gelegentliche Ballentrockenheit schadet der Pflanze nicht.

Düngen: Die Efeutute wird in den Monaten von März bis Oktober gedüngt.

Temperatur: Eine Temperatur zwischen 18 und 22 °C ist absolut ideal. Aber im Winter kann *Epipremnum* auch bei 15 °C gehalten werden.

Merk-Ecke

Im Frühjahr können Sie Triebe der Pflanze zur Erde hin biegen und mit Krampen oder Haarnadeln befestigen, um so Ableger zu erhalten.

Ruhezeit: Die Efeutute benötigt keine Ruhepause.

Maranta, (*Maranta*), Pfeilwurzgewächse (*Marantaceae*). Sie ist schön, aber heikel in der Pflege. Die größte Gefahr für diese tropische Schönheit sind kalte „Füße". Auch auf trockene Luft reagiert sie allergisch. Wer das Pflanzgefäß auf eine mit Kies und Wasser gefüllte Schale stellt, erhöht auf einfache und preiswerte Weise die gewünschte

Luftfeuchtigkeit. Mit ihrem auffälligen Laub gehören Maranten zu den schönsten Zierblattgewächsen. Gleichmäßige Wärme, ein heller - aber vor direkter Sonne geschützter - Standort sind für den Erfolg mit *Maranta* Grundbedingung.

Standort: Ideal ist ein Nordwest-Fenster mit leichtem Schatten und gleichbleibenden Temperaturen zwischen 18 und 20 °C. Allgemein gilt: hell bis schattig, keine direkte Sonne. Im Wintergarten fühlen sich Maranten besonders wohl.

Gießen: Während der Sommermonate muß reichlich, während der Wintermonate darf nur mäßig gegossen werden. Dennoch braucht die Pflanze das ganze Jahr über eine hohe Luftfeuchtigkeit, die durch Sprühen oder Aufstellen von Wasserschalen erreicht werden kann.

Düngen: Von Mai bis September ist regelmäßig zu düngen.

Temperatur: Im Sommer sollten es zwischen 18 und 25 °C, in den Wintermonaten möglichst nur zwischen 15 und 20 °C sein.

Ruhezeit: Von Oktober bis März, danach treibt die Pflanze erneut aus.

Merk-Ecke

Ein Zeichen für das Wohlbefinden der Pflanze ist, wenn sich die Blätter während der Abendstunden schließen. Auf diese Weise hält die Pflanze den 12-Stunden-Rhythmus ein.

Dieffenbachie (*Dieffenbachia*), Aronstabgewächse (*Araceae*). Die Pflanze fällt durch ihre großen und schön gezeichneten Blätter auf, die weiß oder gelblichweiß gefleckt bzw. hell- oder dunkelgrün marmoriert sind. Die Zahl der Dieffenbachien-Arten ist groß. Die anspruchsloseste ist die *Dieffenbachia maculata* (früher *D. picta*) in verschiedenen Sorten. Dieffenbachien sind genügsame, robuste Pflanzen, die in zentralbeheizten Räumen gut gedeihen. Sie brauchen allerdings eine hohe Luftfeuchtigkeit. Leider verkahlen Dieffenbachien häufig trotz bester Fürsorge.

Standort: Der Standort sollte so hell wie möglich sein, damit die schöne Blattmusterung erhalten bleibt. Vor direkter Sonne muß die Pflanze geschützt werden, weil sonst die Blätter verbrennen. Bei zu dunklem Standort vergeilt die Pflanze, auch die Blattzeichnung läßt nach.

Gießen: Verwenden Sie möglichst immer weiches, zimmertemperiertes Wasser. Durch gefühlvolles Gießen ist Staunässe, die leicht zur Fäulnis führt, zu vermeiden. Im Winter muß das Gießen eingeschränkt werden, im Sommer dagegen ist der Wasserbedarf der Pflanze sehr hoch.

Düngen: In der Wachstumsperiode von Frühjahr bis Herbst wöchentlich, im Winter nur noch alle 2-3 Wochen.

Temperatur: Mit einer Temperatur um 20 °C kommt die Pflanze rund ums Jahr gut zurecht. Im Winter sollte sie nicht kühler als 15 °C stehen.

Ruhezeit: Keine typische Ruhezeit.

Merk-Ecke

Dieffenbachien gehören zu den Giftgewächsen. Der Saft aus Stengel und Blatt kann Hautausschlag verursachen. Die dekorative Pflanze hat auch durch die Hydrokultur große Verbreitung gefunden. Im Sommer sollten die Blätter ab und zu abgeduscht und damit zugleich entstaubt werden. Die Pflanze läßt sich durch Kopf- und Teilstecklinge vermehren. Kahl gewordene Stämme mit Triebaugen können zur Bewurzelung in 8 cm langen Stükken auf die Erde einer Anzuchtsschale gelegt werden. Aber auch durch Abmoosen sind Dieffenbachien zu vermehren.

Wunderstrauch oder Kroton (*Codiaeum*), Wolfsmilchgewächse (*Euphorbiaceae*). Seinen Namen trägt der Wunderstrauch zu Recht, es gibt keine farbenprächtigere Blattpflanze. Allerdings ist der Kroton, der aus den schwülwarmen Wäldern Indiens und Malaysiens stammt, eine Pflanze für Kenner. Je heller die Pflanze steht, desto intensiver sind Blattfärbung und -zeichnung. Er ist eine ideale Pflanze für den lichten Wintergarten, der dem Bedürfnis der Pflanze nach hoher Luftfeuchtigkeit gerecht wird. Auf die Umstellung vom Blumengeschäft in die häusliche Atmosphäre reagiert die schöne, empfindliche Pflanze meist mit Blattverlust. Sie müssen dann etwas Geduld aufbringen, die Luftfeuchtigkeit durch Sprühen erhöhen, gegebenenfalls Fensterschalen aufstellen. Bei soviel liebevoller Zuwendung wird der Wunderstrauch nach einiger Zeit erneut austreiben. Kaum eine zweite Pflanze weist so unterschiedlich geformte und gefärbte Blätter auf wie der Wunderstrauch.

Standort: Licht ist das A und O für den Wunderstrauch. Er muß sehr hell stehen. Im Sommer muß schattiert werden, denn volle Sonne verträgt die Pflanze nicht. Im Winter ist auf entsprechende Bodenwärme zu achten. Um bei fußkalten Räumen Wurzelfäule zu vermeiden, sollten Sie eine wärmespendende Matte unter das Pflanzgefäß legen.

Gießen: Der Kroton muß gleichmäßig feucht gehalten werden. Staunässe ist unbedingt zu vermeiden. Je häufiger Sie die Blätter der Pflanze besprühen, um so besser. Aber verwenden Sie zum Gießen und Besprühen möglichst enthärtetes, zimmerwarmes Wasser.

Mein Tip

Vor allem im Wohnraum verstauben großblättrige Pflanzen sehr leicht. Sie sollten daher deren Blätter regelmäßig mit einem feuchten Schwamm vom Staub befreien. Kleinere Blätter säubern Sie am besten, indem Sie die ganze Pflanze in der Badewanne lauwarm abduschen. Damit die Topferde nicht naß wird, stellen Sie den Blumentopf in eine Plastiktüte und binden diese um den Stamm mit Klebeband zu, oder halten Sie den Topf leicht schräg.

Düngen: In der Vegetationszeit von März bis September wird wöchentlich mit einem Blattpflanzendünger gedüngt, im Winter nur einmal monatlich.

Temperatur: Sie soll ganzjährig 18 °C betragen.

Merk-Ecke

Trockene Luft führt zu Blattfall. Bei zu wenig Licht verlieren die Blätter Zeichnung und Farbe. Der weiße Saft dieses Wolfsmilchgewächses ist giftig.

Favoriten unter den Blattpflanzen

Zu den beliebtesten Grünpflanzen zählen zahlreiche Pflanzen der Maulbeerbaumgewächse. Neben dem bekannten Gummibaum mit dunkelgrünen oder panaschierten Blättern sind das die Birkenfeige, die echte Feige und die Kletterfeige. Weniger bekannt ist der feigenblättrige Gummibaum aus derselben Familie - genannt Geigenfeige - mit seinen imponierend großen, gewellten Blättern. Bei älteren Pflanzen sind Blätter von 50 cm und mehr keine Seltenheit.

Birkenfeige (*Ficus benjamina*), Maulbeerbaumgewächs (*Moraceae*). Zwar ist sie verwandt mit dem Gummibaum, aber nicht ganz so robust wie dieser. Dennoch ist die Pflanze sehr beliebt. Durch ihre elegant-zierlichen, leicht hängenden, meist dunkelgrünen Blätter wirkt sie grazil. In ihrer Heimat Indien wachsen Birkenfeigen zu stattlichen Bäumen heran. Bei uns werden sie zwar nicht haushoch, aber bis zu 2,50 m erreichen sie auch in Wohnräumen spielend.

Birkenfeige, *Ficus benjamina*

Merk-Ecke

Alle *Ficus*-Arten haben die Eigenart, sich dem Licht zuzuwenden. Drehen Sie den Topf von Zeit zu Zeit ein wenig, damit die Pflanze nicht krumm wächst.

Standort: Birkenfeigen brauchen viel Licht. Ist der Standort zu dunkel, fallen die Blätter. Pralle Sonne verkraftet die sensible Pflanze genausowenig wie Zugluft und Temperaturschwankungen. Birkenfeigen lieben die gleichmäßig warme Umgebung und die regelmäßige Pflege.

Gießen: Möglichst nur mit temperiertem, entkalktem Wasser gießen. Die Birkenfeige verlangt das ganze Jahr über nach einer gleichmäßigen Feuchtigkeit. Ihr Wurzelballen darf weder zu feucht, noch zu trocken sein. Die Pflanze ist für gelegentliches Übersprühen bzw. Abduschen der Blätter dankbar.

Düngen: Von März bis September wird wöchentlich gedüngt, im Winter kaum oder gar nicht.

Temperatur: Das ganze Jahr über eine möglichst ausgeglichene Wärme um 18 °C. Bei steigenden Temperaturen muß durch Sprühen die Luftfeuchtigkeit erhöht werden.

Mein Tip

Oft leidet die Birkenfeige in den dunkleren Wintermonaten so stark unter Lichtmangel, daß ein starker Blattabwurf erfolgt. Sie können die Pflanze im Frühjahr bis zum nächsten Auge zurückschneiden. Damit regen Sie sie zur neuen Blattbildung an.

Merk-Ecke

Buntblättrige Sorten wie *Ficus benjamina* 'Hawaii' brauchen in der Regel mehr Licht und Wärme und eine höhere Luftfeuchtigkeit als die unempfindlicheren grünblättrigen Sorten. Eine Ausnahme macht hier der grünweißblättrige *Ficus* 'Starlight', eine äußerst unempfindliche Sorte.

Strahlenaralie, *Schefflera actinophylla*

Vermehrung: Überalterte, verkahlte Pflanzen können durch Abmoosen ähnlich wie beim Gummibaum vermehrt werden.

Strahlenaralie (*Schefflera actinophylla*), Araliengewächse (*Araliaceae*). Ihre außergewöhnliche Blattsilhouette hat die Strahlenaralie schnell zu einer beliebten Pflanze gemacht. Sie eignet sich sowohl für helle wie auch halbschattige Standorte. Unter 12 °C sollte das Thermometer nicht sinken, denn auf soviel Kälte reagiert die Exotin mit Blattabwurf. Bei gleichbleibenden Raumtemperaturen ist die Pflanze äußerst pflegeleicht.

Standort: Von hell bis sonnig reicht der Spielraum für einen geeigneten Standort. Vor praller Mittagssonne ist die Strahlenaralie zu schützen.

Gießen: Die Pflanze braucht viel Wasser, sofern sie hell steht; allerdings darf der Ballen nie tropfnaß sein.

Düngen: Während des Sommers sollte die Pflanze wöchentlich mit einem Blattpflanzendünger ernährt werden. Von Oktober bis Februar macht die Pflanze eine Ruhepause, in der - je nach Standort - kaum oder gar nicht gedüngt wird.

Temperatur: Ideal sind Temperaturen zwischen 12 und 18 °C. Bei höheren Temperaturen kommt es leicht zu Geilwuchs und bei niedrigeren zu Blattabwurf.

Königswein (*Cissus antarctica*), Rebengewächs (*Vitaceae*). Kletterpflanzen, die ihresgleichen suchen, sind die *Cissus*-Arten. Dazu zählt der Königswein; besonders geschätzt ist wegen seiner gefiederten Blätter der *Cissus rhombifolia* 'Ellen Danica'. Beliebt ist aber auch der Russische Wein (*Cissus antarctica*) mit seinen derben, gezähnten Blättern.
Die Heimat des Russischen Weins ist Australien. Er paßt sich den unterschiedlichsten Lichtverhältnissen an, ist äußerst anspruchslos, muß allerdings vor praller Sonne geschützt werden. In dunkle Ecken möchte er nicht verbannt werden. Wie alle Weinarten liebt auch diese Kletterpflanze Wärme.

Merk-Ecke

Neben dem *Cissus antarctica* mit seinen herzförmigen Blättern wird auch *Cissus rhombifolia* angeboten. Seine immergrünen Blätter sind bis zur Mittelrippe eingeschnitten, so daß drei rhombenförmige Blättchen entstehen. Die Pflanze ist fast so widerstandsfähig wie der Russische Wein.

Standort: Hell bis halbschattig, vor praller Sonne ist die Pflanze zu schützen.

Gießen: Reichlich gießen, Staunässe ist unbedingt zu vermeiden. Abfallende verbräunte Blätter deuten auf zu feuchte Erde hin.

Düngen: Während der Vegetationsperiode regelmäßig mit einem Blattpflanzendünger düngen.

Temperatur: Ideal sind 20 - 25 °C, während der Ruhezeit im Winter kann die Temperatur bis unter 10 °C zurückgehen. Bei 10 °C stellt die Pflanze allerdings das Wachstum ein. Bei so niedrigen Temperaturen darf nur noch äußerst sparsam gedüngt und gewässert werden.

Merk-Ecke

Der Känguruhwein wird auch Russischer Wein genannt, während *Cissus rhombifolia* Königswein genannt wird. Beide *Cissus*-Arten lieben eine lehmig - humose, kalkhaltige Erde.
Allgemein geschätzt wird die dänische Züchtung *Cissus rhombifolia* 'Ellen Danica' mit ihren gefiederten Blättern. Zu groß gewordene Pflanzen können beliebig zurückgeschnitten werden.

Ruhezeit: Die Ruhezeit reicht von Oktober bis Februar. Während dieser Zeit können die Pflanzen wesentlich kühler stehen. Gegossen wird nur, wenn die Erdoberfläche angetrocknet ist.

Vermehrung: Sie kann durch Stecklinge oder Absenken erfolgen. Bei letzterem wird ein Trieb mit mehreren Blattknoten bis auf die Erde gebogen und mit einem Drahtbügel so befestigt, daß Erdkontakt besteht. Sobald der Absenker Wurzeln gebildet hat, kann er von der Mutterpflanze abgetrennt werden. Die Vermehrung über Stecklinge ist noch bequemer. Damit der Königswein sich buschig verzweigt, rate ich Ihnen, die Pflanze im Frühjahr ständig zurückzuschneiden. Die so gewonnenen Stecklinge sollten Sie gleich ins Wasser stellen, um weitere Jungpflanzen heranzuziehen.

Fensterblatt oder Zimmerphilodendron (*Monstera*), Aronstabgewächs (*Araceae*). Sie ist eine sehr populäre, äußerst robuste Pflanze, die überall gedeiht und selbst Pflegefehler verkraftet. Je älter das Fensterblatt wird, umso riesiger werden seine Blätter und desto tiefer die Einschnitte. Neben dem Gummibaum ist das Fensterblatt die am häufigsten vertretene Blattpflanze. Kein Wunder, denn die Pflanze kann uralt werden. Ein charakteristisches Merkmal sind die vielen Luftwurzeln, die unter keinen Umständen entfernt werden dürfen. Wenn sie zu lang werden, sollten Sie sie in den Topf ableiten, damit sie als zusätzliche Stütze zur Versorgung der Pflanze beitragen können.

Standort: Die Pflanze wächst noch an einem dunklen Platz, obwohl ein heller oder halbschattiger Standort wünschenswert ist. Direkte Sonne verträgt sie nicht.

Philodendron

Merk-Ecke

Wenn die Blätter des Fensterblattes plötzlich keine Einschnitte mehr bilden, dann steht die Pflanze eindeutig zu dunkel.

Gießen: Der Wasserbedarf richtet sich nach dem Standort und der Größe der Pflanze. Im Sommer braucht das Fensterblatt viel, im Winter dagegen weitaus weniger Wasser. Die Blätter sollten gelegentlich mit Wasser abgewaschen und so entstaubt werden. Generell ist zu sagen, daß die Erde gleichmäßig feuchtgehalten werden soll.

Merk-Ecke

An älteren Pflanzen entwikkeln sich gelegentlich aronstabähnliche Blüten.

Düngen: In der Regel wird während der Wachstumszeit einmal wöchentlich und während der Ruhezeit im Winter einmal im Monat gedüngt.

Merk-Ecke

Grelles Sonnenlicht am Südfenster verträgt das aus den tropischen Sumpfgebieten stammende Fensterblatt genausowenig wie kalte Marmorböden.

Temperatur: Auch hier ist das Fensterblatt unempfindlich. Die Temperaturen können zwischen 12 und 20 °C liegen.

Mein Tip

Die langen Triebe der Pflanze müssen angebunden werden, denn die Luftwurzeln haben in geschlossenen Räumen keine Haftfähigkeit. Als Stütze empfehle ich Ihnen einen Moosstab.

Ruhezeit: In den lichtarmen Monaten von Oktober bis Februar stellt die Pflanze ihr Wachstum ein.

Palmlilie oder Yucca (*Yucca aloifolia*), Agavengewächse (*Agavaceae*). Fast in jedem Haushalt steht eine Yucca. Sie ist eine der beliebtesten Zimmerpflanzen. Vom Laien wird sie oft als Palme gekauft, obwohl sie botanisch gesehen keine Palme ist. Ihre große Beliebtheit hat mehrere Gründe. Sie ist preiswert, leicht zu kultivieren und kinderleicht zu vermehren.

Standort: Ein Sommerquartier im Freien ist wünschenswert, denn die Pflanze verträgt die stauende Wärme hinter dem Fenster schlecht. In der Wohnung muß also häufig gelüftet werden. Die Yucca braucht auch im Zimmer viel Frischluft und sollte hell stehen.

Gießen: Gegossen wird nach Bedarf. Vor jedem erneuten Gießvorgang muß die Erdoberfläche angetrocknet sein. Die Yucca ist nicht durstig; im Winter braucht sie nur wenig Wasser.

Düngen: Von April bis August wird wöchentlich gedüngt, im Winter kann das Düngen eingestellt werden.

Temperatur: Während der Wachstumszeit sind 18 bis 20 °C wünschenswert, im Winter sind zwischen 10 und 15 °C ideal.

Merk-Ecke

Von Zeit zu Zeit sollten die Blätter abgewaschen werden, um den Staub zu entfernen. Bei Pflanzen, die zehn Jahre und älter sind, kann es zur Blüte kommen. Der Blütenstand wirkt wie riesige Maiglöckchen.

Palmlilie, *Yucca aloifolia*

Vermehrung: Voraussetzung sind Wärme und eine sehr hohe Luftfeuchtigkeit. Wenn Sie Seitentriebe zum Vermehren abschneiden, sollte die Schnittfläche erst antrocknen, bevor sie zum Bewurzeln in die Erde kommt. Wenn Sie ganz sichergehen wollen, tüten Sie den Steckling in einen Folienbeutel mit einem Torf-Sand-Gemisch. In dem gleichmäßig feuchten Ökoklima wurzelt der Triebsteckling innerhalb von sechs bis acht Wochen. Der Folienbeutel mit dem Steckling sollte an einem hellen, aber nicht prallsonnigen Fensterkreuz aufgehängt werden. Außerdem kann die Palmlilie jederzeit zimmergerecht zurückgeschnitten werden.

Kleine Palmenkunde

Mit Palmen Erfolg zu haben ist nicht schwierig, wenn Sie die wichtigsten Lebensansprüche und ein paar Kniffe beherzigen. Palmen haben nur eine leicht verwundbare Stelle, und das sind ihre empfindlichen Wurzeln. Entscheidend ist, daß Sie allen wärmeliebenden Arten ganzjährig etwa gleiche Temperaturen in der Wohnung bieten, während Kalthauspalmen besser gedeihen, wenn sie ab Mai einen sonnigen Standort im Garten oder auf dem Balkon bekommen.

Palmen für die Zimmerkultur. Unter den vielen Palmen - Botaniker unterscheiden 1200 Arten - gibt es eine Menge, die für die Zimmerkultur geeignet und dabei sogar noch pflegeleicht sind.
Die bekanntesten sind die Betelpalme (*Areca*), die Bergpalme

(*Chamaedorea*), die Kokospalme, (Microcoelum) die Kentiapalme (*Howeia*) und Dattelpalme (*Phoenix*).
Die *Areca*, die ursprünglich in Asien und Australien beheimatet ist, ist eine der meistgekauften dekorativen Palmen. Sie fühlt sich im Gewächshausklima am wohlsten; die Zimmertemperatur sollte nie unter 18 °C absinken, und dabei muß die Luftfeuchtigkeit besonders hoch sein.

Standort: Eine der wichtigsten Voraussetzungen für das Gedeihen von Palmen ist das Licht. Grundsätzlich brauchen alle Palmen einen hellen, aber nicht vollsonnigen Standort. Mit relativ wenig Licht kommen die Kentiapalme sowie die Steckenpalme und die Bergpalme aus. Diese Pflanzen brauchen etwa 500 bis 1000 Lux.
Einen etwas höheren Lichtbedarf haben die Hanfpalme, die Zwergdattelpalme und das Kokospälmchen. Sie brauchen zwischen 1000 und 2000 Lux.
Viel Licht, nämlich 2000 bis 3000 Lux, benötigen die Washingtoniapalme, die Kanarische Dattelpalme, die Zwergpalme, die Kokospalme, die Livistonie, die Betelnuß- und Fischschwanzpalme.
Es ist wichtig zu wissen, daß junge Palmen sich noch umerziehen lassen. Im Laufe ihrer Entwicklung gewöhnen sie sich selbst an ein Schattendasein, denn auch in der Natur gibt es nicht nur Sonnenplätze. Die Sonne aus der Steckdose, nämlich das künstliche Pflanzenlicht, macht jeden Standort möglich. Die Zusatzbeleuchtung sowie deren Aufhängungshöhe wird durch die Palmengröße und -art bzw. durch das Tageslicht am Standort bestimmt.

Blühende Palmen:
Die *Chamaedorea* stammt aus Mexiko. Sie ist meist von niedrigem Wuchs. Schon junge Pflanzen können blühen - und das ist die Ausnahme unter den Palmen. Die unscheinbaren, aber wohlriechenden grünweißlichen Blüten werden zu erbsengroßen, gelben und roten, später blauschwarzen Beeren. Der Blütenstand überragt den Blattschopf.

Die Kokospalme ist die bekannteste Fruchtpalme. Als Topfpflanze übersommert sie am besten im Freien, und zwar an einer Stelle, wo sie vor der Mittagssonne geschützt ist. Steht die Palme das ganze Jahr über im Zimmer, so ist für regelmäßige Luftzufuhr und ausreichende Luftfeuchtigkeit zu sorgen. Gegossen wird den Sommer über reichlich, im Winter hingegen werden die Wassergaben eingeschränkt.

Die *Howeia* ist der Inbegriff der Zimmerpalme. Sie ist robust und anspruchslos, auch was ihre Lichtbedürfnisse angeht; selbst ein Standort mitten im Zimmer ist ihr recht. Beim Gießen haben diese Palmen keine Sonderwünsche. Die Wassergaben richten sich nach der Zimmertemperatur; im Zweifelsfall hilft die „Daumenprobe“. Dankbar sind diese Palmen auch für Duschbäder in der Badewanne oder für Übersprühen mit lauwarmen Wasser .

Die Phoenix- oder Dattelpalme, die in allen subtropischen und tropischen Zonen der Erde vorkommt, braucht einen sonnigen Standort und reichlich Wasser. Trockenheit kann gefährlich werden! Sollte der Ballen dennoch einmal zu trocken geworden sein, rate ich Ihnen, das Pflanzgefäß so lange ins Wasser zu stellen, bis keine Luftblasen mehr aus dem Wurzelballen aufsteigen.

Bergpalme, *Chamaedorea elegans*

Kentia Palme, *Howeia belmoreana*

Mein Tip

Abgestandenes Mineralwasser sollten Sie nicht wegschütten, sondern die Zimmerpflanzen damit gießen. Es enthält für die Pflanzen wichtige Mineralstoffe.

Gießwasser ist nicht gleich Gießwasser. Pflanzenunfreundlichem hartes Wasser kann durch entsprechende Aufbereitung gutes Gießwasser werden. Die spezielle Filterkartusche Aqua-Flor der BRITA Gießkanne besteht aus einer Mischung von Ionenaustauschern und Aktivkohle. Sie entnimmt dem Leitungswasser überhöhten Salzgehalt und reduziert die Karbonathärte. Das gefilterte Wasser wird in einen schwachsauren pH-Bereich korrigiert, d. h. das Gießwasser ist weder zu sauer noch zu salzig.

Zimmerfarne

Prachtexemplare von Zimmerfarnen können auch Sie Ihr eigen nennen, wenn Sie dem Farn die richtige Pflege angedeihen lassen.

Geweihfarn (Platycerium), Tüpfelfarngewächse, (Polypodiaceae). Der Geweihfarn tanzt als Aufsitzer - Epiphyt - völlig aus der Reihe. Er lebt in der Natur auf anderen Pflanzen. Anhand seiner Blätter bzw. Wedel können Sie feststellen, wieviel Wasser der Farn braucht. Die Pflanze besitzt zwei Blattsorten: grüne, die einem Geweih gleichen, und braune Mantelblätter. Die wachsartige Schicht auf den grünen Blättern schützt den Farn vor dem Austrocknen. Die grünen Blätter des Geweihfarns sind „fertil", an ihrer Unterseite bilden sich die Sporen. Runde Mantelblätter, die keine Sporen tragen, sind zuerst grün und sterben nach einer gewissen Zeit ab.

Standort: Die Schutzschicht auf den Blättern macht diesen Farn unempfindlich gegen trockene Heizungsluft. Vor Sonne ist die Pflanze unbedingt zu schützen. Der Geweihfarn gedeiht an einem halbschattigen oder sogar schattigen Platz prächtig.

Gießen: Die Blätter dürfen beim Gießen weder naß noch besprüht werden. Ein Tauchbad bekommt der Pflanze gut. Allerdings darf sie nur bis knapp zum unteren Blattansatz in zimmerwarmes, abgestandenes Wasser gestellt werden.

Merk-Ecke

Der Geweihfarn kann im Gegensatz zu anderen Zimmerfarnen auch trockene Luft verkraften, aber nur dann, wenn das Staubwischen auf seinen Blättern unterbleibt. Der vermeintliche Schmutz ist eine Schutzschicht, durch die die Wasserverdunstung herabgesetzt wird.

Düngen: Von Februar bis September wird mit einem Flüssigdünger für Grünpflanzen gedüngt.

Temperatur: Von März bis September ist eine Temperatur zwischen 20 und 22 °C wünschenswert, im Winter möglichst nur zwischen 16 und 18 °C.

Merk-Ecke

Der robuste Farn mit seinen exotischen Blättern eignet sich als Ampel- und Epiphytenstammpflanze.

Geweihfarn, *Platycerium bifurcatum*

Schwertfarn (Nephrolepis) Schwertfarngewächse Nephrolepidaceae. Der Schwertfarn ist einer der bekanntesten Zimmerfarne. Der dekorative Farn eignet sich vor allem für Blumenfenster und Wintergärten. Es besteht ein enger Zusammenhang zwischen Luftfeuchte und Bodenfeuchte. Je niedriger die Luftfeuchtigkeit ist, desto höher muß die Bodenfeuchte sein - oder umgekehrt. Vor allem darf der Erdballen nie trocken werden, sonst setzt das „Blattrieseln" ein. Wenn Sie bisher mit dem Farn kein Glück hatten, dann sollten Sie es unbedingt mit Farnen in Hydrokultur versuchen.

Schwertfarn, *Nephrolepis exaltata*

Standort: Er braucht viel Licht, verträgt aber keine direkte Sonne.

Gießen: Bezüglich des Gießens haben die meisten Hobbygärtner Schwierigkeiten. Versuchen Sie es mit weichem Wasser, und halten Sie die Pflanze gleichmäßig feucht. Seinem Bedürfnis nach hoher Luftfeuchtigkeit können Sie durch Besprühen mit abgestandenem Wasser genügen.

Düngen: Von April bis September muß wöchentlich gedüngt werden.

Temperatur: Er liebt die gleichmäßige Wärme von 18 - 20 °C.

Nestfarn (*Asplenium nidus*), Streifenfarngewächse (*Aspleniaceae*). Der Nestfarn, erkennbar an den ungeteilten Wedeln, die an seinem Wurzelstock nestartig zusammengeführt werden, ist als Flachwurzler besonders empfindlich gegen Staunässe. Bei guter Pflege kann er stattliche Ausmaße annehmen.

Nestfarn, *Asplenium nidus*

Standort: Er soll hell, jedoch nicht vollsonnig sein.

Gießen: Zum Gießen sollte grundsätzlich nur zimmerwarmes, weiches Wasser verwendet werden. Vorteilhaft ist das Besprühen der Blätter mit lauwarmem Wasser, denn nichts verträgt der Nestfarn schlechter als trockene Wärme.

Düngen: Der Jahresrhythmus ist kaum durch eine Wachstums- oder Ruhezeit ausgeprägt. Daher sollten Sie den Nestfarn auch im Winter mäßig, aber regelmäßig düngen.

Temperatur: Sie soll rund um das Jahr 20 °C betragen; unter 16 °C darf auch im Winter die Raumtemperatur nicht absinken.

Merk-Ecke

Der Nestfarn braucht ein brockiges Torfsubstrat mit Sphagnum und Lauberde.

Frauenhaarfarn (*Adiantum peruvianum*), Adiantumgewächse (*Adiantaceae*). Der zierliche Frauenhaarfarn ist nur für Kenner zu empfehlen. Seine Heimat sind die tropischen Regenwälder, und so ist er auf einen warmen Standort bei hoher Luftfeuchtigkeit angewiesen. Zugluft ist für die Pflanze sehr schädlich.

Frauenhaarfarn, *Adiantum peruvianum*

Auch die Wasserqualität ist entscheidend für die Pflege der Pflanzen. Es gibt empfindliche Pflanzen, die kalkhaltiges Wasser nicht vertragen. Farne lieben z. B. weiches Wasser. Weiches Wasser erhalten Sie, wenn Sie es über einen Kohlefilter laufen lassen oder ein Säckchen Torf in das Gießwasser hängen. Viele schwören auf weiches Regenwasser.

Mein Tip

Wenn Sie nach jedem Gießvorgang die Kanne sofort wieder füllen, dann haben Sie immer abgestandenes Gießwasser. Lauwarmer schwarzer Tee, einmal wöchentlich mit dem Gießwasser versetzt, wirkt Wunder bei Farnen. Auch ein Schluck Milch im Tee tut ihnen gut, denn Milch läßt ihre Blätter sattgrün und glänzend erscheinen. Aber auch Teesatz bekommt ihnen alle 14 Tage gut. Es empfiehlt sich, den ausgebrühten Tee zu sammeln und ihn dann unter die Blumenerde zu mischen. Das belebende Getränk kann aber auch komplett als feuchter Teebeutel in den Blumentopf wandern.

Gießen: Farne lieben eine hohe Luftfeuchtigkeit. Deshalb sollten sie ab und zu mit zimmerwarmem Wasser besprüht werden. Bestens geeignet ist hierzu ein Wasserzerstäuber.

Wärmeunterlagen für empfindliche Topfpflanzen

Subtropische und tropische Topfpflanzen wie Bromelien, Orchideen, Palmen, Kakteen und Drachenlilien (*Dracaena*) lieben gleichmäßige Raumtemperaturen zwischen 20 und 22 °C. Wenn Sie infolge längerer Abwesenheit oder aus anderen Gründen während der Wintermonate größere Temperaturschwankungen im Wohnbereich haben, sind die wasserdichten, verrottungsfesten Wärmeunterlagen empfehlenswert. Es gibt sie sowohl in länglicher Form für Balkonkästen und Fensterbänke (55 x 11,5 cm) als auch für Einzelpflanzen in der Größe von 17 x 17 cm. Die Stromkosten hierfür sind gering. Die Wärmeunterlage hat sich aber auch für die Anzucht von exotischen Pflanzen, z. B. Bananenstauden oder Kaffeesträuchern, Mimosen und *Streptocarpus* bewährt.

Winterzeit - Leidenszeit für Zimmerpflanzen

Trockene Heizungsluft, zu wenig Licht und meist zu reichlich bemessene Wassergaben machen die Zimmerpflanzen besonders in den Wintermonaten schädlingsanfällig. In den Sommermonaten haben die Pflanzen in der Regel genügend Frischluftzufuhr und bessere Lichtverhältnisse. Dadurch werden Temperaturschwankungen und unregelmäßige Gießabstände besser verkraftet. Mit Beginn der Heizperiode bekommen die Pflanzen zuviel Wärme bei zu trockener Raumluft, und das über Monate hinweg. Hinzu kommen schlechte Lichtverhältnisse, zuwenig Frischluft und in der Regel ein Übermaß an Wasser. Die Statistik beweist, daß in den Wintermonaten 80 % aller Zimmerpflanzen durch falsches Gießen Schaden nehmen.

Merk-Ecke

Die meisten Zimmerpflanzen ertrinken, die wenigsten vertrocknen. Die Schadbilder sind dieselben.

Besonders durstige Zimmerpflanzen: Azaleen, Hortensien, Primeln, Hibiskus sind besonders durstig. Sie brauchen mehr Feuchtigkeit als z. B. die Kalanchoe. Wie oft gegossen werden muß, richtet sich auch nach der Jahreszeit, den Lichtverhältnissen und der Temperatur sowie nach der Größe der Pflanzen, des Pflanzgefäßes sowie des Wurzelballens. Gegossen wird grundsätzlich, wenn das Erdreich angetrocknet ist; angetrocknet heißt aber nicht ausgetrocknet. Gießen Sie mit Gefühl, machen Sie die Daumenprobe.

1x1 des Düngens: Düngen Sie niemals bei trockener Erde, und düngen Sie nie nach dem Motto: „Je mehr, desto besser", denn wenn die Pflanze zuviel gedüngt wird, wird sie träge und anfällig für Schädlinge. Ein Paradebeispiel hierfür sind Alpenveilchen, Primeln und Zimmerkalla, die bei zu üppiger Ernährung keine oder nur spärlich Blüten ansetzen.

Wenn die Tageslichtmenge nicht ausreicht: Spezielle Halogen-Pflanzenleuchten, die über eine Zeitschaltuhr gesteuert werden, ergänzen das natürliche Licht. Die Dauer der Zusatzbeleuchtung sowie die Höhe der Leuchte werden durch die Pflanzengröße und -art bzw. die Qualität des Tageslichtes am Standort bestimmt. Das Pflanzensortiment beschränkt sich auf Grünpflanzen, die mit wenig Licht (200-400 Lux) auskommen: *Aglaonema*, Einblatt (*Spathiphyllum*), aber auch *Chamaedorea elegans*, Fensterblatt (*Monstera*), *Philodendron* 'Red Emerald'.
400-500 Lux: alle *Ficus*arten, Farne, *Dieffenbachia*, *Chlorophytum*, *Philodendron*, *Schefflera*, *Rhoicissus*.

Die Neuschöpfung Tamaya

Ob Sie sich nun für Blüten- oder Blattpflanzen oder für beides entscheiden, immer wird der Umgang mit Pflanzen Ihr Leben bereichern. Pflanzen stehen bei jung und alt hoch im Kurs. Das Sortiment der Blütenpflanzen für Wohnräume ist erstaunlich groß. Es umfaßt immerhin rund 250 Pflanzenarten. Auf einige wenige wird später ausführlich eingegangen. Ein aparter Blütenbaum für die häusliche Umgebung ist die Neuschöpfung Tamaya. Sie gehört zu den Begoniengewächsen (*Begoniaceae*). Nicht nur der Name Tamaya, sondern auch die Pflanze selbst stellt etwas ganz Besonderes dar.
Tamaya ist verwandt mit einer schon länger bekannten Strauchbegonie, einer Kreuzung aus *Begonia - Corallina* - Hybriden und *Begonia albopicta*. Die Eltern dieser attraktiven Neuschöpfung kommen aus Südamerika. Auffallend schön sind die zahlreichen korallenroten Blüten, die üppig in hängenden Blütentrauben den bambusähnlichen Stamm umspielen. Zu den aparten Blüten sind die länglichen, eleganten, weißgepunkteten Blätter eine interessante Ergänzung. Tamaya wird in verschiedenen Größen angeboten: von 30 cm - 1 m. Die

Stammhöhe verändert sich im Laufe der Jahre nicht. Aber das Stämmchen gewinnt an Umfang, die Krone verdichtet sich, Blüten und Blätter werden üppiger.

Tamaya, der blühende Baum für Wohnräume, ist sehr robust und braucht nur wenig Pflege. Durch aufeinanderfolgende Blühperioden blüht die Pflanze fast das ganze Jahr über. Die Blütentrauben bilden sich in den Blattachseln, und zwar erscheinen zunächst die männlichen und danach die weiblichen Blüten. Die männlichen Blüten haben die Form eines Herzens, während die weiblichen sich durch einen 3fächrigen Fruchtknoten mit aufgesetzten Blütenblättern schmükken. Es dauert etwa 55 Tage vom Erscheinen der ersten männlichen Blüte bis zum Fallen der letzten weiblichen Blüte. Dies entspricht genau einer Blütenperiode. Bei guten Lichtverhältnissen erneuern sich die Blüten das ganze Jahr über. Damit wird dem Garten- und Fachhandel erstmals die Möglichkeit gegeben, einen saisonunabhängigen Blütenbaum ganzjährig anbieten zu können.
Tamaya wird von Jahr zu Jahr schöner, denn der Verjüngungsschnitt während der Wintermonate fördert Blütenerneuerung und -fülle. Durch diesen Formschnitt behält der Baum die flache Form, wobei die Dichte der Krone zunimmt. Alle aus der Fasson geratenen Zweige werden hierbei 1 cm über der Blattstengelknospe, dem sogenannten Auge, entfernt.

Tamaya-Bäumchen

Mein Tip

Die Verzweigung der Krone wird angeregt, wenn drei Wochen nach dem ersten Formschnitt, sobald die neuen Triebe 2 cm lang sind, ein zweiter erfolgt, und zwar am Stengelgrund dieser neuen Triebe.

Standort: Hell, Begonien brauchen viel Licht, 2000 Lux wären ideal, 1500 Lux sind noch zu vertreten. Vor direkter Sonne ist die Pflanze allerdings zu schützen. Wind oder Zug bekommen Tamaya nicht.

Mein Tip

Wenn Sie einmal den richtigen Standort für die Pflanze gefunden haben, damit sie voll zur Wirkung kommt, dann rate ich Ihnen, die Pflanze möglichst nicht mehr zu bewegen. Einen Platzwechsel liebt die Tamaya nicht, er führt leicht zum Blütenfall.

Gießen: Nur mäßig und mit Gefühl. Während der Wintermonate genügt wöchentliches Gießen. Ist der Standort allerdings sehr hell, und liegen die Raumtemperaturen zwischen 18 und 20 °C, ist die Pflanze zweimal pro Woche zu gießen. Licht und Wärme bestimmen den Wasserbedarf. Vor jedem erneuten Gießvorgang ist zu prüfen, ob die Erde an der Oberfläche trocken ist.

Merk-Ecke

Vorsicht, Besprühen mit Wasser führt zu Flecken auf Blatt und Blüte.

Düngen: Empfehlenswert ist der für Tamaya entwickelte Spezialdünger. Keinesfalls darf ein Dünger unverdünnt auf die trockene Erde gelangen, sonst kommt es zu Verbrennungen an den Wurzeln. Von März bis Oktober sollte der Dünger phosphorbetont sein, denn Phosphor fördert die Blütenbildung. Ab November wird die Düngung bis etwa zum Februar reduziert.

Was gibt´s Neues?

Für Tamaya wurde ein Spezialdünger entwickelt. Während der Hauptblühperiode braucht die Pflanze vermehrt Nährstoffe, jedoch in einer anderen Zusammensetzung als in der Regenerationsphase der Wintermonate. Die Düngetabletten sind sehr einprägsam gekennzeichnet: für den Sommer rosa - als Zeichen der Blüten zur Blütenbildung -, im Winter grün - als Symbol der Blätter.

Mein Tip

Ich empfehle, Tamaya in der Vegetationspause durch „Pinzieren" zu regenerieren. Unter Pinzieren ist das Auskneifen der Triebspitzen zu verstehen. Die Pflanze wird so zu weiteren Verzweigungen der Krone angeregt.

Temperatur: Die Pflanze sollte ganzjährig eine Raumtemperatur zwischen 15 und 20 °C haben. Je heller sie steht, desto leuchtender werden die Blüten. Allerdings ist direktes Sonnenlicht unbedingt zu vermeiden. Bei zu wenig Licht bekommt Tamaya blassere Blüten. Die Raumtemperatur darf auch im Winter nicht unter 15 °C sinken.

Merk-Ecke

Zu vermeiden sind große Temperaturschwankungen durch Zugluft und eine frische Brise, z. B. auf Balkon oder Terrasse.

Pflanzgefäß: Es besitzt eine ansprechende, quadratische Form und weist mehrere technische Vorteile auf. Es ist sehr standfest und faßt mehr Erdsubstrat als ein vergleichbares konisches Gefäß- Überschüssiges Gießwasser wird in dem Spezial-Tamaya-Untersetzer aufgefangen.

Pflege: Tamaya ist nicht nur schön, sondern auch pflegeleicht. Sie braucht wenig Wasser und Nährstoffe und ist kaum für Krankheiten anfällig. Zu jeder Pflanze gehört ein Pflegepaß.
Ein besonderes Merkmal der Tamaya ist die flache, schirmförmige Krone, die mit kaskadenartigen, tiefrosaroten Blütentrauben besetzt ist, wobei jede einzelne Pflanze bis zu 30 Blüten tragen kann. Ein weiterer Schmuck der Pflanze sind auch die schmalen, länglichen, weißpigmentierten Blätter.

Blütenbaum Tamaya

Um die schöne Tamaya rankt sich, das nur nebenbei gesagt, eine alte Sage, die von der Wiedergeburt einer südamerikanischen Göttin erzählt. Vor vielen Jahrhunderten verehrte ein Indianerstamm in Südamerika eine heilige Pflanze - die Tamaya. Jährlich zum Sonnenwendfest verwandelte sich die Tamaya in ein schönes, junges Mädchen und kam als Himmelsgöttin zur Erde. Entführt wurde die Göttin nach Spanien durch die Eroberer, die nach Christoph Columbus nach Südamerika kamen. Als die Göttin schließlich mit dem Schiff in Sevilla ankam, hatte sie ihre menschenähnliche Gestalt verloren und sich in eine vertrocknete, blütenlose Pflanze verwandelt. Durch Einlösung eines Gelübdes des Entführers kam die vertrocknete Pflanze Jahrhunderte später in ihre Heimat zurück. Bei dem folgenden Sonnenwendfest ereignete sich der Sage nach das Wunder: die Göttin erschien für wenige Sekunden, um sich anschließend für immer in die Tamaya zu verwandeln.

Blütenpflanzen

Alpenveilchen (*Cyclamen persicum*), Primelgewächs (*Primulaceae*).
Eine sehr schöne Pflanze ist das Alpenveilchen. Sein Name ist etwas irreführend, denn die Wildform unserer heutigen Topfpflanze ist nicht in den Alpen, sondern in Kleinasien beheimatet. Dort wächst es in kühler, schattiger Umgebung. Demzufolge fühlt sich das Alpenveilchen in nur mäßig geheizten Räumen bei Temperaturen bis höchstens 12 - 15 °C wohl, und nur so hält seine Blütenpracht über viele Wochen.

Alpenveilchen, *Cyclamen persicum*

Standort: Kühle Wohnräume, wie das Schlaf- oder Gästezimmer, aber auch das helle Treppenhaus sind ideale Standorte für die kühle Schönheit. Ein lufttrokkener Raum mit über 20 °C bedeutet dagegen den sicheren Tod der Pflanze. Aber nicht nur die Raumtemperatur, sondern auch das richtige Gießen ist entscheidend für den Erfolg mit Alpenveilchen.

Gießen: Alpenveilchen müssen mit Fingerspitzengefühl gegossen werden, und zwar stets von unten in den Übertopf. Bewährt hat sich auch das Bewässern über einen Saugdocht, der von unten durch die Wasserabzugsöffnung in die Erde der Pflanze gesteckt wird, wobei sein Ende in das Wasser des Übertopfes taucht. Niemals darf das Alpenveilchen von oben direkt an die Knolle gegossen werden, weil Gießwasser zwischen den fleischigen Stielen Fäulnis von Blüten und Blättern auslöst. Wichtig ist allerdings, daß die Pflanze selbst nicht im Wasser steht. Deshalb wird der Übertopf bis zur Hälfte mit Kieselsteinen, Blähton oder Lava angefüllt. Damit das Pflanzgefäß noch in den Übertopf paßt, nehme ich hierzu die etwas höheren Hydrokulturtöpfe. Auch eine stufenweise auszuziehende Kunststoffscheibe hat sich bewährt. Ihre Teleskoparme werden ausgezogen und auf dem Rand des Übertopfes befestigt. Das Alpenveilchen mit dem aus der Wasserabflußöffnung heraushängenden Docht, der etwa 15 cm tief in das Wasser taucht, wird darauf gestellt.

Pflege: Zur Pflege gehört auch das regelmäßige Entfernen abgestorbener Blüten und welker Blätter. Aber weder Blatt- noch Blütenstiele dürfen abgeschnitten werden, sie werden lediglich mit einer kurzen, drehenden Bewegung ausgezupft. Richtig behandelt können Alpenveilchen über viele Jahre hinweg immer wieder zum Blühen gebracht werden. Meist entwickeln sich im zweiten Jahr mehr Blüten als im ersten.
Düngen: Neben dem geeigneten Standort, der niedrigen Raumtemperatur und den vorgenannten Pflegemaßnahmen ist während der Wachstumsperiode und der Blütezeit eine wöchentliche Düngegabe wichtig. Von Oktober bis April sollte das Alpenveilchen regelmäßig gedüngt werden. In der sommerlichen Ruhepause von Mai bis September wird nicht mehr gedüngt.
Es gibt viele Sorten mit völlig unterschiedlichen Farben und Blütenformen.

Mein Tip

Achten Sie beim Kauf darauf, daß möglichst viele Blüten noch knospig sind! Es lohnt sich übrigens, Alpenveilchen weiter zu kultivieren, denn einmal über die Winterphase gebracht, wird die mehrjährige Pflanze besonders üppig.

Ruhezeit: Nach der Blüte wird mäßig weitergegossen, der Erdballen darf aber nie austrocknen. Um die Knolle zu kräftigen, wird sie mit dem Laub, selbst wenn dieses nicht mehr sehr attraktiv ist, in neue Blumenerde umgetopft. Vorzugsweise wird die Pflanze ab Ende Mai in ihrem Topf an einer schattigen Stelle im Garten in die Erde gesetzt. Im Laufe der nächsten Zeit wird die Pflanze die Blätter abstoßen. Das ist ein ganz normaler Vorgang, der Sie nicht beunruhigen sollte. Wichtig ist, daß Sie weiter regelmäßig gießen und düngen. Etwa Anfang September zeigt das Alpenveilchen einen neuen Austrieb. Zu diesem Zeitpunkt wird die Knolle schwach angefeuchtet, damit der neue Austrieb sich schneller entfaltet. Im Spätherbst, wenn die Blätter voll entfaltet sind, beginnt die Pflanze den Blütenansatz zu bilden. Zu diesem Zeitpunkt empfiehlt es sich, einen phosphorbetonten Dünger zu verwenden, der die Blütenbildung fördert. Je nach Witterung werden die Alpenveilchen Ende Oktober wieder in ein kühles, helles Zimmer gestellt.

Was ist zu tun, wenn Blüten und Blätter schlaff herunterhängen? Längst nicht jeder Blumenliebhaber hat Glück mit den Alpenveilchen. Schuld an den traurig hängenden Blütenköpfen und an den auseinanderfallenden Pflanzen sind unsere warmen Wohnungen. Alpenveilchen lieben die kühle, schattige Umgebung.

Temperatur: Im ungeheizten oder mäßig warmen Zimmer bei Temperaturen zwischen 10 und 15 °C hält die Blütenpracht viele Wochen. Ein bevorzugter Standort ist ein helles, ungeheiztes Treppenhaus, der kühle Schlafraum bzw. ein Wintergarten. Welkende Blüten und Blätter müssen zwar ständig entfernt werden, dürfen aber keinesfalls mit dem Messer oder der Schere abgeschnitten werden. Sie werden lediglich mit einer kurzen drehenden Bewegung ausgezupft. Nach dem Abblühen braucht das Alpenveilchen eine kurze Ruhepause. Das Gießen wird auf ein Minimum reduziert. Ab Mitte Mai kann die Pflanze in den Garten gesetzt werden. Im September wird sie dann in neue humose Lauberde umgetopft, wobei darauf zu achten ist, daß die Knolle nicht mit Erde bedeckt wird. Um die Pflanze erneut zum Blühen zu bringen, wird sie Ende Oktober ins Haus geholt und möglichst hell und kühl, aber keinesfalls sonnig aufgestellt. Schon nach wenigen Wochen zeigen sich erste Knospen.

Ritterstern oder Amaryllis (*Hippeastrum*-Hybriden), Amaryllisgewächs (*Amaryllidaceae*). Dieses aparte Zwiebelgewächs schmückt sich mit falschem Namen, denn eigentlich heißt die Amaryllis Ritterstern bzw. Hippeastrum. Aber unter diesen Bezeichnungen ist sie allenfalls in Fachkreisen bekannt. Die Vorfahren stammen aus dem tropischen Amerika. Vor allem in den Gebirgswäldern von Brasilien stehen Prachtexemplare mit großen rot-weiß gestreiften Blüten. Die Amaryllis, um bei der volkstümlichen Bezeichnung zu bleiben, ist ein wahres Blütenwunder. Je größer die Zwiebel, desto schöner die Blüte. Aus einer Zwiebel von 20 - 28 cm Umfang können zwei Blütenschäfte mit je vier Blüten treiben. Die Blütezeit reicht je nach Sorte von Oktober bis in den April hinein. Die stattlichen Blüten in Weinrot, Weiß, Rosa und mit zauberhaft weiß-rosa Streifen halten immerhin bis zu 3 Wochen. Neu ist die Zwergsorte 'Pamela' mit unzähligen kleinen Blüten. Sehr apart ist die Sorte 'Picotee'; ihre weißen Blüten schmückt ein dünner roter Rand.

Was gibt´s Neues?

Brandneu sind gefülltblühende Züchtungen. Allerdings sind es vorerst noch Raritäten. Erst in etwa zwei Jahren ist mit größeren Stückzahlen zu rechnen.

Merk-Ecke

Damit die empfindlichen Wurzeln weder durch Staunässe noch durch Knicken beeinträchtigt werden, kommt zunächst eine Drainage in Form von Tonscherben in das Pflanzgefäß, darauf eine Schaufel Topfpflanzenerde, die andeutungsweise zu einem Kegel geformt wird. Auf die Spitze wird dann die Zwiebel gesetzt, und ihre Wurzeln werden rings um den Kegel ausgebreitet. Mit Erde nur soweit auffüllen, daß 2/3 der Zwiebel aus der Erde herausragen. Leicht angießen und an einen hellen, warmen (20 °C) Ort stellen. Vom Eintopfen bis zur Blüte vergehen meist 5 - 6 Wochen.

Amaryllis

Standort: Je mehr Licht die Amaryllis bekommt, desto intensiver färbt sich die Blüte. Während der Blüte darf die Pflanze keine volle Sonne bekommen, sonst welkt die Pracht vorzeitig dahin. Sobald die Amaryllis erblüht, ist ein kühlerer Standort angebracht, damit die Blüte länger hält.

Gießen: Während die Zwiebel treibt, brauchen Sie sich um das Gießen kaum zu kümmern. Wer jetzt zuviel gießt, riskiert, daß die Blüte steckenbleibt und nur Blätter entstehen. Der Wasserbedarf steigt kurz bevor die Blüte aufbricht.

Düngen: Sobald sich die Blüten öffnen, muß die Pflanze gedüngt werden. Wenn Sie die Pflanze auch nach der Blütezeit weiter mit Nährstoff versorgen, aber von August an das Düngen einstellen und völlig aufhören zu gießen, können Sie im Frühjahr auf weitere Blüten hoffen.

Und nach der Blüte? Auf keinen Fall wegwerfen. Es ist zwar nicht einfach, den Ritterstern erneut zur Blüte zu bringen, aber lassen Sie sich nicht entmutigen! Mit den folgenden Ratschlägen können Sie es schaffen. Schneiden Sie nur die verwelkte Blüte ab. Den grünen Stengel dürfen Sie allerdings nicht entfernen. Er muß stehenbleiben, nicht zur Dekoration, sondern als Energiespender für die künftige Blüte; nur so erhält die Zwiebel die Kraft zur erneuten Blütenbildung. Bevor die Blätter zu sprießen anfangen, muß die Blumenzwiebel vorsichtig umgetopft werden. Das Pflanzgefäß sollte der Zwiebel genügend Platz bieten, es darf sie nicht einengen.

Amaryllis, *Hippeastrum* 'Red Lion'

Mein Tip

Einmal auf den Geschmack gekommen, können Sie aus einer Amaryllispflanze gleich mehrere Exemplare machen. Der günstigste Zeitpunkt für die Trennung von Mutter- und Tochterzwiebel ist nach der Blüte, bevor das Blattwachstum einsetzt. Achten Sie darauf, daß die Tochterzwiebel schon ein paar eigene Wurzeln gebildet und ausreichend Blattwerk hat! Neu ist auch meine Erfahrung, daß Amaryllis-Zwiebeln sich prachtvoll in Mosy-Schwämmen entwickeln.

Und so wird's gemacht: Der Schwamm wird mit einer Suppentasse ausgestochen und eine Stunde gewässert. Anschließend setzen Sie die Zwiebel, ohne Erde, mit den Wurzeln nach unten einfach in die Mulde des Schwammes. Wichtig ist, daß der Schwamm zwar gut durchfeuchtet, aber nicht tropfnaß ist. Während die Zwiebel treibt, braucht sie nicht mehr gegossen zu werden. Sie sollte aber auf jeden Fall hell und warm (etwa 22 °C Zimmertemperatur) stehen. Die Feuchtigkeit im Schwamm reicht bis zur Blüte aus. Erst dann wird wieder gegossen - aber niemals auf die Zwiebel, sondern immer nur an den wassersaugenden Schwamm. Bei Austrieb der Blüten gibt man etwas Flüssigdünger ins Gießwasser.

Nach der Blüte bilden die Pflanzen schmale, hohe Blätter. Von ihrer Anzahl hängt die Schaftbildung im nächsten Jahr ab. Ende Mai können Gartenbesitzer ihre Amaryllispflanze an einer geschützten Stelle ins Freie pflanzen. Dabei dürfen Sie natürlich das Gießen und Düngen nicht vergessen. Bis zum August wird die Amaryllis regelmäßig gegossen und zweimal wöchentlich mit einem Volldünger gedüngt. Ab September, wenn die Ruhezeit beginnt, werden die Nährstoffgaben und das Gießen eingestellt. Und ab November kommt die frisch getopfte Amaryllis zum Treiben an ein helles Fenster. Der Standort bleibt hell und sonnig.

Azalee (*Rhododendron*), Heidekrautgewächs (*Ericaceae*). Urheimat: China, Formosa und Japan. Sie zählt zu den Favoriten der Zimmerpflanzen. Kein Wunder, Azaleen bringen Farbe in den Winter. Erstaunlich ist die Vielzahl ihrer Formen und Farben. Von Weiß über Rosa, Rot, Rosa-Weißgeflammt bis hin zu gefüllten bzw. ungefüllten Blüten. Der größte Teil der bei uns angebotenen Topf-Azaleen gehört den indischen Azaleen *Rhododendron simsii* an. Neben der indischen Azalee gibt es auch japanische Azaleen (*Rhododendron obtusum*). Diese Pflanzen sind meist etwas kleinblütiger und können bei mildem Klima sogar im Garten überwintern. Bis heute sind rund 2000 Hybriden und Sorten aus diesem 50 cm hohen Strauch entstanden. Im Handel angeboten werden ca. 50 Sorten als Büsche, Hochstämme und Pyramiden. Von September bis April erfreut uns die Azalee mit einfachen und gefüllten Blüten in Weiß, Rosa und Rottönen. Auch zweifarbige Sorten werden auf dem Markt angeboten.

Azalee

Merk-Ecke

Azaleen sollten Sie mit dick ausgebildeten Knospen kaufen. Sind die Knospen noch unterentwickelt, besteht die Gefahr, daß sie durch den Temperaturunterschied beim Transport abfallen. Nicht ausgereifte Knospen trocknen im Wohnraum ein.

Offensichtlich ist vielen Blumenfreunden unbekannt, daß Azaleen keine Wegwerf-Pflanzen sind. Laut Statistik landen etwa 85% aller Azaleen nach der Blüte im Mülleimer. Schade, denn bei Beachtung der wichtigsten Pflegehinweise können Azaleen 30 Jahre und älter werden.

Mein Tip

Japanische Azaleen können unter Winterschutz im Freien überwintern. Bei Bedarf müssen die Pflanzen gegossen und vor allem wöchentlich mit einem stickstoffbetonten Dünger versorgt werden. Ausreichende Wassergaben und die wöchentliche

Düngung sind die beste Gewähr für die erneute Knospenbildung. Wenn die Pflanze ab Juli Knospen zeigt, wird die Ernährung auf eine kaliumbetonte Düngung umgestellt. Kalium fördert die Ausreife der Knospen. Azaleen, die im Freien bleiben, werden bis zu Außentemperaturen von 10 °C gegossen und gedüngt. Sobald das Thermometer darunter sinkt, wird das Gießen und Düngen eingestellt. Die Pflanzen werden, ringsherum mit Torf und Laub bedeckt, vor Frost geschützt. Außerdem bekommen sie - wie die Rosen - einen Winterschutz aus Fichtenzweigen, die pyramidenförmig ins Erdreich gesteckt werden. Azaleen bekommt die Sommerfrische im Garten oder auf dem Balkon gut. Pflanzen, die nicht im Freien überwintert werden sollen, werden mit ihrem Tontopf an einem nicht zu sonnigen Ort in die Erde eingesetzt.

Mein Tip

Balkon- und Terrassenbesitzer sollten die ausgeblühte Azalee in ein größeres Kübelgefäß hineinstellen, das mit Torf halb gefüllt wurde. Der Torfmantel kann ständig feuchtgehalten werden, so daß die Azalee selbst in einer etwas windigen Lage nicht austrocknet. Bis August werden sie mit Wasser und wöchentlich mit einem stickstoffreichen Dünger versorgt. Vor Frostbeginn werden die Pflanzen ins Haus geholt.

Die kältegewohnte Pflanze, die Außentemperaturen bis etwa 10 °C verkraftet, sollte nie übergangslos in ein geheiztes Zimmer gestellt werden. Lufttrockene Räume in Verbindung mit Raumtemperaturen von 20 °C lassen die Knospen austrocken, so daß die Pflanze schon nach wenigen Tagen Blüten wie Blätter verliert.
Entscheidend für die erfolgreiche Blütenentwicklung ist, daß im Anschluß an die kalte Jahreszeit bei etwa 10 °C eine Übergangsphase an einem hellen Ort erfolgt. Das Treppenhaus, ein ungeheiztes Zimmer oder der helle Keller sind geeignete Standorte. Wenn Sie ein Kaltgewächshaus oder einen Wintergarten Ihr eigen nennen, stellt sich das Problem nicht.
Die Kälteperiode ist als Ruhezeit zu verstehen. Sie ist sortenbedingt und dauert 4 - 8 Wochen. Entscheidend für die Dauer der Ruhezeit ist, wann Sie die Azalee erworben haben. Für Azaleen, die vor Weihnachten gekauft worden sind, reicht eine Kühlperiode von 4 Wochen, während Azaleen, die Sie im Februar/März erstanden haben, 6 - 8 Wochen benötigen. In der Regel handelt es sich hierbei um die kleinblumigen japanischen Azaleen, die zu den spätblühenden Sorten gehören.

Merk-Ecke

Azaleen gehören zu den Pflanzen, die auch nach der Knospenbildung niedrige Temperaturen benötigen, damit die Knospen sich voll entfalten und zur Blüte kommen. Nach der Ruhephase kommt die Azalee auf ihren eigentlichen Standort.

Standort: Azaleen brauchen einen hellen Platz, müssen jedoch vor direkter Sonne geschützt werden. Der Standort sollte luftig sein. Ideal sind Raumtemperaturen von 18 - 20 °C. In wärmeren Räumen verringert sich die Blütezeit, während mäßige Temperaturen diese verlängern.

Merk-Ecke

Ein Standort direkt über der Heizung ist ungeeignet. Durch die trockene Wärme kommt es zu Blatt- und Blütenfall.

Gießen: Während der Blütezeit ist der Wasserbedarf besonders groß. Azaleen bevorzugen gegenüber dem herkömmlichen Gießen das Tauchbad in enthärtetem, kalkarmem Wasser. Soweit Regenwasser zur Verfügung steht, kann es natürlich verwendet werden.
Azaleen wollen nicht durch eiskaltes Wasser erschreckt werden. Nach Möglichkeit abgestandenes Wasser mit Zimmertemperatur verwenden. Die Azalee bis über den Topfrand in den Eimer tauchen, und zwar so lange, bis keine Luftblasen mehr aufsteigen. Es ist sinnvoll, dem Tauchbad pro 4

Liter 1 Kappe Flüssigdünger beizugeben. Tauchbad bedeutet aber nicht, daß die Azaleen mit ihrem Topf im Wasser stehen dürfen, denn Staunässe ist für die Pflanzen tödlich. Bei zu nassem Ballen verliert die Pflanze ebenfalls Blätter und Blüten.

Gießfehler entstehen häufig, wenn mehrere sich zuständig fühlen, der Pflanze Wasser zu geben. Der Schaden wird erst bemerkt, wenn das Wasser randvoll im Übertopf steht. In diesem Falle muß die Pflanze ausgetopft werden, und der Ballen - in Zeitungspapier eingewickelt - trocknen. Danach sollte die Pflanze in frische Erde eingetopft werden.

Auf keinen Fall die knospigen oder blühenden Pflanzen mit Wasser übersprühen, es entsteht sonst der Fäulnispilz Grauschimmel (*Botrytis*).

Mein Tip

Ist der Ballen einer Azalee einmal zu trocken geworden, dann empfehle ich Ihnen, dem Tauchwasser einen Tropfen Pril beizufügen. Nur in dem entspannten Wasser ist der stark durchwurzelte, torfhaltige Ballen in der Lage, sich wieder mit Wasser vollzusaugen.

Düngen: Azaleen zählen zu den nährstoffbedürftigen Pflanzen. Jeder handelsübliche, wasserlösliche Dünger mit einem ausgewogenen Nährstoffverhältnis ist verwendbar.

Besonders wichtig: Geben Sie Ihrer Azalee 2 g Nährstoff je Liter Wasser pro Woche.

Mein Tip

Verblühtes sollte stets entfernt werden, da an den welkenden Blüten leicht Fäulnis entstehen kann. Ebenso sollten Sie Geiltriebe, die direkt unterhalb der Knospe oder Blüte entstehen, entfernen. Sie entziehen der Pflanze unnötig Kräfte. Alle 2 - 3 Jahre sollte die Azalee, bevor sie ab Mai ins Freiluftquartier kommt, umgetopft werden. Der richtige Zeitpunkt hierfür ist der Pflanze anzusehen. Die Erdoberfläche ist oft stark vermoost und der Ballen meist bis zum Topfrand durchwurzelt. Nehmen Sie zum Umtopfen eine Moorbeeterde. Das ist eine lockere, wasserdurchlässige Erde, die überwiegend aus Torf oder Laub besteht. Da Azaleen stark wurzeln, sollten Sie den Ballen mit einer Gabel oder Wurzelkralle ringsherum auflockern, damit die Wurzeln wieder Luft und nach dem Umtopfen guten Kontakt mit der neuen Erde bekommen.

Temperatur: Während der Blütezeit sollte die Wohnraumtemperatur nicht über 18 °C betragen, danach Verblühtes zurückschneiden und die Azalee in einen kühlen Raum stellen. Nach den Eisheiligen wird die Topf-Azalee am besten im Garten unter einem Baum in die Erde eingeschlagen. Erst kurz vor dem Frost, wenn Blütenansätze bereits vorhanden sind, dürfen die Pflanzen wieder ins Haus. Sie brauchen zunächst eine kühle Ruhepause von 4 - 8 Wochen bei etwa 10 °C, danach werden sie allmählich an die Zimmertemperatur gewöhnt.

Wachstumszeit: In der Blühpause von April bis September muß die Azalee regelmäßig gegossen und gedüngt werden.

Blütezeit: Die Saison reicht von September bis April. Azaleen können bei entsprechender Pflege viele Jahre hindurch aufs neue erfreuen. Im Laufe der Zeit wird aus der kleinen Pflanze ein stattlicher Busch. Da Azaleen sehr schnittverträglich sind, können Sie die Pflanze als Hochstamm ziehen oder zu einer Pyramide gestalten.

Krankheiten und Schädlinge: Der gefräßige Dickmaulrüßler ist der gefürchtetste Schädling. Er nagt die unteren Teile des Azaleenstammes an. Die Pflanzen welken zunächst und gehen nach geraumer Zeit ein. Die etwa 1 cm großen, grauen Rüsselkäfer leben tagsüber im verborgenen zwischen Erde und Wurzeln der Pflanze. Der lichtscheue Käfer tritt nur nachts in Erscheinung, um in die Blätter halbmondförmige Buchtungen zu fressen. Der Käfer ist nur schwer zu finden und zu bekämpfen. Wenn Sie Ihre Pflanze retten wollen, hilft nur das Absammeln, indem Sie nachts den Käfer fangen. Tagsüber sollten Sie die Wurzeln freilegen und gründlich mit Wasser abspülen, damit Sie aller Larven habhaft werden.

Nur noch selten tritt die Ohrläppchen-Krankheit auf. Sie macht sich durch fleischig verdickte Blätter und Blüten bemerkbar, die sich meist gelblich oder rötlich färben. Es handelt sich hierbei um eine pilzliche Erkrankung (*Exobasidium*). Die befallenen Blüten und Blätter müssen abgeschnitten und bei starkem Befall muß die Pflanze selbst vernichtet werden.

Spinnmilben: Fleckige Blattaufhellungen und Blattfall sind ein Zeichen für Spinnmilben. Zu deren Bekämpfung wird die Pflanze gut abgeduscht. Die Milben saugen den Zellsaft der Blätter aus und vernichten damit das Blattgrün. Selbst Knospen und Blüten fallen den Milben zum Opfer. Bemerkbar machen sich Spinnmilben durch feine Gespinste in den Blattachseln und an der Unterseite der Blätter. Oft hilft schon ein tägliches Besprühen der Pflanze mit Wasser. Eine weitere Möglichkeit ist, die erkrankte Pflanze kräftig zu gießen und einige Tage mit einem Folienbeutel zu umhüllen. Spinnmilben hassen dieses feuchte Kleinklima.

Merk-Ecke

Während der Blütezeit Abgeblühtes stets entfernen und die sich neben der Blüte bildenden Langtriebe zurückschneiden. Alle 2 Jahre müssen die Pflanzen nach der Blüte umgetopft werden. Nach dem Austopfen sollte der Ballen mit einer Gabel ringsherum aufgerissen und die Wurzelspitzen sollten nachgeschnitten werden, damit sie guten Kontakt zu dem neuen Boden bekommen. Auf alle Fälle ein torfhaltiges Spezial-Substrat für Azaleen zum Umtopfen verwenden.

Vermehrung durch Absenker: Am einfachsten ist die Vermehrung durch Absenker. Stecklinge können bei 20 °C Bodentemperatur bewurzelt werden. Allerdings ist die Vermehrung von Azaleen über Stecklinge mehr für den Profi gedacht.

Flammendes Käthchen (*Kalanchoe blossfeldiana*), Dickblattgewächs (*Crassulaceae*). In Madagaskar ist die prachtvolle sukkulente Blütenpflanze beheimatet. Ursprünglich wurde sie nur mit feuerroten Blüten angeboten. Inzwischen gibt es das Flammende Käthchen auch mit weißen, rosa, roten, gelben und orangefarbenen Blüten. Das Dickblattgewächs ist von robuster Natur. Seine gezackten Blätter bleiben nur dann saftig und fest, wenn die Pflanze mit Sorgfalt und Überlegung gegossen wird.

Mein Tip

Kaufen Sie nur voll erblühte Pflanzen, denn Knospen öffnen sich im Zimmer meist nicht. Aufgeblühte Pflanzen treiben dagegen laufend neue Blütenstiele nach.

Standort: Er muß hell, sonnig und luftig sein; gegen ein sonniges Südfenster ist nichts einzuwenden. Aber zur Vermeidung von Überhitzung muß der Standort luftig sein.

Gießen: In der Blütezeit sollte ein- bis zweimal in der Woche, in der Ruhephase nur sparsam gegossen werden.

Düngen: Empfehlenswert ist von März bis August alle zwei Wochen ein Blumendünger.

Temperatur: Das Flammende Käthchen verträgt zwar die übliche Raumtemperatur von 20 bis 25 °C, aber je wärmer die Pflanze steht, desto unscheinbarer werden die Blüten. Ideal sind im Winter mindestens 15 °C. So blüht die schöne Pflanze von Januar bis Juni/Juli.

Merk-Ecke

Wie das Flammende Käthchen immer wieder Blüten treibt!
Es beginnt damit, daß Verblühtes mit dem Stiel abgeschnitten wird. Nun sieht die Pflanze zwar nicht mehr attraktiv aus, aber zum Wegwerfen ist sie zu schade. Das gerupfte Aussehen braucht Sie schon deshalb nicht zu stören, weil das Flammende Käthchen für die nächsten 6 - 8 Wochen einen Karton übergestülpt bekommt. Eine Dunkelphase von täglich 14 Stunden ist Voraussetzung für die Blütenbildung. In dieser Zeit muß es absolut dunkel sein. Selbst das Licht des Fernsehers ist schon zuviel des Guten. Ein dunkler Keller? Nur dann, wenn über 14 Stunden in dem Raum kein Licht angemacht wird, denn schon der geringste Lichteinfall wirkt sich negativ auf die erneute Blütenbildung aus. Bei dem Flammenden Käthchen handelt es sich um eine Kurztagspflanze. Ohne den Trick der vorgegaukelten langen Nacht bleibt diese *Kalanchoe* eine Wegwerfpflanze.

Kamelie (*Camellia sinensis*), Teestrauch (*Theaceae*). Dieses Teegewächs aus den ostasiatischen Gebirgswäldern ist eine Pflanze für Kenner, für Zimmergärtner, die das Besondere lieben.

Die Kamelie braucht hohe Luftfeuchtigkeit. Solange sie im Freien stehen kann, ist das kein Problem, aber wenn sie im Oktober oder November, spätestens

Kamelie, *Camellia japonica*

aber Anfang Dezember, ins Haus geholt werden muß, wird die Sache problematisch. Lufttrokkene Räume verkraften Kamelien nicht. Kaum eine Pflanze reagiert so empfindlich auf abrupte Veränderungen wie die Kamelie. Sie verträgt keinen plötzlichen Wechsel von Dürre zur Nässe, von Lufttrockenheit zur Luftfeuchte, von Wärme zur Kälte, sie mag kein Drehen des Pflanzgefäßes und keine Zugluft.

Standort: Hell, aber nicht zu sonnig. In Weinanbaugebieten kann die Pflanze bei absonnigem Standort und entsprechendem Winterschutz mittels Rohrmatten im Freien überwintert werden. Ein lichtes, kühles Treppenhaus, die Veranda und der Wintergarten sind ideale Standorte für Kamelien. Die Pflanze möchte luftig, kühl und hell bei 6 - 16 °C stehen. Nur während der Zeit der Blüte dürfen Kamelien ins warme Wohnzimmer gestellt werden, und hier sollte die Temperatur nicht höher als 20 °C sein.

Gießen: Gegossen wird möglichst mit kalkfreiem Wasser. Das Wasser kann mit Hilfe von Tabletten oder durch ein mit Torf gefülltem Mullsäckchen, das Sie 24 Stunden ins Wasser hängen (50 g Torf auf 10 l Wasser) entkalkt werden. Während der Blütezeit reichlich, nach der Blütezeit nur mäßig feucht halten, aber für eine hohe Luftfeuchtigkeit sorgen. Während der Blütezeit darf die Pflanze nicht mit Wasser besprüht werden, sonst bekommt sie fleckige Blüten. Um der Pflanze die erforderliche Luftfeuchtigkeit zu geben, haben sich Fenstergitterschalen mit Wasserreservoir bewährt. Je nach Größe des Pflanzgefäßes finden 2 - 3 Pflanzen darauf Platz. Im Winter, wenn die Pflanze Knospen ansetzt, muß sie täglich zusätzlich besprüht werden.

Düngen: Zur Knospenbildung und während der Blüte reichlich mit kalkfreiem Nährsalz bzw. mit einem schwach konzentrierten Volldünger düngen.

Mein Tip

Das Teegewächs dünge ich zusätzlich mit Teeaufgußblättern, meine Kamelie dankt es mir mit mehr und größeren Blüten.

Temperatur: Wenn Sie die kuschelige Wärme der zentralgeheizten Wohnung lieben, sollten Sie auf Kamelien wirklich verzichten! Das Teegewächs liebt kühl-feuchte Luft im Winterhalbjahr und heiß-trockene Wärme im Sommer. An seinem natürlichen Standort in Ostasien, d.h. in Assam, Burma und den Bergwäldern Chinas ist der Teestrauch nämlich daran gewöhnt, daß die Witterung im Winter feucht und kühl ist. Die Sommer dagegen sind dort heiß und trocken.

Mein Tip

Dieser letzte Satz steht in vielen Büchern und hat natürlich seine Berechtigung. Was wenige wissen ist, daß Kamelien einer Überwinterung im Freien weit besser gewachsen sind, wenn sie gleich nach den Eisheiligen an einem geschützten, nicht zu sonnigen Platz ausgepflanzt werden. Das Pflanzloch sollte großzügig mit Torf verbessert werden. Vor Wintereinbruch erhält die ausgepflanzte Kamelie einen zusätzlichen Frostschutz. Die Erdoberfläche wird rings um die Wurzeln dick mit Torf abgedeckt. Darauf kommt noch eine Laubschicht, und in frostgefährdeten Gegenden kann zusätzlich noch eine Rohrmatte pyramidenförmig um die Kamelie gestellt werden.

Wachstumszeit: Von April bis Oktober kann sie an einem halbschattigen Platz im Freien oder auch im Balkonkasten neben Azaleen eingepflanzt werden.

Merk-Ecke

Kamelien vertragen ein Umstellen im Zimmer nicht. Jedes Verrücken der Pflanze führt unweigerlich zu Knospenfall. In diesem Zusammenhang möchte ich Margot Schubert zitieren. Die Pflanzenexpertin der 70er Jahre hat die Wünsche der Kamelie wie folgt zusammengefaßt: „Es gibt nur ein Grundrezept für die richtige Pflege: Gleichmäßigkeit in allen Dingen.“

Usambaraveilchen (*Saintpaulia ionantha*), Gesneriengewächs (*Gesneriaceae*) 1882 wurde im ostafrikanischen Usambara dieses bescheidene, hübsche Gesneriengewächs entdeckt. Heute hat das anmutige Usambaraveilchen weltweit die Herzen der Pflanzenliebhaber erobert. Kein Wunder, denn ob Mini oder Maxi, das Usambaraveilchen, auch *Saintpaulia* genannt, blüht zu jeder Jahreszeit. Es ist eine außerordentlich robuste Blütenpflanze, auf der Beliebtheitsskala rangiert es deshalb auch an zweiter Stelle. Am bekanntesten sind die blau blühenden Sorten mit leuchtendgelben Staubgefäßen. Es gibt aber auch weißblütige Usambaraveilchen mit rosa farbener Mitte oder rosafarbene mit einfacher bzw. halbgefüllter Blüte.
Beim Kauf ist auf starken Knospenansatz und kräftiges Laub zu achten. In der Regel ist mit einer Blühdauer von zwei Monaten zu rechnen.

Usambaraveilchen, *Saintpaulia ionantha* 'Big Star'

Gießen: Übereifriges Gießen ist für das Usambaraveilchen tödlich. Zunächst schwindet der Blütensegen, die Knospen faulen, und schließlich hängen selbst die dunkelgrünen Blätter schlaff herunter. Je weniger gegossen wird, desto mehr Blüten treibt die Pflanze.

Merk-Ecke

Vor jedem Gießen sollte die Erdoberfläche völlig trocken sein.
Wichtig ist auch, daß Sie mit zimmerwarmem, kalkfreiem Wasser gießen. Usambaraveilchen lieben hohe Luftfeuchtigkeit. In zentralgeheizten Räumen hat es sich bewährt, die Pflanzen auf Fensterschalen oder Kieselsteine zu setzen. Gut geeignet sind einfache, längliche Schalen mit aufliegendem Gitter bzw. Gefäße mit Tongranulat. Wenn das Wasser bis zur Hälfte der Höhe des Gitters oder Tongranulats reicht, ist die Luftfeuchtigkeit für die Pflanzen ausreichend. Ein direktes Besprühen der Pflanze ist nicht angebracht, da es zu Blattflecken führt.

Düngen:
Während der Blütezeit ist die Pflanze einmal wöchentlich zu düngen.

Mein Tip

Alle 6 Monate gebe ich meinem Usambaraveilchen eine Antibabypille. Die Pflanze dankt es mir mit einem ununterbrochenen Blütenreigen.

Standort: Die Pflanze sollte hell, aber nicht voll sonnig stehen und die Temperatur zwischen 20 °C und 22 °C, nicht unter 18 °C liegen.

Mein Tip

Eine Tischdekoration mit Usambaraveilchen wirkt festlich und ist außerordentlich haltbar. Ich verwende dazu Pokalgläser, die ich mit zerknautschtem Zellophanpapier auskleide. Vorzugsweise verwende ich zu diesem Zweck weiße Usambaraveilchen, die nach dem Austopfen ringsherum mit etwas Moos umwickelt werden. So vorbereitet, stelle ich die Pflanze in den Rotweinpokal und stecke das Ganze mit weißem Schleierkraut aus. Anstelle von Schleierkraut können Sie auch weißgrüne Efeuranken oder Zweige des Spindelstrauchs (*Euonymus*) nehmen.

Vermehrung: Ab April lassen sich Usambaraveilchen aus Blattstecklingen vermehren. Dazu wird mit einem scharfen Messer ein Blatt aus der Rosette entfernt, der Stiel etwas eingekürzt und die Schnittfläche mit Bewurzelungshormon bestäubt und in Torf-Sand-Gemisch gesteckt. Wenn Sie sich für die Vermehrung in Erdsubstrat entscheiden, sollten Sie 4 - 5 Blätter leicht schräg in ungedüngte Anzuchterde stecken. Auch im Wasser zieht das Usambarablatt Wurzeln.

Mein Tip

Ein einfaches Trink- oder Marmeladenglas wird zu 3/4 mit Wasser gefüllt, 2 kleine Holzkohlestückchen (aus der Grilltüte) werden zur Desinfektion dazugegeben, und das

Glas wird mit Zellophan bespannt. Um den Usambarastielen Halt zu verleihen, werden 2 oder 3 Löcher in die Zellophanhaut gestochen. Beim Einstecken der Stiele ist darauf zu achten, daß diese nur etwa 1 cm in das Wasser tauchen. 4 - 8 Wochen später zeigen sich bereits die ersten Wurzeln.

Züchtung oder Naturform: Usambaraveilchen im Miniformat gibt es nicht nur in Blau, sondern auch in vielen anderen Farben. Diese Minis sind ein dekorativer, haltbarer Tischschmuck. Besonders apart wirkt eine Ton-in-Ton-Gestaltung mit mehreren Pflanzen in einer Glasschale, die anschließend mit Moos oder Zierkieselsteinen ausgelegt wird.

Weihnachtsstern (*Euphorbia pulcherrima*), Wolfsmilchgewächs (*Euphorbiaceae*). Nach wie vor zählen die Weihnachtssterne zu den Favoriten der Zimmerpflanzen. In ihrer mexikanischen Heimat wachsen sie zu 2 - 3 m hohen Sträuchern heran. Auch bei uns werden nicht nur kleine, eintriebige Weihnachtssterne angeboten, sondern auch mehrtriebige und neuerdings gibt es sie sogar als Hochstamm. Selbst in Rosa, Weiß oder zartgemustert in neuem Format mit auffällig großen Blüten sind sie zu haben. Da die vermeintlichen Blüten in Wirklichkeit Hochblätter (Brakteen) sind und die unscheinbaren Blüten des Weihnachtssternes meist als Staubgefäße angesehen werden, rate ich Ihnen, die Pflanze vor dem Kauf näher unter die Lupe zu nehmen. Der Zustand dieser unauffälligen Blüten ist nämlich ein untrüglicher Hinweis auf die Qualität der Pflanze. Sind die Blüten bereits abgeblüht oder abgefallen, dann heißt es: Finger weg, die Pracht ist bald vorüber.

Weihnachtsstern *Euphorbia pulcherrima* 'Angelika'

Standort: Fernab vom Heizkörper und der direkten Sonne, dennoch hell, bei feuchter Luft und gleichmäßiger Wärme - so gehegt, blüht der Weihnachtsstern unermüdlich, ob nun eintriebig, mehrtriebig oder auch als Hochstamm.

Gießen: Der Weihnachtsstern wird vor der Blüte von Mai bis Oktober reichlich gegossen, danach kann er durchaus eine kurze Trockenperiode ertragen. Gegossen wird stets mit mäßig lauwarmem Wasser. Das Übersprühen der Pflanze empfiehlt sich erst nach der Blüte. Eine zu geringe

Luftfeuchtigkeit kann den Befall von Spinnmilben und der roten Spinne zur Folge haben.

Düngen: Sie sollten ihn vor der Blütezeit wöchentlich mit etwas Flüssigdünger düngen.

Temperatur: Am besten gedeiht die Pflanze bei einer Raumtemperatur von 18 - 20 °C. Temperaturen um 15 °C sind noch vertretbar. Bei zu dunklem Standort und in lufttrocknen Räumen entblättert sich die Pflanze täglich, und dann ist die Pracht schnell dahin. Im April/Mai allerdings ist das Fallen der Blätter ganz natürlich.

Merk-Ecke

Der Weihnachtsstern ist robust und pflegeleicht, verträgt aber keine Zugluft.

Wie der Weihnachtsstern ein zweites Mal blüht: Spätestens im Mai wird die Pflanze bis auf 10 cm zurückgeschnitten. Der dabei austretende Milchsaft kann mit der Kerzenflamme oder durch Bestäuben mit Holzkohle zum Stillstand gebracht werden. Da der milchige Saft giftig ist, darf er nicht in Wunden oder ins Auge gelangen. Bei empfindlicher Haut kann es zu Reizungen kommen. Es empfiehlt sich, Handschuhe anzuziehen. Durch den Rückschnitt wird die Pflanze zum neuen Treiben angeregt. Die Neutriebe werden, sobald sie 10 cm hoch sind, nochmals um die Hälfte gekürzt. Dadurch erhält der Weihnachtsstern eine größere Krone.

Vermehrung: Jetzt können Sie Jungpflanzen aus den Triebspitzen ziehen. Nach dem Schneiden muß der Steckling für einige Minuten in lauwarmes Wasser getaucht werden, bis kein Milchsaft mehr austritt. Anschließend wird die Schnittfläche mit einem Wurzelhormon behandelt und die Stecklinge in den Anzuchtskasten in Erdsubstanz gesteckt. Die Stecklinge brauchen jetzt gespannte Luft und eine gleichbleibende Bodentemperatur um 25 °C (evtl. Heizkissen unter die Anzuchtschale legen oder die praktische Thermolux-Wärmeunterlage, die es im Kleinformat von 17 x 17 cm oder größer 25 x 35 cm im Handel zu kaufen gibt). Die Stecklingsvermehrung der wärmebedürftigen Weihnachtssterne gelingt nur, wenn Sie für Wachstumswärme von unten und gespannte Luft sorgen. Dazu wird über die Anzuchtschale eine Klarsichtfolie gezogen. So geschützt, bewurzeln sich die Triebspitzen innerhalb von 2 Wochen. Im Juli wird umgetopft und die Pflanze ins Freie an einen schattigen Platz gestellt. Zwei Wochen nach dem Umtopfen müssen Sie mit dem Düngen beginnen. Während der Sommermonate bildet die Pflanze nur grüne Blätter. Diese Blätter bilden später den attraktiven roten Weihnachtsstern. Dazu brauchen die Hochblätter allerdings ab September/Oktober eine absolute Dunkelphase von 12 - 14 Stunden pro Tag, und das über 4 - 6 Wochen.

Umtopfen: Im Juli sollten die Jungpflanzen umgetopft werden, und sofern die Möglichkeit besteht, einen schattigen Platz im Garten bekommen. Weinachtsstern und Flammendes Käthchen sind Kurztagspflanzen, die die lange Nacht zur erneuten Blütenbildung brauchen. Diese Dunkelphase wird dem Weihnachtsstern vorgetäuscht, indem er für 14 Stunden eine schwarze Folienhaube oder einen Schuhkarton übergestülpt bekommt. Er verträgt während dieser Dunkelphase weder die abendliche Zimmerbeleuchtung, noch das Licht des Fernsehgerätes. Selbst Straßenlaternen können die Knospenbildung beeinträchtigen.

PFLANZEN AM ARBEITSPLATZ

Viele Millionen Arbeitnehmer gehen jeden Morgen ins Büro und verbringen dort etwa 40 Stunden pro Woche. Erwartet wird von ihnen ein verantwortungsbewußtes, zum Teil auch kreatives Handeln. Das ist nur möglich, wenn das Umfeld stimmt.
Die Praxis: Nüchterne Büro-Atmosphäre, Aktenberge - fürwahr kein angenehmes Arbeitsklima.

„Grünes" Großraumbüro

Pflanzen schaffen Atmosphäre

Lebendes Grün kann den tristen Arbeitsalltag freundlicher gestalten, vorausgesetzt, die Pflanzen werden regelmäßig gepflegt und fristen nicht wie oft üblich schon nach kurzer Zeit ein trauriges Dasein. Das Kernproblem der Pflege von Pflanzen im Büro ist die Wasserversorgung. Von Montag bis Freitag stellt sich das Problem weniger, aber schon ein zu heißes oder zu kaltes Wochenende kann das vorzeitige Ende der Pflanzen bedeuten. Es muß daher eine kontinuierliche Versorgung der Pflanzen mit Wasser und Nährstoffen gewährleistet sein.

Wasserversorgung von Pflanzen im Büro

Wasserspeichernde Pflanzen: Dazu zählen Kakteen bzw. sukkulente Pflanzen. Wenn Sie sich auf die robuste Pflanzengruppe der sukkulenten Gewächse be-

Sukkulenten

schränken, ist die Wasserversorgung kein Problem. Im Sommer wird in der Regel wöchentlich, im Winter je nach Standort alle 14 Tage bis zu drei Wochen gegossen. Vorsicht! Staunässe und Gießen von oben verkraften die sonst so robusten Gewächse nicht. Sukkulente Gewächse kommen zwei Monate und länger ohne einen Tropfen Wasser aus, wirken dann allerdings recht ausgemergelt, da das Saftvolumen in den Blättern schwindet.

Merk-Ecke

Zum Umtopfen von Kakteen brauchen Sie spezielle Kakteenerde, d. h. ein durchlässiges Substrat, das Sie auch aus 50% Sand und 50% Blumenerde selbst mischen können.

Langzeitbewässerung: Der Markt bietet hierfür mehrere Möglichkeiten an:
Riviera-System: Es handelt sich hierbei um Gefäße mit einem Zwischenboden, die sich in Größe und Form voneinander unterscheiden. Alle Gefäße dieses Systems bestehen aus zwei Teilen, dem Kunststofftopf und einem Gitterrost-Zwischenboden. Dieser herausnehmbare Gitterrosteinsatz ist mit einer unverrottbaren Kunststoffgaze überzogen.
Das Endstück der Gaze hängt lappig in den Wasserspeicher und zieht das Wasser bis zum Wurzelballen der Pflanze hoch. Zu jeder Jahreszeit können die Pflanzen auf das Riviera-Langzeitbewässerungssystem umgestellt werden. Die ausgetopfte Pflanze wird auf eine 3 cm hohe Erdschicht gestellt. Anschließend wird das Gefäß mit Erde aufgefüllt. Die Erde muß angedrückt und der Wasserspeicher aufgefüllt werden. Allerdings darf nur bis zu 2/3 des Sichtfensters mit Wasser aufgefüllt werden, sonst könnte es zur Überschwemmung kommen; überschüssiges Wasser fließt über einen Wasserüberlauf ab. So mit Wasser versorgt, überstehen die Pflanzen durchaus ein verlängertes Wochenende.
Hydrokultur: Eine bewährte Lösung des Bewässerungsproblems bietet die Hydrokultur. Wörtlich übersetzt heißt Hydrokultur „Wasserkultur". Trotzdem ist das eine unzureichende Beschreibung, weil mit einem Wort das System der Hydrokultur nicht erklärt werden kann. Es geht hierbei um die Pflanzenhaltung ohne Erde. Bei der Hydrokultur wird die Erde durch Kügelchen aus Blähton, dem Tongranulat ersetzt. Die Pflan-

Pflanzen in Hydrokultur.

zenwurzeln müssen festen Halt finden und genügend Luft bekommen. Dieses gebrannte Tongranulat ist in 2 - 16 mm großen Tonkügelchen unter der Bezeichnung Lecaton im Handel erhältlich. Das Tongranulat ist für viele Pflanzenfreunde das typische Zeichen der Hydrokultur. Gegenüber der Erde besitzt das natürliche, poröse Material viele Vorteile: Tongranulat ist sauber, pH-neutral und salzlos. Das sind die besten Voraussetzungen für ein gesundes Wachstum ohne Bodenschädlinge.

Bekanntlich gehen die meisten Erdpflanzen deshalb ein, weil sie übermäßig gegossen werden. Offensichtlich macht nicht nur Berufstätigen, sondern auch vielen Zimmergärtnern das Gießen mit Fingerspitzengefühl Schwierigkeiten, ein Großteil der Pflanzen wird viel zuviel gegossen. Das Gießen nach Gutdünken ist gefährlich. Oft ist der viel zu klein gewählte Übertopf Schuld an allem Übel. Erst wenn der Topf bereits überläuft, wird bemerkt, daß die Pflanze im Wasser steht. Dann aber kommt Hilfe meist zu spät.

Merk-Ecke

Das Erscheinungsbild einer ertränkten ist dem einer vertrockneten Pflanze ähnlich. Bei beiden hängen die Blätter schlapp herab. Ein Zuviel oder Zuwenig ist bei der Hydrokultur ausgeschlossen, wenn Sie sich nach den Angaben, die auf dem Wasserstandsanzeiger deutlich sichtbar aufgedruckt sind, richten.

Der Wasserstandsanzeiger hat 3 Markierungen: „Minimum“ (= min.), „Optimum“ (= opt.), „Maximum“ (= max.). Er zeigt bereits kleine Veränderungen des Wasservorrates genau an. Er reagiert auch bei niedrigem Wasserstand, der Pegel steht dann auf „Minimum“. Selbst wenn der Wasserstand bis zum Wasserkontrollpunkt „Minimum“ abgesunken ist, sollten Sie noch nicht sofort zur Kanne greifen.

Gegossen wird grundsätzlich bis zur Markierung „Optimum“. Ausnahmen bestätigen wie immer die Regel. Es gibt ausgesprochen durstige Pflanzen. Dazu zählen z. B. Zyperngras und *Hibiscus*. Diese Säufer unter den Pflanzen können ohne Bedenken ständig bis zur Markierung „Maximum“ gegossen werden. Ein vorübergehender Wasseranstau bis zur Marke „Maximum“ ist bei längerer Abwesenheit oder im Urlaub, z. B. verlängertes Wochenende, möglich, ohne daß die Pflanzen Schaden nehmen. Das gleiche gilt für die heiße Sommerzeit.

Kakteen und Orchideen kommen hingegen mit weniger Wasser aus. Es empfiehlt sich hier also, den Wasserstand immer nur bis zur Markierung „Optimum“ oder „Minimum“ aufzufüllen.

Merk-Ecke

Selbst wenn die Marke „Minimum“ erreicht ist, schadet es der Pflanze nicht, wenn noch 1-2 Tage mit dem Gießen gewartet wird. Das Gegenteil ist der Fall, hierdurch wird die Bildung neuer Wurzeln angeregt. Grundsätzlich sollte der gesamte Wasservorrat im Hydrokulturgefäß nach 10 - 12 Tagen von der Pflanze aufgebraucht sein. Durch den wechselnden Wasserstand wird die regelmäßige Versorgung der Pflanzenwurzeln mit Luft und Sauerstoff gewährleistet.

Eine Frage, die immer wieder bei Hydrokulturpflanzen gestellt wird: Wie oft und wieviel muß gegossen werden? Eine allgemeingültige Antwort gibt es darauf nicht. Der Wasserbedarf einer Pflanze hängt von mehreren Faktoren ab: Raumtemperatur, Jahreszeit, Pflanzengröße ,-art und Lichtverhältnisse am Standort. Das richtige Gießmaß herauszufinden, ist bei Hydrokultur einfach, dafür gibt es den Wasserstandsanzeiger.

Mein Tip

Gewöhnen Sie sich an, Hydrokulturpflanzen das ganze Jahr über mit temperiertem Leitungswasser (18 - 20 °C) zu gießen.

„Kalte Füße“ verkraften Hydrokulturpflanzen ebensowenig wie andere Pflanzen. Alle reagieren auf den Kälteschock verschnupft. Dabei ist es so einfach, gleich nach dem Gießvorgang das nächste Wasser abzufüllen, so daß stets zimmertemperiertes Gießwasser zur Verfügung steht.
Die lebensnotwendigen Nährstoffe müssen der Hydrokulturpflanze zugeleitet werden. Ideal gelöst wird die Düngung durch eine praktische Nährstoffbatterie, die in die Aussparung am Boden des Kulturtopfes eingesetzt wird. Der Spezialdünger - Stickstoff, Kalium, Phosphor und verschiedene Spurenelemente - wird der Pflanze über das Wasser zugeführt. Eine Überdüngung ist ausgeschlossen, da die Pflanze den Nährstoffzufluß selbst steuern kann.

Gefäßauswahl

Über welchen Zeitraum kann eine Pflanze mit Wasser versorgt werden? Das hängt in erster Linie davon ab, wieviel Wasser das einzelne Gefäß aufnimmt.
200 ml gehen in einen Topf mit 11 cm Durchmesser, das entspricht etwa der Menge eines Wasserglases. Hierbei ist eine Wasserversorgung für 1 - 3 Tage gewährleistet.
Der 15-cm-Topf faßt etwa 1/2 l Wasser, das reicht je nach Pflanzenart und -größe für 2 - 5 Tage. Etwa 2 l Wasser passen in das 30 x 12 cm große, runde Gefäß.
Ein Bodengefäß mit dem Durchmesser von 50 cm kann einen Wasservorrat von 12 Litern speichern, das ist mehr als 1 Eimer Wasser. Hinsichtlich der Bewässerung können darin wachsende Pflanzen eine dreiwöchige Abwesenheit gut verkraften.

Hydrokulturgefäße

Merk-Ecke

Für die Bürobegrünung sind Bodengefäße Einzeltöpfen vorzuziehen.
Großgefäße können nicht nur erheblich mehr Wasser speichern, sie sind auch nach Form, Anordnungs- und Bepflanzungsweise dekorativer zu gestalten. Es gibt sogar stapelbare Gefäße, die sich als Raumteiler in Büroräumen großer Beliebtheit erfreuen.

Was gibt´s Neues?

Eine Besonderheit für den gehobenen Anspruch sind durchsichtige Acrylgefäße. Sie haben zwei transparente Einsätze, so daß man die Randzone dekorativ gestalten kann. Man kann sie z. B. mit verschiedenen Materialien wie Marmor, Kieselsteinen, buntem Sand oder Muscheln füllen.

Hydrokultur ist nicht nur pflegeleicht, sondern verbessert auch das Raumklima. Durch die große Verdunstungsfläche der Gefäße wird die Luftfeuchtigkeit angehoben. Eine weitere Steigerung kann durch Sprudelsteine erzielt werden, die in Gefäße ab 30 cm Durchmesser eingesetzt werden können. Diese Sprudelsteine sehen nicht nur ansprechend aus, sondern wirken durch das sanfte Plätschern des Wassers bei Arbeitsstreß auch beruhigend auf das Gemüt.

Was gibt´s Neues?

Mit Hydrokulturgefäßen können Sie Ihre Büroräume z.B. mit Bananenstauden begrünen, weil sie mit Hydrokultur ein geringeres Gefäßvolumen brauchen

Problem Luftfeuchtigkeit

Durch intensive Raumbegrünung wird die Luftfeuchtigkeit erhöht, was sich vor allem in den trockenen Heizmonaten positiv auswirkt.

Merk-Ecke

Pflanzen brauchen neben der optimalen Versorgung mit Wasser und Nährstoffen auch genügend Licht, denn ohne Licht kein Wachstum. Die Lichtmenge richtet sich nach der Pflanzenart. Blütenpflanzen brauchen in der Regel mehr Licht als Blattpflanzen und hierbei buntblättrige wieder mehr als reine Grünpflanzen. (Siehe dazu auch Kapitel „Wohnen mit Pflanzen"). Wenn das Tageslicht nicht reicht, können spezielle Pflanzenleuchten, die über eine Zeitschaltuhr gesteuert werden, zusätzliches Licht schaffen.

Viele Pflanzen in großen Gefäßen sind Raumgestalter.

Symbiose Mensch und Pflanze

Hydrokulturpflanzen entgiften Wohnräume! Wer kennt sie nicht, die typischen Bürosyndrome, wie Ermüdungserscheinungen, Kopfschmerzen, Husten, Brennen in Nase und Kehle? In der Regel sind sie ein Hinweis auf schadstoffhaltige Luft. Raumluftanalysen des Bundesgesundheitsamtes bestätigen dies. Die Luft, in der und von der wir leben, ist schon lange nicht mehr sauber. Alarmierend nimmt nun auch der Schadstoffgehalt der Raumluft zu. Schlagzeilen über Schließung von Kindergärten, Schulen und sonstigen öffentlichen Gebäuden sind an der Tagesordnung. Ursache hierfür sind gesundheitsschädigende Luftverunreinigungen durch flüchtige, nichtorganische Substanzen, wie Formaldehyd, Benzol und Kohlenmonoxyd, die in Baustoffen wie Span- und Preßfaserplatten, PVC-Belägen, Fußbodenklebern, Lösungsmitteln, Holzschutzmitteln usw. enthalten sein können. Pflanzen können eine „natürliche Medizin" gegen diese Luftverschmutzung sein. Das Problem ist nur, daß dann in einem 25 m^2 großen Raum etwa 15 große Blattpflanzen stehen müßten.

Was gibt´s Neues?

Neu auf dem Markt ist ein Bio Air Clean Filter, der die Pflanze beim Abbau der Schadstoffe unterstützt. Das Besondere an diesem Kohle-Aktivfilter ist, daß er nicht mehr ausgetauscht werden muß, denn der Filter wird

durch die Pflanze regeneriert.
Und so funktioniert das System: Durch den Filter wird die verunreinigte Luft angesogen und an die Wurzeln der Hydrokulturpflanze geleitet. Hier werden mit Hilfe von Mikroorganismen schädliche Chemikalien, wie Formaldehyd, Benzol, Kohlenmonoxyd usw. so zersetzt, daß sie, gebunden durch das Filtersystem, von den Pflanzenwurzeln als Nahrung aufgenommen werden. Auf diese Weise wird das Filtersystem ständig gesäubert und bleibt immer aktiv. Eine Pflanze reicht in Verbindung mit dem Bio Air Clean Filter aus, um die Raumluft eines 25 m² großen Raumes mit Zimmerpflanzen biologisch zu entgiften. Mit diesem System wird z.B. die Luft eines 20 m² großen Raumes bis zu zweimal stündlich gefiltert und so von Gerüchen und Schadstoffen befreit.

Merk-Ecke

Raumluft kann durch ein biologisch aktives Filtersystem auf Pflanzenbasis entgiftet werden. Forschungen der NASA-Weltraumbehörde haben zu dem Ergebnis geführt, daß Zimmerpflanzen, und hier vor allem Grünpflanzen in Hydrokultur, wie z. B. Strahlenaralie, Drachenlilie, Grünlilie, Philodendron, Efeutute, Kolbenfaden, *Tradescantia*, Bogenhanf, Chrysantheme, aber auch Einblatt und Gerbera, einen entscheidenden Beitrag zur Reinigung und Revitalisierung der Innenraumluft leisten.

Kolbenfaden und Sansevieria reinigen die Innenraumluft.

Resümee

Pflanzen im Büro gestalten das Umfeld freundlicher und verbreiten eine angenehme Atmosphäre. Sie wirken sich gleichzeitig aber auch gesundheitsfördernd aus, weil sie auf biologischem Wege Luftverunreinigungen abbauen. Und natürlich ist die Arbeitsmotivation in einem mit Pflanzen gestalteten Büro besser.

Die Küche, auch ein ständiger Arbeitsplatz!

Für Berufstätige sind arbeitserleichternde Bewässerungssysteme auch in der Küche von unschätzbarem Wert. Bei Kurzurlauben und Dienstreisen braucht nachbarliche Hilfe nicht in Anspruch genommen zu werden.

Langzeitbewässerung mit System Beta 8 Mini: Diese technisch raffiniert ausgeklügelte Bewässerungsanlage aus dünnen Kunststoffschläuchen und Reglern zur Kontrolle der Wasserzufuhr wird Tüftler begeistern. Sie können damit Einzelpflanzen oder größere Kübel versorgen und vor allem fest eingebaute Blumenwannen. Wenn die Wasserzuleitungen richtig eingestellt sind, ist es möglich, durch diese zuverlässig arbeitende Methode verschiedene Pflanzen in beliebiger Größe für Tage, Wochen oder sogar Monate zu bewässern. Der Kopf des Reglers enthält den Einstellknopf für die Wasserzufuhr und einen Ventilschlauch. Aus dem einen Ende tropft das Wasser, wenn Sie in das andere Ende den zum Wasserspeicher führenden Schlauch eingeschoben haben. Das Kernstück des Reglers ist ein zylindrisches Stück Quellholz, das in feuchtem Zustand länger als in trockenem ist. Diesen Regler klemmen Sie mit der umgebogenen Einsteckspitze aus Kunststoff am unteren Ende des Quellholzes unter den Kulturtopf oder stecken ihn mit gerader Einsteckspitze von oben in den Wurzelballen. Sobald die Erde genügend Wasser aufgenommen hat, erreicht das Wasser das Quellholz. Dabei wird dieses länger und klemmt die Wasserzufuhr des Ventilschlauches ab. Wenn das überschüssige Wasser aufgebraucht ist und die Erde auszutrocknen beginnt, trocknet auch das Quellholz. Der Zylinder wird kürzer und gibt dabei den Wasserdurchfluß wieder frei. Dieses Spiel wiederholt sich dem Wasserbedarf der Pflanzen entsprechend so lange, wie der Wasserspeicher gefüllt ist. Wie bereits erwähnt, erlaubt das System, jede Pflanze mit einem eigenen Regler und speziell eingestellter Tropfgeschwindigkeit zu versorgen. Sie können aber auch mehrere Pflanzen zugleich mit nur einem Regler bewässern.

Und so wird's gemacht: Den Regler mindestens eine halbe Stunde in Wasser legen, da er im gequollenen Zustand montiert werden muß. Beliebig großen Wasserspeicher bereitstellen.

Vom Tropfschlauch wird ein Teilstück geschnitten, dessen Länge von der Pflanze bis auf den Boden des Wasserspeichers reicht.

Das Schlauchende im Wasserspeicher beschweren, z. B. mit einer Schraubenmutter, Wasserspeicher füllen.

Regler an den Tropfschlauch anschließen und Wasser ansaugen. Sobald Wasser kommt, Regler so unter den Kulturtopf klemmen, daß das Quellholz fast senkrecht steht und das freie Schlauchende in den Untersetzer zeigt.

Jetzt Einstellknopf am Regler nur so weit auf- oder zudrehen, daß gerade kein Wasser mehr tropft; anschließend Einstellknopf um 2 Skalenstriche weiter zudrehen. Tropfgeschwindigkeit längere Zeit beobachten. Durch Drehen des Einstellknopfes den Bedarf der Einzelpflanze entsprechend regulieren.

Wenn Sie mehrere Einzelpflanzen mit nur einem Regler für längere Zeit versorgen wollen, wird das System folgendermaßen angeordnet:

Sie verlängern das Tropfende des Schlauches am Regler mit einem Stück Schlauch, das dann als zusätzlicher Tropfer dient. Die Pflanzen setzen Sie mit ihrem Kulturtopf - aber ohne Übertopf - in eine Wanne, die 1 cm hoch mit Sand gefüllt ist. Sie können aber hierzu auch einen Holzrahmen basteln, den Sie mit Folie belegen und mit Sand füllen. Auf jeden Fall müssen Sie eine Ecke der Wanne oder Folie frei von Sand lassen. Der lange Tropfschlauch kommt in die Mitte der Wanne, wo er auf dem Sand liegt, und der Regler kommt in die freie Ecke. Den Wasserspeicher stellen Sie am besten 10-20 cm höher, als die Unterkante der Kulturtöpfe reicht. Im übrigen sollten Sie so wie bei der Versorgung des Einzeltopfes verfahren.

Merk-Ecke

Der Wasserspeicher kann bis zu 5 m höher stehen als die zu bewässernden Pflanzen, aber keinesfalls tiefer. Je höher der Speicher steht, und je kürzer der Zuleitungsschlauch ist, umso besser ist die Wasserversorgung. Im allgemeinen genügt die Anordnung auf gleicher Höhe. Regler, Wasserspeicher und Tonkulturtöpfe müssen Sie zweimal im Jahr reinigen.

Empfehlenswerte Küchenpflanzen für dieses Bewässerungssystem: Kräuter wie Schnittlauch, Petersilie, Majoran, Sauerampfer oder Zitronenmelisse stets frisch vom Küchenfenster zu ernten bringt Vorteile. Frisch geerntete Kräuter sind vitaminreicher und schmackhafter. Mit Erfolg sind Kräuter in der Küche über einen längeren Zeitraum nur in wasserspeichernden Gefäßen zu kultivieren.

Schnittlauch

Insektenschutz: Weitgehend unbekannt dürfte der Mottenkönig sein (*Plectranthus fruticosus*). Mit seinen starken Duftstoffen hält er Fliegen, Motten und Mücken von der Küche fern. Bekannter hingegen ist die Venusfliegenfalle (*Dionaea muscipula*), ein biologischer Fliegenfänger. Fliegen erhascht sie mit ihren rot gefärbten Klappfallen, die sich bei Berührung reflexartig schließen. Dabei überkreuzen sich die kräftigen Borsten der Blattränder wie Gitterstäbchen, und die Falle ist zu.

Ein eiweißlösliches Ferment verdaut sodann den Fang, von dem sich die Pflanze ernährt. Venus-Fliegenfallen brauchen viel Licht und frische Luft.

Besondere Hinweise:

Gießen: einmal wöchentlich mit Regen- oder destilliertem Wasser. Gedüngt werden braucht sie nicht, da sie sich durch Insekten selbst versorgt.

Ihre Ruhezeit ist von November bis März. Mit Beginn der Ruheperiode zieht die Pflanze langsam ihre Grünteile ein.

Schmuck- und Nutzpflanzen. In einer hellen Wohnküche können ganz nach Geschmack Pflanzen stehen, die nicht nur schön aussehen, sondern auch nützlich sind. Hier ein paar Anregungen: Orangenbäumchen oder Kumquat. Es blüht, duftet und fruchtet gleichzeitig. Die Miniorangen des Kumquat sind eßbar und für Cocktailgetränke geeignet.
Aloe barbadensis (in der Kosmetik noch als *Aloe vera* bezeichnet), die „Erste-Hilfe-Pflanze". Sie ist es, die aus Kleopatra die Verführerin machte und die zur Zeit die deutschen Märkte erobert. Die angebotenen Pflanzen kommen mit Gütesiegel aus Mexiko. Beim Kauf ist darauf zu achten, daß sie mindestens 30 cm groß und ihre Blätter prall gefüllt sind. Rein äußerlich zählt sie nicht zu den Schönsten, im Gegenteil, die dickfleischige Sukkulente wirkt geradezu bescheiden gegenüber den sonstigen Zimmerpflanzen. Es sind ihre inneren Werte, die sie so begehrenswert machen.

Venusfliegenfalle

Merk-Ecke

Vorsicht! Verwechseln Sie nicht die Agave mit der *Aloe*. Beachten Sie auch, *Aloe* ist nicht gleich *Aloe*, es gibt über 300 verschiedene Arten auf der Welt.

Bei uns beschränkt sich allerdings das Angebot neben der *Aloe barbardensis* auf folgende Arten: *Aloe capensis*, die vielfach in der Medizin Verwendung findet, *Aloe wickensii* mit langem dekorativen Blütenschaft und die *Aloe striata*. Letztere sind bei einigen Hobbygärtnern bereits vorhanden, besitzen jedoch nicht die Eigenschaften der *Aloe barbardensis*. Die ausgewachsene *Aloe barbardensis* kann bis zu 1 m Höhe erreichen. Die rosettenförmig aufgebaute Pflanze weist dann 15 - 20 fleischige, spitz zulaufende Blätter auf. Die Blattränder sind sägeartig gezähnt, ein einzelnes Blatt kann bis zu 1 kg wiegen. Ab dem 3. Jahr bildet die Pflanze Kindel.
Um die Mutterpflanze nicht zu schwächen, werden diese erst bei einer Höhe von 15 cm abgetrennt und neu getopft. Die Pflanze fühlt sich sowohl in der Sonne als auch im Halbschatten wohl. Bei zu intensiver Sonnenbestrahlung werden ihre Blätter allerdings leicht gelblich. Die immergrüne Pflanze wird wegen ihrer Widerstandsfähigkeit bei anhaltender Trockenheit und Temperaturschwankungen die Hundertjährige genannt. Temperaturen zwischen 3 bis 30 °C verkraftet sie mühelos.

Merk-Ecke

Aloe barbadensis die Pflanze für Gießunlustige! 1/2 Jahr und länger kommt sie ohne Feuchtigkeit aus. Staunässe oder Wasser von oben in die Blattrosette sind tödlich für die Pflanze.

Die inneren Werte der *Aloe barbadensis* bestehen aus einem Gel, das in der Kosmetik Verwendung findet. An das kostbare Gel, das die Blätter der *Aloe barbadensis* enthalten, kommen Sie wie folgt: Vorsichtig schneiden Sie ein äußeres Blatt möglichst tief am Blattansatz ab. Noch ist das Gel geschützt, aber sobald der untere weiße Schaft mit dem sauberen Küchenmesser abgeschnitten ist, fließt die geleeartige, transparente Masse heraus. Deshalb muß das Blatt unbedingt waagerecht liegen. Die lederartige Blatthaut wird wie bei der Gurke so weit abgeschält, wie das Blatt gebraucht wird. Das kühlende Gel riecht auch gurkenähnlich und erinnert beim Auftragen an eine Gurkenmaske. Die schleimige Substanz können Sie wie Seife im Gesicht verteilen. Die Flüssigkeit wirkt angenehm kühlend. Das Gel zieht schnell ein, und nach kurzer Zeit macht sich eine belebende Wirkung bemerkbar. Wenn Sie das Gel kurz nacheinander mehrfach auftragen, wirkt es wie eine Maske, die in hervorragender Weise die Haut strafft. Durch die Aminosäuren, Vitamine und Mineralien - in Verbindung mit dem idealen pH-Wert von 4,5 - besitzt die Pflanze optimale Eigenschaften für unsere Haut: Ihr Gel ist ein guter Feuchtigkeitsspender, wirkt reinigend, hautstraffend und schützt die Haut vor Rötungen, selbst bei Babys.

Aber nicht nur für die Damenwelt hat die Pflanze unschätzbare Werte, auch den Herren kommt sie bei der Naßrasur zugute. Durch ihre blutstillenden Eigenschaften beruhigt sie die Schnittwunde durch Auftragen des geschälten Blattes im Handumdrehen.

Wußten Sie, daß die Aloe barbadensis der Hauptbestandteil des Alaunstiftes ist?

Insektenstiche schwellen gar nicht erst an, wenn Sie das Gel sofort auftragen. Die mexikanische Bevölkerung weiß schon lange, daß weder Wespen noch Stechmücken eine Chance haben, wenn der ganze Körper mit *Aloe* eingerieben ist. Nach zu inten-

Aloe barbadensis oder *Aloe vera*

sivem Sonnenbad lindert das Gel der *Aloe barbadensis* die Schmerzen sofort und setzt den Verbrennungsgrad erheblich herab.

Mein Tip

Bei Schürf- oder Schnittwunden, Insektenstichen und Verbrennungen gibt es kein wirksameres Mittel als das Gel der *Aloe barbadensis*; sein sofortiges Auftragen hilft immer.
Das restliche Blatteil wird im Kühlschrank - flachliegend über dem Gemüsefach - aufbewahrt. Die Schnittfläche ist mit Zellophanpapier vor dem Austrocknen zu schützen. Auf diese Weise hält das Blatt 5 - 6 Wochen. Wer das Gel länger haltbar machen will, friert es portionsweise im Eiswürfelbehälter ein.

Merk-Ecke

In der Regel hat die gekaufte Pflanze 8 Blätter, die drei inneren Herzblätter müssen stehenbleiben, damit die Pflanze sich regenerieren kann. Von der Rosette her baut sich die *Aloe* dann wieder auf.

Mit Pflanzen lassen sich auch an Arbeitsplätzen mit Publikumsverkehr schöne Sitzecken und Raumteiler gestalten.

BUNTE STRÄUSSE

So werden Blütenzweige vorgetrieben

Den Traum, zum Weihnachtsfest blühende Zweige im Zimmer zu haben, haben sich bereits unsere Großeltern erfüllt.

Seit alters werden am 4. Dezember, dem Barbaratag, Zweige geschnitten, die zum Fest blühen sollen. Zum frühen Antreiben eignen sich alle frühblühenden Gehölze, deren Knospen bis zum Herbst voll entwickelt sind. Dazu zählen: Forsythien, Zierkirschen, Zieräpfel, Zierjohannisbeeren, Zierquitten, Magnolien, Mandelbäumchen, Pfirsiche, Seidelbast, Kornelkirschen sowie Schlehen, die Sie überall finden können, und deren dornige Zweige sich bis zum Weihnachtsfest mit schneeweißen Blüten schmükken.

Voraussetzung für das Erblühen aller Zweige bleibt jedoch immer, daß diese Frost hatten. Diesen Kälteschock können Sie künstlich herbeiführen, indem Sie die Zweige für einige Stunden in das Gefrierfach oder die Gefriertruhe legen.

Je früher der Zweig geschnitten wird, desto größer muß der Ast sein, da das Treibergebnis wesentlich von dem im Holz gespeicherten Nährstoffvolumen abhängt. Die Zweige sollten erst geschnitten werden, wenn möglichst viele Blütenknospen sichtbar sind. Sie erkennen Blütenknospen am Volumen, sie sind dicker und nicht so spitz wie Blattknospen. Wenn Sie die Zweige schneiden, sollten Sie darauf achten, die Schnittstelle oberhalb einer schlafenden Knospe anzulegen, denn so kann der Strauch besser neu austreiben.

Geschnittene Zweige sollten Sie einer Warmwasserbehandlung unterziehen. Die Zweige werden mit den Knospenansätzen für 12 Stunden in 28 - 30 °C temperiertes Wasser gelegt. Die genaue Einhaltung von Temperatur und Zeit ist für das Ergebnis entscheidend. Durch diesen kleinen Trick werden die Knospen aus dem Winterschlaf gerissen. Sie saugen sich voll Wasser und schwellen an. Vor dem endgültigen Einstellen der Zweige in die Vase werden sie frisch angeschnitten und an der Schnittstelle eingekerbt.

Der Treibraum soll möglichst hell sein und eine gleichmäßige Temperatur von etwa 20 °C haben. Oft ist das Badezimmer mit seiner hohen Luftfeuchtigkeit besonders geeignet. Empfehlenswert ist darüber hinaus das drei- oder viermalige tägliche Besprühen mit lauwarmem Wasser. So wird das Austrocknen verhindert. Der Wäschesprenger hat sich dafür bestens bewährt.

Eine vorzeitige Blütenpracht kann dadurch noch gefördert werden, daß Sie die Zweige in eine Nährlösung stellen. Mehrere Methoden bieten sich dafür an. Der Hausfrauentip: Nehmen Sie auf 10 l Wasser etwa 150 g Traubenzucker oder die gleiche Menge Blumenfrischhaltemittel wie Chrysal oder Florafrisch.

Magnolienzweige

Mein Tip

Ich löse in 10 l abgekochtem Wasser 150 g Zucker und fünf Aspirintabletten auf. Diese Nährlösung wird von Zeit zu Zeit nachgefüllt; der Bedarf steigt mit schwellenden Knospen.

Ein weihnachtlicher Blumengruß.

Hamamelis-Zweig

Blühendes im Winter aus der Natur

Auch einige bei uns kultivierte Exoten blühen schon im Winter. So entfaltet der Winterjasmin, ein Ölbaumgewächs, das aus dem Norden Chinas stammt, seine zitronengelben Blüten bereits im Dezember. Der ginstergrüne Strauch mit seinen herabhängenden Rutenzweigen ist anspruchslos und nimmt praktisch mit jedem Gartenboden vorlieb. In eine Vase gestellt, gehen die frisch geschnittenen Blütenzweige bis zur letzten Knospe auf.
Besonders blühwillig ist in dieser Jahreszeit auch der Schneeball (*Viburnum farreri*). Seine fliederähnlichen, rosa getönten, kleinen, halbkugeligen Dolden öffnen sich mit zahlreichen Blüten bis in das neue Jahr hinein und beleben die Wohnräume mit süßem, fremdem Duft.
Eine Besonderheit stellen die *Hamamelis*-Arten dar, die ihre Namen Zaubernuß oder Hexen-Haselnuß zu Recht tragen. In beiden Bezeichnungen kommt das Erstaunen über ihr winterliches Blühen zum Ausdruck: Ihre fadenartigen Blütenblätter schließen sich bei Frost und öffnen sich an warmen Wintertagen. Geschnittene Zweige halten sich in der Vase je nach Raumtemperatur 8 bis 12 Tage. Beim Schneiden der Zweige ist darauf zu achten, daß die Blütenblätter leicht gelblich schimmern.

Gekaufte Schnittblumen

Damit Sie in Zukunft länger Freude an Ihren Schnittblumen haben, hier meine Ratschläge. Sie beginnen bereits beim Kauf. Oberstes Gebot: Achten Sie stets auf Frische und Qualität. Schnitt-blumen an Straßenständen zu kaufen, ist riskant. Selbst wenn die Pflanzen ganz frisch sind, be-einträchtigen Wind und Wetter die Haltbarkeit.

Woran Sie Qualität und Frische erkennen!
Gerbera: Die Staubgefäße dürfen angeblüht, aber die Staubgefäßmitte - etwa so groß wie ein Markstück- muß geschlossen sein. Das Fachgeschäft verkauft in der Regel keine zu weit aufgeblühten Blumen.

Winterjasminblüte

Chrysantheme: Diesen Korbblütler, sollten Sie ebenfalls voll erblüht kaufen. Qualität und Frische können Sie erkennen, wenn Sie die Blüte mit dem Kopf nach unten halten. Braune oder rieselnde Blütenblätter sind ein Zeichen für ältere bzw. beschädigte Ware. Ein Blick von unten in den Strauß verrät sofort, ob die Chrysanthemen taufrisch sind.
Schnittblumen sind hinsichtlich ihrer Haltbarkeit sehr unterschiedlich zu bewerten. Während Chrysanthemen, Gerbera, Margeriten und Alpenveilchen voll erblüht gekauft werden sollten, ist es ratsam, folgende Pflanzen im knospigen Zustand zu schneiden oder zu kaufen: Rosen, Anemonen, Freesien, Pfingstrosen, Iris, Tulpen, Narzissen, Gladiolen.

Gerberastrauß

Spinnenchrysantheme

Welche Verpackung darf's denn sein? Bei einer fachgerechten Verpackung ist das Einschlagpapier oben immer geschlossen. Es gilt, die Blumen nicht nur vor Druck und Stoß zu schützen, sondern auch vor Verdunstung, Wärme bzw. Kälte. Umweltbewußte Käufer verzichten auf die attraktive, aber umweltbelastende Klarsichtverpackung und wählen - wie bisher - einfaches Einschlagpapier.
Im Sommer hat sich das Umwickeln der Schnittenden mit feuchtem Zeitungspapier gut bewährt.
Eine weitere Methode ist, die Blumenstiele in feuchte Watte und Frischhaltefolie zu verpacken. Übrigens: Durch straffes Einpacken schützen sich die Blumen gegenseitig vor dem Austrocknen.
An Tagen unter 0 °C müssen Schnittblumen neben der üblichen Verpackung durch mehrere Zeitungspapiereinlagen vor Kälte und Frost geschützt werden.
Bitten Sie beim Kauf um eine Reiseverpackung, wenn Sie einen Strauß über einen längeren Zeitraum transportieren müssen. Bei einer Reiseverpackung wird angefeuchteter Schaumstoff um die Schnittstellen der Blumen gelegt und als Verdunstungsschutz eine Plastiktüte übergestülpt und befestigt. Für den Hausgebrauch hat sich das Versiegeln des Straußes mit einem Folienschweißgerät bewährt. Auf diese Weise wird die Verdunstung der Blumen stark herabgesetzt - mit dem Erfolg, daß sie nicht so schnell welken.

Mein Tip

Legen Sie niemals bei längeren Fahrten Ihren Blumenstrauß in den Kofferraum über das Auspuffrohr. So transportiert, kann selbst der frischeste Strauß innerhalb von zwei Stunden total verwelkt sein.

Merk-Ecke

Im Sommer ist der Transport von Sträußen und Pflanzen im Kofferraum eines fahrenden Autos kein Problem, wenn aber der Wagen in der Sonne steht, können die Temperaturen schnell über 50 °C ansteigen, und dann ist die Pracht dahin.
Im Winter, wenn der Wagen bei Frost längere Zeit im Freien steht, erleiden die Blumen einen Kälteschock. Sichtbar wird der Schaden, sobald die Schnittblumen ins warme Zimmer kommen.

Anschneiden - aber wie? Sobald die Pflanzenzellen am Stielende der Luft ausgesetzt sind, dringt Sauerstoff durch die Schnittfläche in die Stiele. Sauerstoff blockiert die Wasserleitbahnen. Dadurch nimmt die Schnittblume weniger Wasser auf. Also heißt es, nach dem Transport die Blumenstiele sofort frisch anschneiden. Dabei werden die Stiele etwa um 1-2 cm gekürzt.

Geräte: Die Schnittflächen von Messer und Schere müssen nicht nur einwandfrei schneiden, sondern auch sauber sein. Quetschende oder drückende Scheren bzw. stumpfe Messer dürfen zum Anschneiden der Stiele nicht verwendet werden, denn dadurch werden die Zellen gedrückt, also die Wasserleitbahnen der Stiele blockiert.
Sonderbehandlung brauchen:
Alle verholzten Stiele (z. B. Flieder, Schneeball, Sommerjasmin oder Falscher Jasmin). Kreuzweise 3 cm aufspalten. Das Klopfen der Stiele ist nicht zu empfehlen, da auf diese Weise nicht nur wasseraufnahmefähige Zellen zerstört, sondern auch die Angriffsflächen für Bakterien vergrößert werden.

Weißer Flieder

Alle milchsaftführenden Blumen: (z. B. Levkojen, Weihnachtsstern). Stielende kurz in kochendes Wasser tauchen, damit der Milchsaft zum Gerinnen kommt. Sonst fließt der Milchsaft ins Vasenwasser, und die Blüte hängt bald kraftlos herunter.

Stark behaarte Blütenstiele: (z. B. Mohn, Islandmohn). Stielenden nach dem Anschnitt kurz anflammen, damit wird ein Festsetzen von Bakterien verhindert.

Knotige Blütenstiele: (z. B. Nelken, Bartblumen, Dahlien). Nie im Knotenbereich anschneiden, sondern immer nur in den Zwischenbereichen, denn in den Stengelknoten ist der Zelluloseanteil besonders hoch und die Wasseraufnahmefähigkeit damit nur gering.

Mohn mit stark behaarten Blütenstielen.

Blütenstiele mit membranartiger Haut (z. B. Alpenveilchen, Christrose). Um die Wasseraufnahme zu verbessern, wird das Stielende etwa 1 cm weit eingeschnitten. Zusätzlich sollten Sie die Stielenden mehrfach mit einer Stopfnadel durchstechen. Dieser kleine Trick führt dazu, daß die Blüte genügend Wasser bekommt. Alpenveilchen und Christrosen halten in einem kühleren Raum und in kaltem Wasser wesentlich besser als in einem warmen Wohnraum.

Mein Tip

Die Haltbarkeit der Christrosen können Sie steigern, wenn Sie Fichtenzweige mit in die Vase stellen. Durch die ätherischen Öle der Fichte bleiben die Christrosen wesentlich länger frisch.

Nelken haben knotige Blumenstiele.

Schnittblumen entblättern? Alle Blätter und Seitentriebe, die ins Vasenwasser hineinragen würden, müssen entfernt werden. Dadurch wird das Aufkommen von Fäulnisbakterien gehemmt. Ganz besonders wichtig ist das Entfernen der Blätter bei allen Rosen, weil ihre Blätter Stoffe enthalten, die mit dem im Wasser enthaltenen Sauerstoff wasserunlösliche Verbindungen eingehen. Dadurch verstopfen die Wasserleitungsbahnen der Stiele, es kommt zum vorzeitigen Welken. Schon 2 Blätter einer Rose in 1 l Wasser reichen aus, um den Strauß innerhalb von 36 Stunden welken zu lassen.

Bei Flieder und Sommerjasmin müssen alle Blätter am Stiel entfernt werden - nicht aus ästhetischen Gründen, sondern um die Verdunstung herabzusetzen. Eine Ausnahme bildet die Chrysantheme, deren Blätter als Nahrungsreserve und Nahrungsbildner dienen.

Saubere Vasen sind die Voraussetzung für die Haltbarkeit der Schnittblumen. An den glatten Wänden der Glasvasen ist die Gefahr der Übertragung von Bakterien gering, während bei Keramikgefäßen ein Schmutzrand leicht übersehen wird und die leicht rauhe Oberfläche Ablagerungen ermöglicht. Enghalsige Vasen lassen sich mit ungekochten Reiskörnern leicht säubern. Essig in Verbindung mit Salz hat sich zum Entfernen von häßlichen Kalkrändern bewährt.

Blumenwasser sollte in der Regel temperiert sein. Durch zu kaltes Wasser erleiden die meisten Schnittblumen einen Schock; dies gilt im besonderen Maße für vorgetriebene Blumen der Wintermonate. Außerdem enthält kaltes Wasser mehr Sauerstoff, der die Poren der Stiele schneller verstopft.

Bei folgenden Pflanzen allerdings verhindert eisgekühltes Wasser zu schnelles Aufblühen: Christrosen, Veilchen, Freilandrosen, Gladiolen.

Dagegen halten einige Blumen länger, wenn sie zunächst in fast kochendheißes Wasser gestellt werden. Dadurch wird die Verdunstung verringert und die Bildung von Bakterien erheblich herabgesetzt, so bei Dahlien, Chrysanthemen, Mimosen, Sonnenblumen, Proteen, Rosen und Flieder.
Auch die unterschiedliche Wasserqualität beeinflußt wesentlich die Haltbarkeit von Schnittblumen. Kalkhaltiges Wasser wird nichtvertragen von: Anthurien, Orchideen, Azaleen und Hortensien. Lösung: Britta-Wasserfilterkanne benutzen oder abgekochtes Wasser verwenden. Leicht saures Wasser mögen: Rosen, Maiglöckchen, Flieder, Dahlien. Sie können es herstellen, indem Sie 1 EL Essig in 1 l Wasser geben.
Folgende Pflanzen sollten höchstens 5 cm tief ins Wasser gestellt werden, da sie sonst wachsen und unnötig Nährstoffe verlieren: Alle Zwiebelgewächse wie Narzissen, Tulpen, Schneeglöckchen, Lilien.

Bellis und Veilchen: Tausendschön- auch *Bellis* genannt - und Veilchen werden gerne mit Alpenveilchen oder Efeublättern zum Strauß gebündelt. Leider sind diese Sträuße oft so fest umwickelt, daß der einschnürende Faden um die Stiele herum die Wasserleitbahnen blockiert, und die Blumen deshalb vorzeitig verwelken.

Mimosen: Die duftigen Blütenbälle der Mimosen schrumpeln nicht so schnell ein, wenn Sie die Zweige in kochendheißes Wasser stellen. Der Wasserdampf hält die Blüten flockig. Mimosen zählen übrigens zu den wenigen Pflanzen, die sich im Winter am zugigen Fenster besonders wohl fühlen.

Ritterstern auch Amaryllis genannt: Eine der dankbarsten Blütenpflanzen ist die Amaryllis. Wenn Sie möglichst lange an ihr Freude haben wollen, dann sollten Sie sie knospig kaufen. Weil der hohle Blumenstiel oft vier oder fünf Blüten trägt, empfehle ich Ihnen, diesen mit einem Weidenzweig oder Bambusstab, der von unten in den hohlen Stiel eingeführt wird, zu stützen, anschließend den hohlen Stiel mit Wasser füllen, mit dem Daumen das eingefüllte Wasser zurückhalten und die Amaryllis so schnell wie möglich ins Vasenwasser stellen.

Frischhaltemittel - alt und neu: Ein bewährter Tip aus Großmutters Zeiten sind Kupferpfennige, die dem Vasenwasser zugesetzt werden und die die Bakterienbildung mindern.
Ähnlich in der Wirkung sind Zypressenzweige (*Thuja* = Lebensbaum). Ansonsten verwenden Sie abgekochtes und abgekühltes Wasser, dem ein Teelöffel Zucker pro Liter als Nährstoff zugesetzt wird. (In Leitungswasser dagegen vermehren sich Bakterien

Amaryllis und Flieder

durch Zugabe von Zucker noch schneller!) Bei Freesien z. B. bewirkt Zucker, daß diese bis zur letzten Knospe am Kamm aufgehen.
Bekanntlich enthalten die im Fachhandel erhältlichen Frischhaltemittel neben fäulnishemmenden Wirkstoffen auch kleine Mengen an Hormonen und Zukker. Zum Auflösen von pulverisierten Frischhaltemitteln sollte das Wasser eine Temperatur von etwa 25 °C haben.
Vorsicht: Orchideen und Anthurien zählen zu den Blumen, die bei Verwendung von Frischhaltemitteln Unverträglichkeiten zeigen. Sie welken in der Regel schneller!

Standorte: Nichts für Schnittblumen ist:
- Durchzug,
- direkte Sonne,
- direkte Wärme von Kamin oder Heizung,
- Obst in direkter Nachbarschaft (ausströmendes Äthylen beschleunigt den Welkprozeß erheblich).

Hilfe in letzter Not:
Heißwassertherapie: Diese Methode eignet sich bestens für: hängenden Flieder, Schneeball, Kirsch- und Mandelblüten. Für weißen Flieder bietet sich eine Sonderbehandlung an: Weißer Flieder, rote Rosen - ein Gedicht! Aber wie lange, so fragt sich manch ein Beschenkter schon, wenn er den schönen Strauß in Empfang nimmt. Der begehrenswerte Flieder läßt oft schon nach wenigen Stunden seine Blüten hängen. Ein wahres Wundermittel ist kochendheißes Wasser. So barbarisch dies klingen mag, der Flieder steht am nächsten Tag wie eine Eins, wenn Sie rechtzeitig mit dieser Therapie beginnen. Sobald der Fliederzweig seine Blüte hängen läßt, sollte die Schocktherapie einsetzen.

Mein Tip

Rettungsaktion für Flieder: Schneiden Sie den verholzten Fliederstiel 3 cm über dem Stielende unter kochendheißem Wasser an, halten Sie die Blüten aber so, daß Sie nicht über dem Wasserdampf sind. Spalten Sie anschließend den Stiel etwa 5 cm weit auf, wickeln Sie die Fliederstiele straff in Seidenpapier und lassen Sie den Flieder so über Nacht in dem noch heißen Wasser stehen. Am nächsten Morgen ist Ihr Flieder wieder knackig frisch. In diesem Zusammenhang sei noch erwähnt, daß weder Flieder noch irgendein anderer Blütenzweig am Stielende aufgeklopft werden darf.

Aber auch Chrysanthemen bringt heißes Wasser wieder auf die Beine. Die duftigen Blütenbälle der Mimosen schrumpfen nicht so schnell, wenn Sie die Zweige in kochendheißes Wasser stellen. Der Wasserdampf hält die Blüten flockig.

Kaltes Tauchbad: In Seidenpapier straff eingewickelt und über Nacht im kühlen Tauchbad untergebracht, erholen sich angewelkte Rosen sehr gut. Ist die Knickstelle stark ausgeprägt, hilft nur noch ein Impfschnitt unterhalb der Blüte in Verbindung mit dem Einwickeln in feuchtes Seidenpapier.

Alkohol: Kein Scherz - alle Sonnenblumen blühen durch Alkohol förmlich auf. Allerdings sollte dieser hochprozentig sein. Das Eintauchen für 2 - 3 Sekunden reicht den Stielen. Die angewelkten Blüten erholen sich sichtlich durch diese Medizin.

Löten: Großblütige Chrysanthemen sind wie rohe Eier zu transportieren, schon beim geringsten Stoß rieseln ihre Blütenblätter herab. Damit die Blüte sich nicht ganz entblättert, hilft nur das „Löten" der schadhaften Stelle mit flüssigem, farblosem Kerzenwachs. So gelötete Chrysanthemen halten dann noch 14 Tage und länger.

Geburtshilfe für steckengebliebene Blüten: Die Paradiesvogelblume, auch Strelitzie genannt, hat so ihre Tücken. In ihrem Blütenschaft befinden sich oft weitere 2 oder 3 Blüten. Ohne Geburtshilfe kommen diese allerdings nicht ans Tageslicht. Deshalb muß der Schaft mit dem Fingernagel vorsichtig geöffnet werden. In der Natur besorgt das die Kraft der Sonne. Übrigens, wenn keine Blüten mehr im Schaft sind, dann haben Sie ein älteres Exemplar erwischt.

Stärken: Damit Tulpen in der Vase nicht immer länger werden und schließlich mit hängenden Blütenköpfen traurig dastehen, sollten Sie die Tulpe im wahrsten Sinne des Wortes stärken. Ein Teelöffel Reisstärke, wie sie auch zum Wäschestärken verwendet wird, genügt pro Liter Wasser, damit die Tulpenstiele fest und kräftig bleiben.
Bekanntlich wendet sich die Tulpe immer dem Licht zu. Wenn Sie das vermeiden möchten, dann brauchen Sie nur den Stiel un-

terhalb der Blüte in Richtung des Lichteinfalles 1 cm weit leicht anzuritzen.

Was sich nicht verträgt

Narzissen bringen Tulpen zum Welken: Nicht die Narzissenblüte oder der Duft macht den Tulpen den Garaus, sondern der schleimige Saft aus den Stielen. Er verstopft die Blütenstiele der anderen Blumen und läßt sie welken. Deshalb müssen Narzissen einen Tag lang allein im Wasser stehen. Anschließend dürfen sie nicht wieder neu angeschnitten werden, wenn sie mit Tulpen in eine Vase gestellt werden sollen. Sie können die Narzissenstiele aber auch kurz in etwa 60 °C heißes Wasser tauchen. Damit wird der schleimige Saft unschädlich gemacht.Die Behandlung ist auch für andere schleimführende Pflanzen wie: Hortensie, Klivie, Sonnenblume.

Maiglöckchen sind giftig: Nicht nur für Rosen, sondern auch für andere Schnittblumen. Deshalb müssen sie zunächst 24 Stunden allein im Wasser stehen, bevor sie mit anderen Blumen kombiniert werden. Danach die Maiglöckchen auf keinen Fall neu anschneiden, sondern zunächst unter frischem Wasser abspülen und erst dann mit den Rosen arrangieren.

Manche können sich nicht riechen: Verschieden stark duftende Blumen gemeinsam in einem Arrangement rufen Unverträglichkeit hervor, wodurch z.B. Rosen und Flieder zum vorzeitigen Welken verurteilt sind.

Maiglöckchen sind giftig.

Besonders schnell verblühen, wenn sie zusammen in einer Vase stehen, Sommerjasmin mit Rosen oder Jasmin mit Nelken oder Gerbera. Löwenmäulchen, Lupinen und Rittersporn sind sehr stark äthylenabsondernd, deshalb sollten sie nicht mit anderen Blumen kombiniert werden.

Resümee

Die Lebensdauer einer abgeschnittenen Blume hängt im wesentlichen von der Behandlung nach dem Schnitt ab. Sie wird bestimmt durch die Wasseraufnahme, das Wasserleitungsvermögen und die Transpiration. Je wärmer die abgeschnittene Pflanze, sprich Schnittblume, steht, um so stärker ist die Transpiration, und desto schneller welkt sie. Mit anderen Worten, um das Leben einer Schnittblume zu verlängern, müssen Sie dafür sorgen, daß die Transpiration der Blüten und Blätter herabgesetzt wird. Ferner ist die ungehinderte Wasseraufnahme durch die Leitbahnen der Zellen entscheidend. Also heißt es, das Aufkommen von Bakterien weitgehend zu verhindern, einer Zellverstopfung durch abgesonderte Milchsäfte oder Schleime der Pflanzen entgegenzuwirken und nur saubere und leicht zu säubernde Gefäße zu verwenden, damit die bakterienbildenden Stoffe sich in Grenzen halten.

Blumen schenken und geschenkt bekommen

Wer soll zu welchem Anlaß beschenkt werden? Wenn Sie die Lieblingsblume des zu Beschenkenden kennen, sollten Sie versuchen, ihm diese zu überreichen. Der Wert eines Blumenstraußes sollte dem jeweiligen Anlaß entsprechen. Rote Rosen werden gern der Freundin, Frau oder Mutter geschenkt. Für Kinder sind kleine Blumen angebracht oder auch solche, die Kinder kennen und lieben.
Auch an die Wohnverhältnisse ist bei der Blumenwahl zu denken. Ältere Menschen, deren Wohnraum begrenzt ist, sollten Sie nicht mit Riesensträußen belasten.
Weiße und gelbe Chrysanthemen gelten in Frankreich als Totenblumen, während es in Deutschland meist die Calla und in Süddeutschland die weiße Lilie ist. Aber auch auf Astern und Immortellen reagieren manche ältere Menschen empfindlich, der Anblick bedeutet für sie eine schlechte Vorahnung.
Für einen Krankenhausbesuch sind kleine Gebinde angebracht, die neben dem Kranken auf dem Nachttisch Platz finden. So kann er sie auch besser betrachten.
Soweit Sie in einem Strauß die Anzahl der Blumen mit einem Blick erfassen, sollten Sie die ungeraden Zahlen bevorzugen.
Laut Knigge ist es nach wie vor unfein, Blumen im Papier zu überreichen. Die Verwendung von Klarsichtfolien ist vom ökologischen Standpunkt her nicht mehr vertretbar. Dafür gibt es jetzt Recycling-Bänder und farbig bedruckte Papiere.

Zu manchen offiziellen Einladungen empfiehlt es sich, den Strauß bereits vor dem Empfang von dem Blumengeschäft zustellen zu lassen. Den überreichten Blumen sollten Sie dann allerdings eine Brief- oder Schmuckkarte bzw. eine Visitenkarte beilegen, aus der deutlich der Absender und der Anlaß hervorgehen.
Zu offiziellen Anlässen werden Topfpflanzen nicht verschenkt, bepflanzte Schalen hingegen sind durchaus angebracht. Zu Jubiläen, Geschäftseröffnungen und Geburtstagen wird das Blumenarrangement oder die originell bepflanzte Schale dem Strauß vorgezogen.

Wie wird ein Strauß richtig gebunden?

Ein gebundener Strauß kann wirklich ein kleines Kunstwerk sein. Für den ersten Eindruck ist natürlich die Zusammenstellung der Blumen und Pflanzen entscheidend, aber für die Beurteilung und Wirkung spielt auch die Technik des Straußbindens eine Rolle.
Beginnen sollten Sie mit einer möglichst gradstieligen Blume. Sie wird mit Daumen, Zeige- und Mittelfinger der linken Hand gefaßt. Den nächsten Blumenstiel legen Sie x-förmig über den ersten. Die dritte Blume wird ent-

Bepflanzte Schale, eine Geschenk-Alternative zum Strauß.

gegengesetzt von hinten hinzugefügt, so daß der dritte Stiel von rechts oben nach links unten zeigt. Nach und nach drehen Sie den Strauß in der Hand. Durch diese Bindetechnik entsteht ein Quirl, der unabhängig von der Zahl der hinzukommenden Blumenstiele beibehalten werden muß. Die spiralartige Fasson sollten Sie so lange üben, bis dieser Handgriff zur Selbstverständlichkeit geworden ist, denn er ist die Grundlage für jeden gut gebundenen Strauß. Sobald der Strauß an Umfang zunimmt, sollten Sie ihn mit der ganzen Hand umfassen. Blumen kommen immer dann am besten zur Wirkung, wenn sie ihrem natürlichen Wuchs gemäß verarbeitet werden. Sobald die letzten Blumenstiele angelegt sind, wird mit Naturbast genau dort gebunden, wo bisher Daumen und Zeigefinger die Stiele hielten. Die Bindestelle sollte exakt am Kreuzungspunkt liegen. Der Bast ist so anzulegen, daß der Daumen den Faden fest zusammenhält, während das kurze Ende etwa 10 cm herunterhängt.
Mit der rechten Hand wird jetzt das längere Ende mehrmals über den haltenden linken Finger fest um die Blumenstiele gewickelt. Die gespreizt verlaufenden Blumenstiele vermitteln mehr Blütenfülle und bewirken einen geordneten Blumenabstand.

Welche Blumen zu welchem Anlaß?

Geburt und Taufe: Für eine Tauffeier sollten Sie in erster Linie pastellfarbene Blumen, wie Wikken, Freesien, Moosröschen, Nelken, Alpenveilchen und Ixien, also Blüten in zarten Tönen und Formen verwenden. Wer sie auf den kleinen Erdenbürger abstimmen möchte, kann die Betonung auf rosa beziehungsweise hellblaue Farben legen.

Für ein Mädchen: Kleinblütige rosafarbene Herbstastern mit Schleierkraut und Margeriten oder rosafarbene Moosröschen und rosafarbene Wicken mit Schleierkraut.

Für einen Jungen: Lilafarbene Freesien und weiße gefüllte Ranunkeln oder lilafarbene Freesien, gelbe Moosröschen mit Frauenhaarfarn.

Geburtstag und Namenstag: Die jeweilige Zusammenstellung der Blumen und Zweige wird nach Alter, Jahreszeit und nach Möglichkeit unter Berücksichtigung des Geschmacks des zu Beschenkenden gewählt.
Rote Rosen, Margeriten, Kornblumen dazu etwas Schleierkraut. Gerbera in verschiedenen Pastelltönen mit eigenen Blättern oder denen der Grünlilie - ganz besonders apart wirken sie mit Krotonblättern.

Pastellfarben zur Taufe.

Geburtstagsstrauß

Konfirmation und Kommunion: Bevorzugt werden festlich wirkende, nicht zu großblütige Blumen, die die Würde des Tages unterstreichen. Das Arrangement soll sowohl durch die Wahl der Schale beziehungsweise der Vase als auch durch das verwendete Pflanzenmaterial harmonisch auf die Räumlichkeit abgestimmt sein.
Weiße und lilafarbene Freesien, rosafarbene Moosröschen und lilafarbene Kerzen; weiße Freesien, rosafarbene Moosröschen und Enzian oder Veilchen.

Verlobung: Die Blumenzusammenstellung sollte nach den Wünschen der zu Beschenkenden ausgewählt und der Farbton auf das Kleid abgestimmt werden. Rosafarbene Rosen ('Lara' oder 'Sonja'), weißer Flieder und Mandelblütenzweige.

Hochzeit: Tischgedecke sollen dem festlichen Rahmen der Hochzeitsfeier angepaßt sein. Längliche Schalen oder kelchartige Gefäße auf hohem Fuß, die in Material und Farbe auf Tischdecke und Gedecke abgestimmt sind, verfehlen nicht ihre Wirkung. Kristall- oder Mattglas wirken besonders gut, auch feingeformtes, helles Porzellan. Rosafarbene und weiße Rosen, dazu grüne Kerzen und Grünlilienblätter oder weiße Lilien, rote Rosen und Efeuranken.

Hochzeitstag: Rosen und Vergißmeinnicht oder Euphorbienrispen in Weiß mit roten Rosen.

Krankenbesuch: Blumen, die Sie Kranken zur Aufmunterung mitbringen, sollten farbenfroh gewählt werden. Zu vermeiden sind: stark duftende Pflanzen, wie Hyazinthen, Lilien, Ginster; ausschließlich weiße Blütenfarben; Blumen, die Allergien hervorrufen können, wie Primeln, blühende Gräser und Wolfsmilchgewächse, wie z. B. der Weihnachtsstern; lange, großblütige Blumen und Zweige, die viel Platz beanspruchen.
Zweckmäßig ist vor allem, bei Krankenhausbesuchen ein Gesteck mit Schale oder Vase mitzubringen, denn Vasen sind Mangelware in Krankenhäusern. Folgende Pflanzen sind zu empfehlen: Zwerggladiolen, Margeriten; bunter Biedermeierstrauß; blaue Staticen, Ranunkeln in Gelb, Rosa oder Weiß mit Schleierkraut; Nelken kombiniert mit Staticen; Margeriten und Rosen.

Der Strauß für jede Gelegenheit: Gelbe Rosen, orangefarbene Euphorbienrispen; rosafarbene Rosen, lilafarbene Freesien, weiße Ranunkeln; Astern und Feuerdorn; kleinblütige Sonnenblumen mit Mispelzweigen; buntes Laub, Chrysanthemen und Artischocken oder Beerenzweige; Rosen und Skabiosen.

Jubiläum: Trauerweide, Rittersporn und Mandelblütenzweige; dekoratives Gesteck aus Proteen mit exotischem Beiwerk; Strelitzienarrangement.

Valentinstag: Am 14. Februar ist Valentinstag. Ein Tag, an dem Blumen sprechen sollten. Mit diesem Vorfrühlingsgruß wird in vielen Ländern der Welt durch die Blume gesagt: „Ich habe dich lieb!", „Ich denke an Dich" oder einfach nur „Danke". Ideal sind Tulpen, Hyazinthen, Anemonen und Birkenzweige.

Muttertag: Am 2. Sonntag im Mai. Empfehlenswert sind Maiglöckchen, rote Moosrosen und Enzian; weiße Freesien, rote Rosen und Vergißmeinnicht.

Tulpen zum Valentinstag.

Hochzeitsstrauß

Ostern: Ein typisches Ostergesteck, das die ganze Familie erfreut, sollte während der Feiertage den Eßtisch zieren. Kombinationsmöglichkeiten sind: Erlenzweige und Osterglocken; Forsythien und Osterglocken; Haselnußzweige und Osterglocken; Iris und Osterglocken; Weidenkätzchen, gelbe Tulpen und Osterglocken.

Osterstrauß

Bildquellen

o. = oben; u. = unten; M. = Mitte; r. = rechts; l. = links

Arbeitskreis Rinde: 15 u. r.; 16. **Blumenbüro Holland (BBH):** 45; 142 o.; 164 o. M.; 174 u. l.; 179; 181 o. r.; 206 M. r.; 208 u. r.; 213; 214; 215; 216; 227; 229 o. l.; 230 r.; 233; 236; 237; 238. **Celamerk:** 93. **CMA, Bonn:** 35; 36; 40; 47 M.; 51 o.; 54 o.; 69; 70 u.; 81 u.; 82 o.; 83; 91o.; 101; 102 o. l.; 132 o. r.; 134 M. r.; 138; 148; 149; 150; 163; 165; 166; 167 u. l.; 168; 169; 171; 173; 174 u. r.; 180 o. r.; 181 u. r.; 183 o. r.; 186; 187; 189 u. r.; 190 u. r.; 192 u. r.; 194; 195 o. r.; 198; 199; 217; 218; 219; 220; 221; 222; 235. **Deutscher Holzschutzverband:** 24; 25; 27; 28; 132 u. r.; 133 u. l.; 134 o. r.; 135 u. r.; 136; 137; 164 u.; 176. **Fotodienst Fehn:** 12 u. r. **Dipl.-Ing. F. Diederich, Langenhagen:** 30; 31. **Geduldig, Vaihingen:** 109; 139; 140; 133 o. l.; 177; 178; 191; 193; 195 o. M.; 197; 200; 201; 202; 203; 226. **R. Haebler, Karlsruhe:** 70 o.; 143 M.; 184 u. **H. Hiestermann, Hamburg:** 20; 21; 22; 130; 131; 134 M. l.;142 u.; 145 M. **Hülsmann und Partner:** 54. **Internationales Blumenzwiebel Zentrum (IBZ):** 71; 72 u.; 73 u.; 78; 208 M. **H. Kettler, Metallwarenfabrik GmbH & Co., Ense-Parsit:** 145 o. **Mauritius, Mittenwald:** 117. **L. Michow, Hamburg:** 146. **K. Mielke, Minden:** 97; 99; 100; 102 u. r.; 103; 104; 105; 108; 135 o. r. **A. Neubauer, Seligenstadt:** 209. **Normstahl E. Döring AG, Montlingen (Schweiz):** 19. **Plant Publicity Holland (PPH):** 32; 33; 34 o.; 38; 39 o.; 41; 44; 50 u.; 52; 164 r. M. **H.-G. Sander, Hamburg:** 153; 154; 155; 156; 157; 158. **H. Sauter, Edelsteinpflanzen, Teningen-Nimburg:** 224; 225. **Carl Sperling & Co. Pflanzenzüchter, Lüneburg:** 121 o. r.; 223. **Gitte und Siegfried Stein, Vastorf:** 118; 120 M. r.; 121 u. r.; 122 M. r.; 123; 125; 126. **Strobel:** 85; 86; 87 M.; 89; 90; 92; 94; 95. **VPM-Redaktionsservice, Rastatt:** 228; 230 l.; 231 M.; 232. **G. Vocke, Düsseldorf:** 9; 15 o. M.; 37; 42; 50 o.; 59 o.; 66 u.; 87 o., u.; 88; 91 u.; 129; 180 u. r.; 182; 183 u. l.; 184 r. o. und r. M.; 188; 189 o. r. und o. M.; 190 u. l.; 192 o.; 205; 206 o. **Willemse, Niederlande:** 34 u.; 36 u.; 53; 55 o.; 56 o.; 72 o.; 73 o.; 75 u.; 76 u.; 77; 79; 81 o.; 84; 107; 110; 112; 229 o. r.; 141 o.; 143 u.; 144; 147; 229 o. r. **WOLF-Geräte, Betzdorf:** 10; 11; 12 o. l., M. l., u. r.; 13; 14; 15 M. r.; 17; 26; 43; 46; 47 o., u.; 48 o.; 57; 58 u.; 60 u.; 61; 62; 63; 64; 65; 66 o.; 67; 68; 80 u.; 82 u. r.; 111; 113; 114; 115; 116; 119; 120 u. r. **E. u. U. Wolf, Hamburg:** 151; 160; 161; 162. **W. Zernin, Düsseldorf:** 22; 23; 48 u.; 49; 51; 74; 75 o. 76 o.; 80 o.; 98; 106; 122 o. r.; 128; 141 u.; 167 u. r.; 183 o. M.; 229 u. l.; 231 u.

Willemse. Der Gartenspezialist. Blumen, Stauden, Obst, Zubehör - Alles für Haus und Garten. Katalog abrufbar: Willemse-Garten-Center, Nymweger Str. 25, NL-4193 Kranenburg, Tel.: 02826/707.